现代物流的基础问题研究

徐嘉祺　刘雯　著

LOGISTICS

Research on Basic Problems of Modern Logistics

中国社会科学出版社

图书在版编目（CIP）数据

现代物流的基础问题研究/徐嘉祺，刘雯著．—北京：中国社会科学出版社，2022.3

ISBN 978－7－5203－9567－0

Ⅰ.①现… Ⅱ.①徐… ②刘… Ⅲ.①物流—研究 Ⅳ.①F25

中国版本图书馆 CIP 数据核字(2022)第 012490 号

出 版 人	赵剑英
责任编辑	刘晓红
责任校对	周晓东
责任印制	戴 宽
出 版	中国社会科学出版社
社 址	北京鼓楼西大街甲 158 号
邮 编	100720
网 址	http：//www.csspw.cn
发 行 部	010－84083685
门 市 部	010－84029450
经 销	新华书店及其他书店
印 刷	北京君升印刷有限公司
装 订	廊坊市广阳区广增装订厂
版 次	2022 年 3 月第 1 版
印 次	2022 年 3 月第 1 次印刷
开 本	710×1000 1/16
印 张	18.5
插 页	2
字 数	285 千字
定 价	108.00 元

前　言

作为支撑国民经济发展的重要产业，近十年来物流行业的发展为我国经济的腾飞做出了杰出贡献。随着人民生活质量的提高，对物流质量有了更高的要求，关于现代物流基础问题的研究成为学界的热点。物流是支撑国民经济发展的支柱性产业，对现代物流基础性问题研究的匮乏已经成为制约我国物流产业良性发展的原因，间接阻碍了国民经济结构的转型升级。由于科研与教学的原因，近年来，我们积累了大量物流基础问题研究的最新文献和资料，通过整理完成此书。希望通过本书，能进一步厘清我国物流产业的发展脉络，凝练现代物流发展中的基础性问题，给出解决措施，并对现代物流未来的发展方向进行了讨论。

本书从现代物流发展的热点问题出发，把物流网络规划、微观物流、供应链管理、宏观物流、国际物流、现代物流研究新方向等问题的前沿性知识展现于读者面前，容易使物流管理研究初涉者理解本书内容。在此基础上，本书分块深入探讨了相关内容，并就现实中的实际问题进行了分析，并提出相关解决措施，可作为现代物流管理研究领域的有益补充，也使本书的内容和观点具有一定应用价值。

全书的内容分为六个章节，主要内容为：第一，研究了现代物流的网络规划问题，总结了现代物流网络、物流节点以及节点的选址与规划等内容，并就农村地区物流网络的发展进行了深入研究。第二，研究了现代微观物流的问题，着重研究了制造企业、流通企业、物流企业的物流操作流程，并就一般企业与第三方物流企业的运作管理问题和解决措施进行了分析。第三，研究了现代物流的供应链管理问题，着重分析了供应链的内涵、供应链管理、供应链系统的基本模式、供应链优化等内容，并就现代物流供应链管理的现实问题及其解决措施进行了分析。第四，研究了现代宏观物流的问题，着重研究了城市物流、地区物流、国内物流的相关内容，并就现代城市物流与现代地区物流的管理问题和解决措施进行了分析。第五，研究了现代国际物流管理的问题，总结了国际物流的内涵与特点，着重研究了国际货运以及货运保险的相关内容，并就最新国际物流管理的相关问题和解决措施进行了分析。第六，从绿色物流、电子商务物流、物流互联网三方面出发，对现代物流研究的新方向进行了总结，并就其中的存在问题和解决措施进行了分析。

本书的创新之处是结合现代物流学的最新理论和知识，对现代物流的基础性问题进行了深入分析和探索，丰富了物流管理领域的研究内容，进一步扩展了相关领域的研究空间。本书的研究内容是物流管理、物流工程等相关领域研究的理论成果，同时也可作为相关学科教学环节的参考资料。本书由徐嘉祺和刘雯对相关研究文献以及数据进行研讨整理后撰写完成，本书第一章到第三章由徐嘉祺撰写完成，第四章到第六章由刘雯撰写完成。本书的撰写得到了大量从事经济管理科研工作的专业教师的指导意见，特别感谢佘升翔、田云章、杨帆、石林在本著作撰写过程中给出的宝贵意见。本书的出版得到了中国社会科学出版社的大力支持，在本书后期稿件修订方面给予了大量帮助。

限于编者的学识与见闻，本书的缺点和错漏是在所难免，诚请广大读者提出批评与指正意见。

徐嘉祺　刘　雯

2021 年夏

目　录

第一章

现代物流的网络规划问题研究

第一节　物流网络概述

一　物流网络的定义

现阶段，不同研究者对于“物流网络”的理解有所区别，常见的定义有以下几种：一是《物流术语》国家标准（GB/T18354—2006）认为物流网络是：“物流过程中相互联系的组织与设施的集合”。二是清华大学缪立新教授将物流网络定义为：实现物流系统各项功能要素之间所形成的网络，包括物理层面上的网络和信息网络（缪立新和李强，2013）。三是北京交通大学鞠颂东教授将物流网络定义为：在网络经济和信息技术的条件下，适应物流系统化和社会化的要求发展起来的，由物流组织网络、物流基础设施网络和物流信息网络三者有机结合下形成的物流服务网络体系的总称。根据物流网络各个组成部分的特点和相关性，可以将物流网络分为“物流组织网络”“物流基础设施网络”和“物流信息网络”三个子网。物流组织网络是物流网络运行的组织保障；物流基础设施网络是物流网络高效运作的基本前提和条件；物流信息网络是物流网络运行的重要技术支撑（鞠颂东，2008）。四是北京物资学院王之泰教授将物流网络定义为：线路和节点相互联系、相互配置以及其结构、组成、联系方式不同，形成了不同的物流网络（王之泰，2018）。

物流网络的出现和发展呈现出自身独有的特征与发展规律，其影响因素大致可分为内在因素与外在因素两大类。其中，内在因素具体表现为物流服务的固有属性，是物流功能的具体表现。相关功能之间在业务逻辑结构方面表现出显著关联性，因此在相互关联的基础上共同构成了完整的物流系统。而物流系统各项功能作用具体实现的过程也将逐渐形成特定的物流网络，同时表现出各自不同的资源配置能力、运行效率和成本费用水平；外在因素是物流系统自身因素以外的其他因素，具体表现为产业链、供应链等相关因素，既是物流服务广度、深度的主要影响因素，也是物流服务内容、服务风险的决定性因素之一。随着物流服务的不断发展，呈现出一体化、网络化的发展趋势，逐渐构建起日益完善成熟的物流网络体系。

由以上论述可知，物流网络是基于物流业务和活动的一种高度关联的网络体系，是物流系统各构成要素之间相互关系的直接体现，具体表现为物流系统相关节点、通道、设备、主体等要素的综合体，共同完成具体的物流任务并表现出特定的运行管理模式。

对于物流网络而言，核心要素为物流枢纽，是所有物流节点中地位最重要、影响最大的节点。物流枢纽通常位于物流干线与关键物流节点之间连线的交叉点上，充当物流信息的汇总和处理中心，承担着物流活动组织和协调的重要作用（施路等，2021）。

而物流节点与通道则将成为物流网络的运行基础，既是物流活动具体开展的物质条件，也是物流网络发展形态、组织结构与运转模式的决定性因素（周跃进和陈国华，2015）。

物流信息网络是相关数据信息交互共享的渠道和平台，具体构成要素为物流企业、客户、公共信息平台等，物流信息网络能够为物流网络的稳定高效运行提供充分可靠的信息依据，为物流网络的科学运行和发展提供必要保障，实现物流主体与其他相关主体之间信息的互联互通。

二　物流枢纽的内涵

在物流网络自身不断发展和完善以及现代综合性交通体系创新发

展的共同推动下，物流枢纽这一特殊的物流网络构成要素出现并不断发展，是传统运输服务物流化转型、现代物流网络化发展及资源高效整合的集中体现（包振山和朱永浩，2019）。在物流业快速发展的过程中，其生产经营设施不断丰富，其服务区域也不断扩大，出现了日益频繁的跨区物流活动，使社会化分工的物流运输体系表现出相互融合的发展趋势，推动着交通运输枢纽功能的完善和创新发展，并逐渐形成了物流枢纽这一物流网络的特殊构成要素（贺兴东等，2020；翟茹雪，2020）。因此可以说，传统的交通枢纽是物流枢纽出现和发展的先天基础之一。故需要对交通枢纽的特征及内涵进行科学了解，才能为物流枢纽的分析论述奠定良好基础。

（一）交通枢纽

1. 铁路枢纽

基于我国现行的《铁路车站及枢纽设计规范》（GB50091—2006）相关规定，铁路枢纽是在铁路网节点或网端，由客运站、编组站和其他车站，以及各种为运输服务的设施和连接线等所组成的整体。目前，我国将北京、上海、广州、郑州、武汉、西安、重庆、成都等城市确定为国家铁路枢纽的重点建设对象，并在《中长期铁路网规划》（2008 年调整）对具体的建设任务和目标进行了明确表述。

2. 公路枢纽

根据《国家公路运输枢纽布局规划》（2007 年）的相关内容，公路运输枢纽是在公路运输网络的节点上形成的货物流、旅客流及客货信息流的转换中心。

通常情况下，公路枢纽与国家公路运输网络的关键节点城市保持一致（贾鹏，2021）。对于我国公路运输网络而言，公路枢纽与高速公路网络是核心的构成要素。公路枢纽将作为公路运输网络稳定运行的重要保障，是公路运输各项资源、信息的重要交互与中转节点，主要表现为货运、客运等站场及组织机制，将提供与公路运输相关的信息和服务，充分保证公路运输的安全性、可靠性、经济性与便利性，在满足社会经济发展需求的同时，为社会公众创造安全、便捷的出行环境，为公路运输的可持续发展提供有效保障。

在《国家公路运输枢纽布局规划》（2007 年）文件中，我国在 196 个城市中正式确定了 179 个国家级的公路枢纽，包含 12 个组合枢纽。具体情况详见表 1－1。

表 1－1　　国家公路枢纽设计布局方案

地区	序号	省（自治区、直辖市）	城市	数量
东部地区	1	北京	北京	1
	2	上海	上海	1
	3	天津	天津	1
	4	辽宁	*沈（阳）抚（顺）铁（岭）、大连、锦州、鞍山、营口、丹东	6
	5	河北	石家庄、唐山、邯郸、秦皇岛、保定、张家口、承德	7
	6	山东	*济（南）泰（安）、青岛、淄博、*烟（台）威（海）、济宁、潍坊、临沂、菏泽、德州、聊城、滨州、日照	12
	7	江苏	南京、*苏（州）锡（无锡）常（州）、徐州、连云港、南通、镇江、淮安	7
	8	浙江	杭州、*宁（波）（舟）山、温州、湖州、嘉兴、金华、台州、绍兴、衢州	9
	9	福建	福州、*厦（门）漳（州）泉（州）、龙岩、三明、南平	5
	10	广东	*广（州）佛（山）、深（圳）莞（东莞）、汕头、湛江、珠海、江门、茂名、梅州、韶关、肇庆	10
	11	海南	海口、三亚	2
	合计			61
中部地区	1	黑龙江	哈尔滨、齐齐哈尔、佳木斯、牡丹江、绥芬河、大庆、黑河、绥化	8
	2	吉林	长春、吉林、延吉、四平、通化、松原	6
	3	山西	太原、大同、临汾、长治、吕梁	5
	4	河南	郑州、洛阳、新乡、南阳、商丘、信阳、开封、漯河、周口	9
	5	安徽	合肥、芜湖、蚌埠、安庆、阜阳、六安、黄山	7

续表

地区	序号	省（自治区、直辖市）	城市	数量
中部地区	6	江西	南昌、鹰潭、赣州、宜春、九江、吉安	6
	7	湖北	武汉、襄樊、宜昌、荆州、黄石、十堰、恩施	7
	8	湖南	*长（沙）株（洲）潭（湘潭）、衡阳、岳阳、常德、邵阳、郴州、吉首、怀化	8
	合计			56
西部地区	1	内蒙古	呼和浩特、包头、赤峰、通辽、呼伦贝尔、满洲里、巴彦淖尔、二连浩特、鄂尔多斯	9
	2	新疆（兵团）	乌鲁木齐、哈密、库尔勒、喀什、石河子、奎屯、伊宁（霍尔果斯）	7
	3	宁夏	银川、固原、石嘴山	3
	4	甘肃	兰州、*酒（泉）嘉（峪关）、天水、张掖	4
	5	青海	西宁、格尔木	2
	6	陕西	*西（安）咸（阳）、宝鸡、榆林、汉中、延安	5
	7	西藏	拉萨、昌都	2
	8	四川	成都、宜宾、内江、南充、绵阳、泸州、达州、广元、攀枝花、雅安	10
	9	重庆	重庆、万州	2
	10	贵州	贵阳、遵义、六盘水、都匀、毕节	5
	11	云南	昆明、曲靖、大理、景洪、河口、瑞丽	6
	12	广西	南宁、柳州、桂林、梧州、*北（海）钦（州）防（城港）、百色、凭祥（友谊关）	7
	合计			62
	全国总计			179

注：*为组合枢纽。

3. 综合交通枢纽

我国对综合交通枢纽的科学表述详见《综合交通网中长期规划》（2007 年）。具体可理解为“在综合交通网络节点上形成的客货流转换中心”。由以上定义可知，综合交通枢纽通常位于特定区域交通运输网络中的关键节点位置，是多种不同类型运输方式或线路的交汇之处，具体以各类基础设施、运输设备、组织管理机制等为构成要素，是具备物流管理能力、信息交互能力、多式联运能力等诸多功能的集成化运输管理系统。其功能作用具体表现在：

首先，作为特定区域内外部资源、信息的交互枢纽，实现资源及信息的高效交互与集散中转，为区域经济发展提供重要保障。综合运输枢纽通常位于区域的关键城市，不仅是区域内社会经济发展水平相对较高的节点，同时也将对区域社会经济发展形成显著的带动效应，在充当内外部资源交互桥梁和纽带的同时也将为区域发展做出突出贡献。

其次，对各种运输形式进行科学协调和整合，实现运输的连续性与系统性，为运输任务的顺利完成提供必要保障。综合运输枢纽基于自身网络化、信息化的发展优势，能够对不同运输模式所构成的运输系统形成提供更加科学有效的协调组织，构建起系统化的运输管理机制，更好地开展运输服务，确保服务质量。

最后，提升区域内运输网络的管理水平和服务质量，提高区域内物资的物流管理水平和综合效益，实现交通运输产业良性发展，充分满足经济发展需求。

目前，我国对区域性、全国性、国际性综合交通枢纽及口岸枢纽的建设发展工作进行了科学规划，在《“十三五”现代综合交通运输体系发展规划》中对综合交通枢纽的名单进行了说明，具体内容详见表 1－2。

表 1－2　　综合交通枢纽设计布局方案

序号	类型	节点城市
1	区域性综合交通枢纽及口岸枢纽（22）	丹东、珲春、绥芬河、黑河、满洲里、二连浩特、甘其毛都、策克、巴克图、吉木乃、阿拉山口、霍尔果斯、吐尔尕特、红其拉甫、樟木、亚东、瑞丽、磨憨、河口、龙邦、凭祥、东兴

续表

序号	类型	节点城市
2	全国综合性交通枢纽（63）	长春、沈阳、石家庄、青岛、济南、南京、合肥、杭州、宁波、福州、海口、太原、长沙、南昌—九江、贵阳、南宁、兰州、呼和浩特、银川、西宁、拉萨、秦皇岛—唐山、连云港、徐州、湛江、大同、烟台、潍坊、齐齐哈尔、吉林、营口、邯郸、包头、通辽、榆林、宝鸡、泉州、喀什、库尔勒、赣州、上饶、蚌埠、芜湖、洛阳、商丘、无锡、温州、金华—义乌、宜昌、襄阳、岳阳、怀化、泸州—宜宾、攀枝花、酒泉—嘉峪关、格尔木、大理、曲靖、遵义、桂林、柳州、汕头、三亚
3	国际性综合交通枢纽（12个）	北京—天津、上海、广州—深圳、成都—重庆、昆明、乌鲁木齐、哈尔滨、西安、郑州、武汉、大连、厦门

（二）物流枢纽

从其内涵与特征来看，物流枢纽与交通枢纽之间表现出以下特殊关系：

物流枢纽通常以铁路、公路等综合性交通枢纽为建设发展基础，是区域货物中转调配的责任主体，充分保证货流、客流、信息流的运转水平（董雷和刘凯，2008，马瑞光，2020）。物流枢纽同时也是不少于两个方向物流通道的连接节点，自身则表现出显著的物流作业量优势。而物流枢纽的基本特征主要表现在：①大多与全国性的物流节点、综合交通枢纽相重合，也有少量与特定的区域性物流节点或交通枢纽重合建设，实现特殊的功能作用。②内部相关设施有海关商检、保税、信息、组织管理等设施，且设施间作业、关系非常紧密，业务分工协作合理、物流业务联系便捷。③充当若干业务关联区域的连接节点共同构建起更大规模的物流服务网络。

一个典型的物流枢纽内部的主要设施构成如图 1－1 所示。

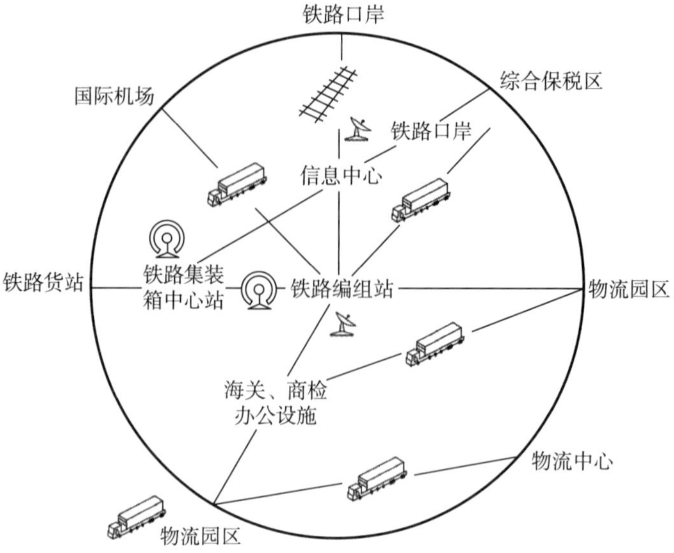

图 1－1　物流枢纽的设施构成

（三）物流枢纽的类别

在《营造良好市场环境推动交通物流融合发展实施方案》（2016）中，国家发改委对我国综合交通枢纽的建设工作进行了科学规划与安排部署，旨在进一步提升交通枢纽的功能作用，打造综合性的物流服务体系，充分保证区域内交通运输、物流管理的质量水平。该文件对各地交通枢纽的建设发展任务进行了明确规定，要求各地区从自身区位条件、发展现状出发，根据国家的整体工作计划明确自身建设发展任务，分别开展全国性、区域性、地区性等不同层次的综合交通枢纽及物流枢纽的建设发展工作，共同构建起我国高效、完善的交通物流服务体系，全面提升我国交通运输、物流管理水平。逐步铺开铁路物流基地工程，主要内容是新建、改扩建一二级铁路物流基地，建成的基地可实现集装箱办理功能。进一步将航运中心、重要港口、公路港等枢纽物流功能进行有效拓展，对部分以货运为主的机场建设进行重点支持。

目前，我国对物流枢纽的具体类型也进行了科学划分和定义。在《国家物流枢纽布局和建设规划》文件中，物流枢纽主要分为以下六种建设发展模式：

（1）陆港型。依托铁路、公路等陆路交通运输大通道和场站（物流基地）等，衔接内陆地区干支线运输，主要为保障区域生产生活、优化产业布局、提升区域经济竞争力，提供畅通国内、联通国际的物流组织和区域分拨服务。

（2）港口型。依托沿海、内河港口，对接国内国际航线和港口集疏运网络，实现水陆联运、水水中转有机衔接，主要为港口腹地及其辐射区域提供货物集散、国际中转、转口贸易、保税监管等物流服务和其他增值服务。

（3）空港型。依托航空枢纽机场，主要为空港及其辐射区域提供快捷高效的国内国际航空直运、中转、集散等物流服务和铁空、公空等联运服务。

（4）生产服务型。依托大型厂矿、制造业基地、产业集聚区、农业主产区等，主要为工业、农业生产提供原材料供应、中间产品和产成品储运、分销等一体化的现代供应链服务。

（5）商贸服务型。依托商贸集聚区、大型专业市场、大城市消费市场等，主要为国际国内和区域性商贸活动、城市大规模消费需求提供商品仓储、干支联运、分拨配送等物流服务，以及金融、结算、供应链管理等增值服务。

（6）陆上边境口岸型。依托沿边陆路口岸，对接国内国际物流通道，主要为国际贸易活动提供一体化通关、便捷化过境运输、保税等综合性物流服务，为口岸区域产业、跨境电商等发展提供有力支撑（杨慧瀛等，2021）。

不同类型的物流枢纽的布局城市如表 1－3 所示。

表 1－3　　国家物流枢纽布局承载城市

类型	城市
陆港型	石家庄、保定、太原、大同、临汾、呼和浩特、乌兰察布、沈阳、长春、哈尔滨、佳木斯、南京、徐州、杭州、合肥、南昌、鹰潭、济南、潍坊、郑州、安阳、武汉、长沙、衡阳、南宁、柳州、重庆、成都、遂宁、贵阳、遵义、昆明、拉萨、西安、延安、兰州、酒泉、格尔木、乌鲁木齐、哈密、库尔勒

续表

类型	城市
港口型	天津、唐山、秦皇岛、沧州、大连、营口、上海、南京、苏州、南通、连云港、宁波—舟山、芜湖、安庆、福州、厦门、九江、青岛、日照、烟台、武汉、宜昌、岳阳、广州、深圳、湛江、钦州—北海—防城港、洋浦、重庆、泸州
空港型	北京、天津、哈尔滨、上海、南京、杭州、宁波、厦门、青岛、郑州、长沙、武汉—鄂州、广州、深圳、三亚、重庆、成都、贵阳、昆明、拉萨、西安、银川、乌鲁木齐
生产服务型	天津、石家庄、唐山、邯郸、太原、鄂尔多斯、包头、沈阳、大连、长春、哈尔滨、大庆、上海、南京、无锡、苏州、杭州、宁波、嘉兴、金华、合肥、蚌埠、福州、三明、南昌、青岛、郑州、洛阳、武汉、十堰、襄阳、长沙、郴州、广州、深圳、珠海、佛山、东莞、南宁、柳州、重庆、成都、攀枝花、贵阳、西安、宝鸡、石河子
商贸服务型	天津、石家庄、保定、太原、呼和浩特、赤峰、沈阳、大连、长春、吉林、哈尔滨、牡丹江、上海、南京、南通、杭州、温州、金华（义乌）、合肥、阜阳、福州、平潭、厦门、泉州、南昌、赣州、济南、青岛、临沂、郑州、洛阳、商丘、南阳、信阳、武汉、长沙、怀化、广州、深圳、汕头、南宁、桂林、海口、重庆、成都、达州、贵阳、昆明、大理、西安、兰州、西宁、银川、乌鲁木齐、喀什
陆上边境口岸型	呼伦贝尔（满洲里）、锡林郭勒（二连浩特）、丹东、延边（珲春）、黑河、牡丹江（绥芬河—东宁）、防城港（东兴）、崇左（凭祥）、德宏（瑞丽）、红河（河口）、西双版纳（磨憨）、日喀则（吉隆）、伊犁（霍尔果斯）、博尔塔拉（阿拉山口）、克孜勒苏（吐尔尕特）、喀什（红其拉甫）

（四）物流枢纽的功能

集聚功能、扩散功能、中介功能是物流枢纽的核心功能。具体含义为：

（1）集聚功能。具体表现为基于各类节点设施和管理机制，实现物流相关资源要素（如货物、资金、技术、人才、信息等）在物流枢纽高度集聚，发挥规模效应，提高区域内物流整体发展水平和服务质量。

（2）扩散功能。也表现为辐射功能或者带动效应，能够发挥物流枢纽在基础设施、管理能力、服务质量等方面的优势，提升区域内物流水平和社会经济发展水平。

（3）中介功能。主要是物流领域相关主体为相关客户所提供的各类服务，能够发挥重要的信息交互平台功能作用满足不同主体的物流服务需求，创造了“一站式”的中介服务模式，以更低的成本实现了更高效、更具优势的综合物流服务。

第二节 物流节点

一 物流节点的定义

物流节点（logistics node）的具体含义是城市内部物流基础设施和服务体系相对集中的区域。物流节点是一种空间场所层面的概念，具体可从广义、狭义两种不同的维度出发对其内涵进行解释。具体来讲，物流节点的广义内涵表现为全部关于物资中转、储运、集散等具体作业的节点，具体包含公共仓库、物流园区、配送中心、货物集散中心、港口、货运场站等；而其狭义内涵则特指基于政府整体规划建设发展起来的物流园区、物流基地、物流配送服务中心等产业集群和商业主体（张锦，2018），这些产业集群和商业主体能够积极有效地满足社会物流服务需求（黄毅等，2017）。

二 物流节点的类别

由上文内容可知，物流枢纽的建设往往与交通枢纽在空间位置上保持一致。因此，物流枢纽所在城市通常也是全国性或区域性的物流节点。

根据《物流业调整与振兴规划》（2009）可知，我国将物流节点具体细分为全国性、区域性、地区性三个不同的层次。其中，全国性物流节点城市与区域性物流节点城市的确定主体为中央政府，由其根据国家整体发展状况和需要进行确定，而地方政府则负责确定地区性的物流节点城市建设方案。目前，我国共设立了21个全国性物流节点城市和17个区域性物流节点城市。前者主要包括北京、天津、沈阳、大连、青岛、济南、上海、南京、宁波、杭州、厦门、广州、深圳、郑州、武汉、重庆、成都、南宁、西安、兰州、乌鲁木齐，而后者则包括哈尔滨、长春、包头、呼和浩特、石家庄、唐山、太原、合肥、福州、南昌、长沙、昆明、贵阳、海口、西宁、银川、拉萨。

在物流节点的具体构成中，物流枢纽处于顶层地位，是物流节点最高级别的表现。根据《物流术语》（GB/T 18354—2006）的相关内容，可综合考虑物流设施的功能定位、服务对象及服务范围等特征的差异，将我国物流节点的建设发展层次细分为4个不同的级别，具体划分结果详见表1－4。

表1－4　　物流节点的类别

级别	名称	辐射范围	服务对象	应具备的基本功能
一级	物流枢纽	两个以上的国家	国内外采购、生产、销售、流通各环节的相关企业	物流服务功能，海关商检功能，保税功能，金融、商务、生活配套功能
二级	物流园区/物流基地	全国大部分区域	面向社会提供公共物流服务，向下游的物流中心、配送中心提供物流服务	物流服务功能，金融、商务、生活配套功能
三级	物流中心	两个以上的省份	面向社会提供公共物流服务，对下游配送中心提供物流服务	物流服务功能，商务、生活配套功能
四级	配送中心	省内区域	特定用户、特定行业	配送服务功能

三　物流园区

（一）物流园区的定义

知名学者汪鸣认为，物流园区是对物流组织管理节点进行相对集中建设与发展的具有经济开发性质的城市物流功能区域，同时，也是依据相关物流服务设施进行的降低物流成本，提高物流运作效率和改善企业服务有关的流通加工、原材料采购和便于消费直接联系的生产等活动的具有产业发展性质的经济功能区（汪鸣，2014）。《物流术语》国家标准（GB/T18354—2006）将物流园区定义为：为了实现物流设施集约化和物流运作共同化，或者出于城市物流设施空间布局合理化的目的而在城市周边等各区域，集中建设的物流设施群与众多物流业者在地域上的物理集结地。总的来说，物流园区属于物流业的高级发展模式，是多个物流主体在区域上高度集中的一种发展模式，能够实现更好的物流综合服务与经济效益。

（二）物流园区的类别

1. 基于商品流通过程的分类

基于《物流园区分类与基本要求》（GB/T21334—2008）及实际发展情况，我国物流园区的发展类型具体分为以下几种：

（1）生产服务型物流园区。地理位置上与工业园区、特大型生产制造企业毗邻，制造企业能在这里得到一体化服务（孟一君，2020），包括采购供应、库存管理、物料计划、准时配送、产能管理、协作加工、运输分拨、信息服务、分销贸易、金融保险等。

（2）货运枢纽型物流园区。此类物流园区以交通枢纽为建设发展基础，能够借助交通枢纽的交通运输便利性及优势功能，具备多式联运的发展基础，充分保证大规模物流中转服务质量，大多能够满足国际性、跨区域的物流服务需求。

（3）商贸服务型物流园区。此类物流园区的建设发展基础为城市大型商圈、商业中心、货物集散地等功能型区域，以各类商业企业为服务对象，根据其经营需要提供相应的仓储、配送等物流服务，在提升商业企业销售能力和产品流通能力的同时实现自身发展，同时还提供与物流有关的融资、保险、电商等服务，为商业发展提供有力支持。

（4）口岸服务型物流园区。此类物流园区基于口岸发展优势，以进出口企业为主要服务对象，针对其需要提供仓储、报关报检、货物中转、产品分销等物流相关服务，提高进出口企业的商品流通能力和对外贸易水平。

（5）综合服务型物流园区。此类物流园区具体包含了两种及更多的运输模式，具备多式联运条件，能够实现不同运输方式的无缝对接，从而极大提升物流服务水平，能够满足客户多元化的物流服务需求，充分发挥多式联运的优势作用。

2. 基于园区辐射范围的分类

基于服务区域、辐射效果的差异，物流园区的类型具体又有以下划分结果：

（1）国际型物流园区。通常依托港口、航空港、陆路口岸等进行建设发展，构建起物流运输业务与海关监管业务的科学衔接，实现了规模化的转运服务。

（2）全国枢纽型物流园区。通常属于多种不同运输模式骨干线网的交汇位置，是重要的货物中转节点。

（3）区域组织型物流园区。通常面对跨区域的长距离运输需求，从城市维度出发建设配送体系作为城市物资流通的组织体系与中转节点。

（4）城市配送型物流园区。为城市产品生产流通及商业贸易提供物流保障。

（三）物流园区的功能

（1）物流服务功能。在完成建设并正常运转之后，物流园区可以积极开展各项物流服务活动，综合运用多种运输方式完成货物的接收、存储、分拣、流通加工、中转配送等业务，积极提升物流服务价值，满足客户需求的同时实现自身经营发展目标。

（2）社会服务功能。在对各项设施及物流资源进行科学整合的基础上，物流园区不仅可以积极满足社会经济发展所需的物流服务，还能够发挥积极的作用提高经济发展水平，对城市交通运输格局进行优化改进，发挥良好的辐射作用提高产业结构优化调整的整体速度。

（3）信息服务功能。在现代物流创新发展的过程中，物流园区的功能作用也不断丰富和完善。在各类信息系统的支持下，物流园区能够为物流服务需求主体提供更加及时、可靠的信息咨询服务，包括订货、储存、运输、加工等物流信息，以及订单、交易、货物状态等商务信息。

四　物流中心

（一）物流中心的定义

物流中心（logistics center）也叫流通中心，可实现组织、衔接、调节、管理等物流活动。通常情况下，物流中心需具备以下条件：以满足社会公众的物流服务需求为主要目标；健全的物流服务功能；完善的信息网络；良好的辐射能力；多元化的服务内容；强大的存储、中转能力；规范、统一的经营管理机制（叶怀珍和李国旗，2019）。

（二）物流中心与传统仓库的区别

相较于传统仓库，物流中心的特殊之处具体表现在：一是多样化的发展模式，表现出一定的共性及个性特征。传统仓库仅仅表现出物品存储及保管的基本职能，属于物资的一种静态存放；二是物流中心的功能不仅仅局限于静态存放，更加注重物资的动态管理，综合运用仓储设施、设备、作业等要素实现物资的高效存储和流通。

1. 物流中心更自动化和智能化

传统仓库在设施建设方面并不会做出巨大投资，多使用一些效率相对较低的平地、平房类型的仓库，也大多通过简单的设备或者人力完成货物的装卸和搬运作业，整体呈现出成本高、工作量大、准确性低等问题。现代物流中心在以传统仓库为基础实现了巨大创新和发展，自动化、立体式仓库的建设极大地提升了仓库的空间利用率；而自动分拣机等先进设备的使用也极大提升了作业准确率与作业效率；自动化搬运车辆的使用也显著减少了人工作业工作量；发挥计算机、网络技术的优势作用实现了物流信息的科学交互与广泛共享，从而构建起更大规模的供应链信息管理系统，提升了物流业与上下游企业的关联水平。而各类机器人技术、专家系统等现代化工具的使用进一步提升了物流决策的科学水平和作业质量，为广大客户提供了更加高效、可靠的物流服务。

传统仓库在运营管理时大多以人工劳动为基础，由工人使用相关设施设备完成相关作业任务，表现出工作量大、生产率低、准确性差等问题，使货物在仓库存在较长的滞留时间，导致了相对较大的库存成本。现代物流则能够有效克服以上缺陷，基于信息管理系统的现代物流中心能够显著提升物流管理水平和作业效率，从而表现出巨大的综合优势。

2. 物流中心倾向于建立长期、稳定的合作关系

传统仓储在物流作业过程中并未与区域内外的其他部门形成有效关联，存在比较突出的封闭、分割问题，导致物资流通过程中存在突出的范围有限、效率低下、效益较差等问题。但是物流中心则构建起了上下游客户的良好合作关系，充分保证了供应链的运营管理水平，确保了物流、信息流的最佳管理效果，实现了更好的综合经营效益和服务质量。

3. 物流中心的作业内容发生了质的变化

现代物流中心表现出综合性、多样性的现代物流功能，能够充当物流作业的组织与协调核心。基于自身现代化的管理工具和方法，物流中心能够实现商品流通的全方位管理和服务，构建起以采购、供应、存储、分拣、流通加工、配送等为核心的现代物流体系，实现了规范、统一的物流管理，充分保证了商品流通的科学水平。由此可知，传统仓库仅仅可以看作现代物流中心的构成要素之一，后者是前者的高层次发展结果。

现代物流一改传统货物运输在商流、物流等方面的分离问题，构建起商流、物流乃至信息流高度融合的管理体系，极大地提升了物流管理科学水平。现代物流中心实现了更加高效、快捷的物流服务，能够发挥现代仓储管理、配送管理及信息管理等先进方法和工具的积极作用，在有效满足各主体物流服务需求的同时也极大地保证了物流资源的综合利用率，实现了更好的增值功能。而这也将成为现代物流创新发展的真正意义和价值，也是现代物流中心与传统仓库的本质区别。

（三）物流中心的类型

1. 基于作业性质分类

（1）集货中心。

①概述。集货的含义是将分散的、零星的货物经过集中处理使其成为批量性的货物。对于生产企业数量较多，所处区域相对集中，但

单个企业产量相对较小的区域，仅需该区域部分产品的总生产规模满足特定条件就可以专门设立一种集货性质的物流据点为其提供所需的物流服务。这种物流据点就是集货中心的一般形式。集货中心所服务的对象大多属于初级包装甚至无包装的小批量货物，货物的采购成本相对较低，然后以集货中心根据销售需要或者客户需求开展对应的流通加工作业，将原始货物进行加工处理使其具备更好的流通能力，通过批量、集装运输降低货物的运输成本。

一定程度上，集货中心能够更好地满足小型企业集群的物流服务需求，为产品运输流通提供一种相对便利、低成本的物流方式，有效满足中小企业的物流服务需求。此类物流中心多建设于农村、乡镇等自身工业化发展程度不高、产品分散性特征突出的区域，能够对各类农产品或初级工业品进行集中、存储和配送，以此满足中小企业等特殊经营主体的产品运输需求。

②主要设施。一是包装设备。根据需要对分散货物进行包装、捆扎处理使其成为特定规格的整体性货物。二是量化统计设备。主要功能是对货物的质量、等级、数量等参数进行量化评估。三是装卸搬运设备，实现货物在集散中心的移动。四是分类设备，能够实现分拣、分选等功能，对多种类的货物进行科学分类便于分离和独立存储。五是储存设备，实现对货物的保管、存放等功能。六是加工设备，根据流通加工的需要对货物完成分选、精制、剪切等二次加工处理，提高货物的流通便利性、安全性或者改善货物销售状况。

（2）分货中心。

①概述。这类物流据点是以分货工作为主要业务。基本功能是通过拆分、分拣等方式处理大批量集装货物，使其成为小批量货物。运进货物主要采用大规模包装、集装、散装等形式，运进货物的载体多为大批量、低成本的运输载具，如轮船，整列、整车皮铁路车厢，运出货物是经过分装加工的，分装加工要按销售批量要求、销售宣传要求来处理，形成小包装货物，再向外转运。

②主要设施。一是大宗货物的接货、存储等设施设备，能够保证大批量货物的及时装卸和搬运。二是货物拆分及包装设施设备。实现

大批量货物的拆分并根据需要进行二次包装。三是各类包装加工设施设备。

（3）加工中心。

①概述。加工中心这一物流据点主要开展货物的流通加工业务。具体的发展形式主要有以下两种：一是经营目标以物流输出为核心。通常规划建设于生产区域附近，能够通过相应的流通加工为货物运输创造便利条件以降低运输难度和运输成本。常见类型有食品冷冻加工中心、木料粉碎制浆中心。二是经营目标以辅助销售为核心。通常规划建设于销售区域附近，根据用户的购买需求对货物进行加工处理，为用户消费创造便利条件从而提高销售服务质量。典型代表有玻璃开片裁剪、钢板剪切成型等。

②主要设施。一是流通加工作业必需的各类机械设备。二是具备包装、搬运、储存等功能的设备。

（4）配送中心。

①概述。配送中心这一物流据点形式主要开展货物的配送作业，是目前最为常见的物流中心建设发展模式。此类物流据点往往具备完善的仓储体系，能够实现货物的调配功能，可根据货物的供需情况对业务计划进行调整。而部分尚未设置专门仓储体系的配送中心则需要根据自身状况和服务需求制订相应的配送计划和管理制度，充分保证货物的高效、稳定流通（陈虎，2011）。

②主要设施。一是储存设施。具体表现为各类仓库、仓储配套设施，能够根据存储计划科学开展存储业务，在尽可能降低库存规模的同时确保产品供给的充足性与持续性，尽可能降低库存及供给失衡导致的经营风险。二是以货物的拆分、配送为功能用途的各类设施。

（5）运转中心。运转中心是指主要以货物中转运输为主要业务的物流据点，又叫作转运终端、转运站。此类物流据点实现了货物在不同运输模式之间的高效转换，能够充分保证物流系统的连续性，为多式联运的开展提供有效保障。根据转运相关设备的特征差异，转运中心具体包含卡车转运中心、航空转运中心等不同类型。

（6）储调中心。储调中心具体是指以货物储备、调度为主要业务内容的物流据点。此类物流中心能够发挥积极有效的调节控制功能，充分保证货物生产、销售、供应等环节的均衡结构，发挥显著的“蓄水池”功能作用，确保产品生产流通过程的持续性与稳定性。仓储设施是储调中心最为基础、最为核心的设施。

（7）物流基地。物流基地具体表现为特定的物流集散中心。通常位于交通枢纽，具体以物流园区、综合物流中心等为经营发展模式。此类物流中心表现出显著的多元化经营特征，能够积极满足不同物流服务需求充分保证货物运输效率。

2. 其他分类方式

①基于运营主体类型的差异，物流中心具体可分为制造商物流、分销商物流、零售商物流、第三方物流等不同的物流中心。②基于作业对象的差异，物流中心具体可分为家电物流中心、日用品物流中心、文化产品物流中心、医药产品物流中心等不同类型。考虑到物流中心在具体发展过程中大多表现出交叉经营的发展特征，因此物流中心的划分标准并不严格清晰，大多表现出多元化的发展趋势。

（四）物流中心的布局方法

布局将明确物流体系的建设发展模式，具体需要明确物流中心与生产企业、客户之间的空间位置关系。科学合理的布局将充分保证物流企业的经营发展水平与效益水平。

1. 聚集型

以生产企业分布相对密集的区域为发展中心，由若干物流中心围绕四周满足其物流服务需求就是聚集型布局方式（见图 1－2）。此类布局方式受限于区域内生产企业数量多、布局紧密的情形，在物流中心的建设方面面临较大的制约因素；也可能因交通运输条件限制缺乏大规模物流中心的建设条件。只能选择将物流中心分布建设在周围地区的形式满足生产区域的物流服务需求并尽可能缩小距离降低物流成本。该布局模式更加适合生产聚集区域较大、物流需求较大的情形，便于开展分工协作。

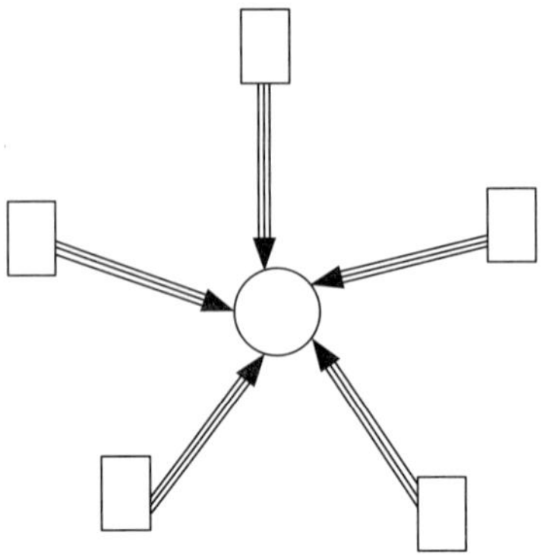

图1-2 聚集型布局

2. 吸收型

此类布局方式详见图1-3，将物流中心的建设区位选择在多个生产商地点连接所构成图形的居中位置，尽可能保持物流中心与各生产商之间的均衡距离，由各生产商将货物集中向物流中心运送。在具体选址上，需要确保所选位置与各生产商之间距离之和最小的方案。吸收型物流中心更多发展成为集货中心。

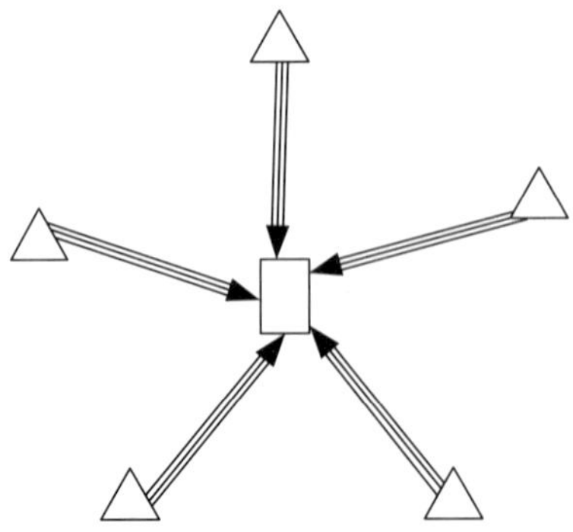

图1-3 吸收型布局

3. 辐射型

辐射型物流中心通常以多个用户之间的居中点为建设位置，在整体布局上类似于吸收型，其区别在于物流方向为物流中心指向用户（见图1-4）。若用户群体相对固定，则此类物流中心在选址上应当优先考虑同各用户直线距离之和最小的选址方案，同时也要兼顾其他因素并对选址方案进行优化和调整以实现最佳效益。

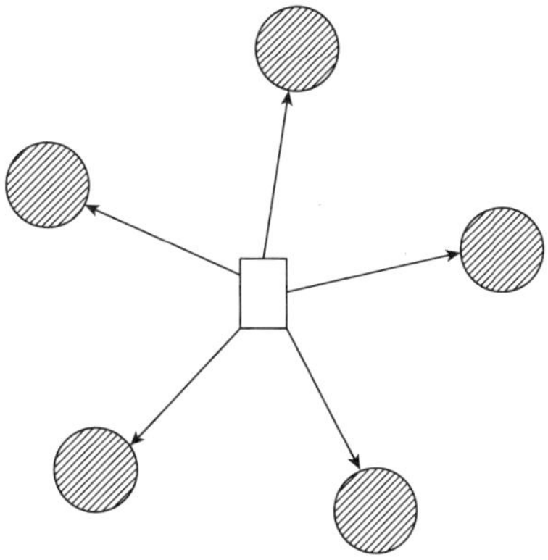

图1-4　辐射型布局

此类物流中心的优势基础表现在：①周边区域属于用户相对集中的区域，能够以最高的效率和效益满足用户的物流需求，实现货物由物流中心向客户的单向运送。②作为主干输送线路转运站，干线输送货物到达物流中心开始，向周边各用户的货物分送以终端输送或配送形式来完成。当始发该中心的终端输送或配送的送货方向与干线输送路线相逆时，就要把不同运送方式的对流问题进行比较，当收货地点与干线运输路线的上一个物流中心距离太远，由上一个物流中心进行终端输送成本过高时，才能考虑以该物流中心来实施辐射。

4. 扇形

此类布局方式具体以物流中心为起点，以某一侧区域为流通方向开展物流运送作业，在单侧方向呈现出一种扇形的运输结构特征（见图1-5）。此类布局形式通常受限于特定的地理环境，在某一侧缺乏物流业务的条件，只能针对相对便利的一侧区域开展物流业务。常见形式为大型干线一侧、铁路或河流一侧等区位特征，是一种因地制宜的布局方式。

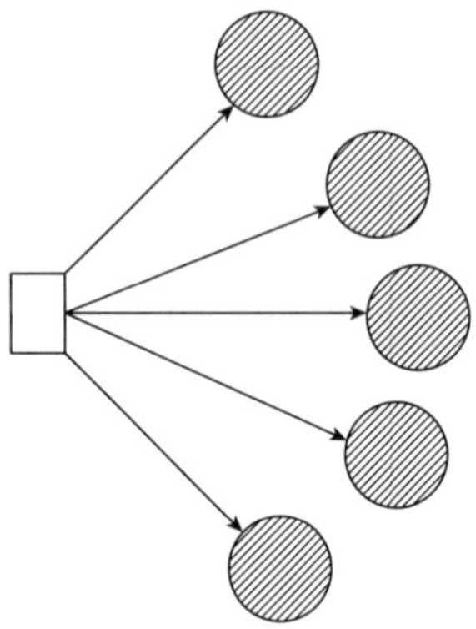

图1-5 扇形布局

（五）物流中心的作用

物流中心实现了货物的综合运输管理，基于商流、物流、信息流及资金流的高度融合实现一种高效、便捷、可靠的物流服务体系，充分保证物流运输的效率水平和效益水平，能够充分发挥不同主体的优势功能作用形成良好的协作关系，充分保证物流体系的运转水平。对于物流体系而言，物流中心是物资中转、保存、流通加工的关键环节，能够构建起产品供应方与需求方之间的良好交互渠道，能够根据供需双方的具体情况对物品进行处理，实现供需结构的匹配性与均衡性，有效克服各项不利因素的影响和制约，满足用户物流需求。其功能作用具体表现为：

1. 商品保管的作用

现代社会的经济活动以产品在生产、消费等不同环节的时空分离为主要特征，发挥自身调节与管理职能作用，以此削弱这一分离情况的不利影响，构建起产品相对完善、稳定的流通渠道。为了确保流通的稳定性，商品保管将成为必不可少的功能之一，并且这种保管功能应区别于传统的仓库存储功能。

2. 商品在库管理的作用

在库管理也就是库存管理，是物流中心对暂时存放于中转仓库中的货物所开展的一系列管理活动。在库管理的意义在于确保合理的库存水平，积极应对各类风险因素的不利影响，充分保证物资供应的充分性与及时性，尽可能降低用户缺货风险保障其持续经营。基于现代化仓储体系的在库管理是现代物流中心的核心功能之一，是物流服务持续稳定的关键保障。

3. 商品流通加工的作用

在商品流通的过程中，往往需要根据物流业务、客户需求的具体情况开展必要的流通加工作业，以此满足客户需求确保货物的流通效率和质量。以共同配送为例，商业区域往往成为大批量商品集中的区域。为了满足客户需求，物流体系需要对大批量商品进行拆分和重新包装处理，便于后续配送业务，提高配送效率和服务质量。在零售业快速发展的过程中，流通加工的功能日趋丰富，使物流中心的流通加工业务水平不断提升，能够积极有效地开展食品保鲜、产品冷冻、清洗包装等活动，这都有利于商品的品质提升和后期运输的便利性。此外，流通加工业务还能够发挥物流中心的管理优势，为客户的产品销售创造更加便利的环境，在降低客户经营成本的同时提高其营销能力，从而提高营销水平和企业效益水平。

4. 商品分拣的作用

在物流体系快速发展的过程中，市场营销理念和模式也不断创新，逐渐形成了多元化、差异性的产业格局，对商品的流通管理特别是分拣管理提出了更高要求，也充分突出了分拣功能在物流服务中的重要性。因此，商品分拣功能将成为物流体系创新发展的重点，对于提升流通效率和服务能力具有十分显著的现实意义，这也是对物流中心未来发展的一个重要方向。

5. 商品周转的作用

干线输送若是以多个单位分别承担小规模运输时，会导致平均运送货物量低、成本高的现象，有可能造成道路受损、交通阻塞、污染问题等，且导致社会成本增加。以干线运输源头来集中厂商，有利于合理组合各个中小型企业货物并集中运输，实现物流规模经济效益。一般来说，批量商品可实现统一运输及管理，在消费地周围用小型货车配送，实现物流效率极大提升。

（六）物流中心的经济效益

（1）强大的衔接功能充分保证了物流效率，也实现良好的成本控制效果。物流中心的这一优势实现了物流系统的科学优化，充分保证了物流活动的整体效益水平。其衔接功能具体表现在：

一是构建起不同运输方式的良好衔接。物流中心能够充当不同运输方式之间的衔接工具，高效、可靠地完成货物在不同运输方式之间的转换，并且能够根据需要提供仓储、装卸等服务，充分发挥自身运营管理优势，提高不同运输方式转换的效率。在缺乏物流中心的情况下，货物在不同运输方式之间的转换将面临巨大的成本，该环节的成本费用甚至超过了所有物流成本的两成，如此巨大的成本也是物流中心衔接功能的价值所在，能够显著降低不同运输方式之间的衔接成本实现更高的效益。

二是实现了不同装载形式、包装方式之间的科学衔接。专业化的生产模式使供应者在产品外运环节更倾向于选择大规模的装载运输方式，以此降低单位运输成本实现更好的效益。但是对于需求者而言，小规模的产品及运输更加符合其要求。这种供需结构的不一致问题将不同程度影响产品的流通效果。但是，在物流中心的衔接功能作用下，产品包装形式的科学处理得以实现，通过大批量产品向小批量产品的拆分，既保证了生产者的产品流通，也更好地满足了客户需求，避免了客户不必要的库存压力和风险，极大地提升了客户的经营效益。

三是实现了不同状态物流的科学衔接。物流过程中产品呈现出各种不同的状态，这种差异性状态的存在会不同程度影响物流活动的连贯性从而导致物流效率低、效益差等问题。若能够充分发挥物流中心的衔接能力，则可充分发挥其技术、工具优势，克服物流状态差异对产品流通的不利影响，实现良好的综合效益。

（2）科学合理的流通加工能够有效克服产品供需结构的失衡与不匹配问题，从而构建起供需双方的良好关系，充分保证产品的流通质量，实现了更好的综合效益。在现代市场关系中，用户需求表现出日益显著的多样化、个性化特征，使标准化的产品生产难以满足其需求。而物流企业的流通加工功能则能够根据用户需要对产品进行恰当的加工处理，使其更好地满足用户需求，从而提高产品的流通水平，创造更多的经济效益。

（3）集中式的仓储管理将充分发挥物流企业的调节与控制功能作用，充分保证物流活动的连贯性与可靠性，避免因内外部风险因素的影响导致客户缺货、库存积压等不利后果。物流中心能够实现一种集中式的产品库存管理，能够积极发挥其调节优势，有效避免用户分散库存管理的风险，显著降低了客户的经济成本，并为物流企业创造更多的经营效益。

五　物流通道

（一）物流通道的概念与内涵

物流通道是物流体系的核心构成要素之一，是物流网络的框架结构。物流通道的形成与发展基础通常为各类运输通道或交通走廊（transportation corridor）。William W. Hay 认为，交通运输通道可理解为基于河流、湖泊、土地等自然环境条件并在特定社会经济环境中形成的一种特殊的客货流通相对集中的地带。交通运输通道往往包含了多种不同的运输方式，能够实现不同运输方式之间的良好衔接，能够充分保证客货流的可靠性与效率性。张国伍教授则将交通运输通道具体定义为：某两地之间具有已经达到一定规模的双向或单向交通流，为了承担此强大交通流而建设的交通运输线路的集合，称为交通运输通道（亿绍华，2017）。

物流通道是建立在运输通道基础上，满足关联紧密多个城市（地区）常态化、大规模物资空间位移，以多条运输线路来构成物理通道，结合常态化运行于线路上的航班、车次、班列、班轮等服务通道共同组成的集合（梁晨，2021）。物流通道的广义内涵不仅包含了物流服务有关的各项要素，同时还包含与之相关的各类配套性、支持性的要素。

（二）物流通道的分类

1. 基于空间服务范围的分类

具体包含以下不同类型：

（1）国际物流通道。此类物流通道构建起两个及更多国家之间的货物流通运输网络，通道形式以海运通道为主，还有海铁联运通道和国际铁路联运通道。

（2）区际物流通道。此类物流通道通常作为不同经济区域之间的连接工具实现货物在相关区域内的高效运输。区际物流通道一般规划建设在铁路干线、高速公路、水运航线等区域附近。

（3）区内物流通道。此类物流通道能够有效满足省内不同城市或者地区之间的货物交换流通需求。区内物流通道在规划建设环节通常选择国省铁路干线和公路干线等运输网络，对重要的工业园、商贸集散地和物流节点起到连接作用。

（4）城市间物流通道。此类物流通道多规划建设于铁路、省道公路沿线。

2. 基于各种运输方式的分类

具体包含铁路通道、水路通道、公路通道、航空通道、综合通道等不同类型。由其名称可知，各类通道的发展依托不同的运输方式，而综合通道也叫作多式联运通道，是包含两种及以上运输方式的综合型物流通道，能够发挥不同运输方式的优势作用，从而实现更好的物流服务，更好地满足相关主体的物流服务需求。

由国家发改委发布的《营造良好市场环境推动交通物流融合发展实施方案》（2016）文件，对我国物流通道的建设发展任务进行了科学部署，明确了我国物流通道的建设目标和发展规划：①南北沿海通道，服务沿海主要经济区、主要城市与港口；②京沪通道，服务京津冀与长三角等地区；③京港澳通道，服务京津冀、中原地区、长江中游与海峡西岸经济区、珠三角等地区；④东北进出关通道，服务东北地区；⑤西南至华南通道，服务成渝、云贵与北部湾、珠三角等地区；⑥西北北部通道，服务西北与华北等地区；⑦陆桥通道，服务西北、中原与东部沿海等地区；⑧沿江通道，服务长江经济带上中下游地区；⑨沪昆通道，服务华东、中部与云贵等地区；⑩国际通道，中欧、中蒙俄、中俄、中国—中亚—西亚、中国—中南半岛、海上等通道。这一规划为我国今后物流通道整体建设奠定了良好基础。

（三）物流通道的作用

（1）提高物流服务质量，提升沿线经济发展水平。物流通道的建设和运作将实现更加高效、可靠的物流服务，在有效降低物流成本的同时更好地满足社会各界的物流服务需求，为地区经济的发展做出更大的贡献。

（2）缩短时空距离，克服物流时空分离，以更短的时间实现更好的产品流通。

（3）提升物流效率，通过更好的协调各要素在物流体系中的关系，构建起集约化、规模化的发展格局，借助规模经济效应，提升物流的运作效率。

（四）物流通道的特征

（1）领先的技术水平与卓越的运输能力。

（2）构建起可靠、稳定的服务通道确保物流科学发展。

（3）表现出典型的带状空间特征。

六　物流组织网络

（一）物流组织网络的内涵

1. 定义

物流组织网络具体以物流企业为主导因素，根据全球一体化发展及物流网络化发展的客观要求构建起科学的供应链管理机制，提高供应链相关主体的合作水平，实现更好的资源整合效果，并在业务协同的基础上共同开展物流创新，形成一种关联更紧密、效率更高的物流发展模式。不同物流企业的合作水平与关联程度也将成为物流组织网络化发展水平的决定性影响因素（周跃进和陈国华，2015）。

2. 物流组织网络的演化

从其发展演化的特征和规律来看，物流组织网络化发展大致可分为如图 1－6 所示的四个基本发展阶段。各阶段的主要特征为：

第一阶段：不同物流组织之间表现出近乎独立的运营关系，在合作环节相对薄弱；

第二阶段：合作关系相对显著，不少物流组织认识到合作的重要性并积极寻求科学合理的合作方式；

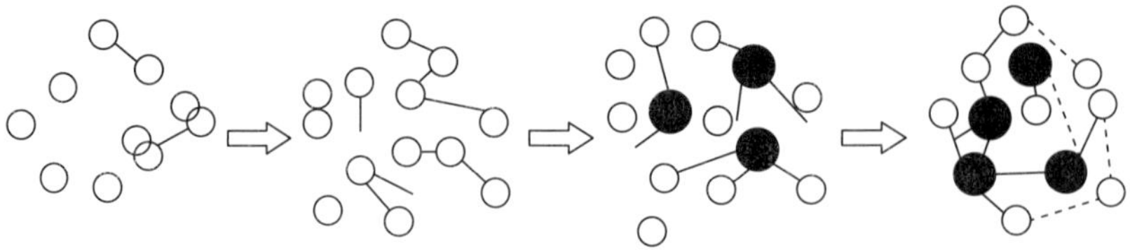

图1－6　物流组织网络演化

第三阶段：出现了比较稳定的物流联盟这种特殊的合作关系；

第四阶段：物流组织网络正式出现。

对于物流组织这一体系而言，不同物流组织均表现出典型的开放性节点特征，在获取外部信息及资源的同时，节点之间也形成良好的共享关系，构建起各节点广泛关联、资源高度共享的物流组织网络。

物流组织网络表现出显著的开放性、包容性特征，是物流联盟、虚拟组织等不同类型物流组织的综合体。这一网络体系的出现实现了资源、信息的高度共享和综合利用，构建起更加科学合理、高效便捷的物流体系，从而提供了更好的物流服务。

物流组织网络能够提供更高水平的物流服务，因此能够更好地满足用户需求从而提升客户满意度，为自身长远稳定发展奠定更稳定的客户基础。基于信息高度共享的合作机制能够充分保证资源利用水平，从而提升物流整体运行效率和效益，为物流网络的发展创造良好基础。

3. 物流组织网络中的合作关系

物流组织网络的出现将为不同物流主体之间的合作创造更好的环境，而良好的合作关系也将反过来提高物流组织网络的发展水平，以此实现物流系统的良性发展。其优势作用具体表现在：

（1）进一步完善服务功能。通过不同物流企业服务功能的协同与合作，发挥其服务功能的差异性优势共同开展物流服务，在资源互补的基础上提升服务水平。

（2）进一步扩大服务区域。不同区域物流企业之间的良好合作将显著提升其综合物流服务水平，能够满足更多客户的跨区物流服务需求，从而进一步拓宽物流服务的范围。

（3）进一步挖掘服务对象。通过物流企业之间的合作发展能够提升客户挖掘能力，从而创造更多的合作机会。

（4）进一步优化服务模式。物流企业之间的良好合作能够克服自身经营服务的局限性，有利于构建起更加科学的服务模式。

（二）物流组织网络的特征

（1）典型的动态性、开放性特征。物流组织网络将构建起不同物流企业之间更加广泛、深入的合作关系，有效打破传统物流发展模式的局限性与分割问题，确立起以客户为中心、广泛协作的新型服务模式，在信息充分共享和利用的基础上实现更大的综合效益。

（2）典型的协作性、创新性特征。基于高度的资源及信息共享能够实现不同物流企业之间的优势互补，从而发挥突出的协同效应并实现良好的协同发展效果，不断提升物流系统的运营水平和创新能力，实现物流系统的科学发展。

（3）典型的供应链管理特征。物流组织网络是一种更加高级、紧密的供应链体系，能够实现供应链各主体的科学协调，在资源整合的基础上为客户提供更好的物流服务，从而实现良好的整合效应。

（4）典型的网络性、增值性特征。物流组织网络将实现更加广泛、紧密的物流合作关系，基于共同的客户中心理念实现更好的行业合作，从而在提高物流效率的同时提升物流服务价值，为客户提供更好、更全面、更完善的物流服务。

（5）物流组织网络的出现和发展还能够克服传统物流模式中企业过度注重自身利益的问题，构建起以供应链综合利益为基础的发展目标，从而实现了更好的资源整合效果，积极有效地提升物流供应链的发展水平与创新发展能力。

（三）物流组织网络的运行模式

运行模式是系统运行机制、发展特征的具体体现。对于物流组织网络而言，其运行模式具体表现为：

（1）核心企业进行组织协调。核心企业是物流供应链、物流组织网络的核心构成要素，也是物流组织网络的主要要素，将对物流组织网络的发展起到重要的组织协调作用，为不同物流主体之间的利益协调、科学合作提供解决方案，实现更好的物流服务。

（2）若干个子网络共同完成组织功能。物流组织网络具体表现为不同功能子网络（如仓储子网络、运输子网络等）的综合体。不同子网络又将根据自身特征和发展需求形成不同的运行机制与组织成员，并且在决策方面表现出良好的独立性和自主性。这一特征能够充分保证各经营主体的自主发展能力，并且在合作协调的基础上共同完成高质量的物流服务。

（3）"协作协议"约束组织行为。"协作协议"是物流组织网络运行前提，既是实现网络运作收益的分享方式，也是风险共担形成的基础。其运作形式要以内外部资源共用为主，将企业关键资源及优势资源有效激发，同时以合作方式在组织外部寻求企业不具备或没有效率优势但又是不可或缺的资源，以效益共享和风险分担为基础形成稳定的合作机制。

（4）"动态革新"增强组织活力。创新能力与资源交互是物流组织网络发展壮大的基础。只有充分保证动态合作，才能真正实现优化互补与资源共享，从而有效提升物流服务质量。良好的动态合作将在博弈过程中实现网络利益的最大化目标，但是这种最大化目标的实现需要长时间的协调与配合，建立起各主体之间的良好信任关系，为各项合作的开展奠定良好基础。而这种博弈过程更多地表现为不同主体之间的互动及重组关系，在互动过程中彼此认可、彼此信任进而构建起良好、稳定的合作关系。

第三节　物流节点的选址与规划

一　物流节点的选址

（一）物流节点选址的影响因素

在选择物流节点建设发展位置时，需要综合考虑内外部影响因素才能确保选址结果的科学性与合理性（Alumur et al.，2012；Gelareh and Nickel，2011），在均衡与协调的基础上实现一种相对的最佳均衡结果，为物流节点的科学发展奠定良好基础（鞠颂东，2008；李延晖，2013）。具体的影响因素主要有：

1. 物流需求及其分布

对于物流体系发展而言，需求是最核心的影响因素。物流需求的分布特征是物流节点选址首先要考虑的一个问题。在物流节点建设发展过程中，必须具备良好的市场基础，确保其功能设定、服务模式与目标市场的需求保持一致，构建起科学合理的供需结构关系才能保证物流系统的良性发展。因此，在物流节点选址环节，必须全面系统地研究分析物流需求及分布问题，在此基础上确定物流节点位置。

2. 服务范围与市场定位

在物流业务开展过程中，物流节点表现出显著的集聚效益，在积极满足物流服务需求的同时也将构建起特定的物流网络，实现网络内各主体的共同发展，在提升综合物流服务能力的同时显著扩大服务范围，而服务范围的扩大也将为物流节点的选址创造更大的选择空间。

3. 用地条件及土地成本

成本费用问题是发展规划问题的核心问题之一。对于物流节点而言，土地成本是其最主要的成本费用项目，因此用地条件、土地成本将成为物流节点选址必须考虑的因素。通过全面系统的评估分析，实现土地成本与用地条件之间的最佳均衡，以最小的成本代价获得最好的发展基础。

在国家明确物流业发展重要性的基础上，各级各地政府也积极响应国家政策，纷纷制定了各自物流业发展战略及优惠政策，为物流业的发展创造了良好的外部环境，同样也为物流节点的建设提供了有力支持。

4. 运输仓储费用及建设成本

经济可行性分析是物流节点选址分析的重要工作。其中的经济因素具体表现出不同的成本费用项目。具体包含固定成本、可变成本两大类。前者以基础设施建设、设备采购为主要内容，后者则以工资成本、原料损耗、能源成本及其他经营性生产管理成本为典型代表。通常情况下，固定成本表现出显著的稳定性特征，是经营主体在特定范围、特定条件下相对不变的成本项目，但是对于大多数经营主体而言，固定成本在其成本结构中将占据最大的比重，因此成为成本分析的关键要素。目前，运费是物流业可变成本的主要来源，同时其他与运输活动有关的费用项目也将作为可变成本的重要组成。

（二）物流节点选址的原则

（1）优先选择物流需求较大、较集中，基础设施建设水平较高的地点，有利于节省节点建设投资，减轻经营压力。

（2）重点考虑各交通枢纽，最好具备多式联运的发展条件，便于业务发展和完善。

（3）接近城市中心或交通枢纽，周边具备良好的交通运输资源。

（4）应重点考虑用地成本的问题，可优先选择土地资源充足、土地价格较低、开发潜力较好的位置。

（5）优先考虑具备网络化发展条件的区域，为信息资源的充分共享与综合利用奠定良好基础。

（三）物流节点选址的步骤

进行物流设施选址，可以按照以下七个步骤，如图1－7所示。

（1）信息收集整理工作。具体以下列指标为依据开展相关工作，为物流节点选择决策提供充分可靠的依据。①运营收入。主要以与收入有关的指标为对象开展数据信息收集工作，具体包括运输业务量、存储业务量、流通加工、销售价格及市场竞争等因素。②运营成本。主要以运营费用、管理费用为对象开展数据信息收集工作。③其他相关项目。根据选址决策的需要对地理特征、土地价格、基础设施、配送体系、市场需求等问题进行调研分析。

（2）约束条件评估。具体对影响节点选址的相关因素进行调研分析。①需求条件。主要包括市场状况、客户结构、配送区域、物流业务预测等。②运输条件。周边交通运输网络的具体发展情况，如铁路站点、港口、机场等运输节点的建设发展情况及未来预测。③配送条件。与配送服务有关的时间、距离、频率、服务范围等因素。④用地条件。土地资源充足性、土地价格、拿地条件与代价等。⑤法规制度。所在城市的行业政策、税收政策、整体发展规划等。⑥流通条件。

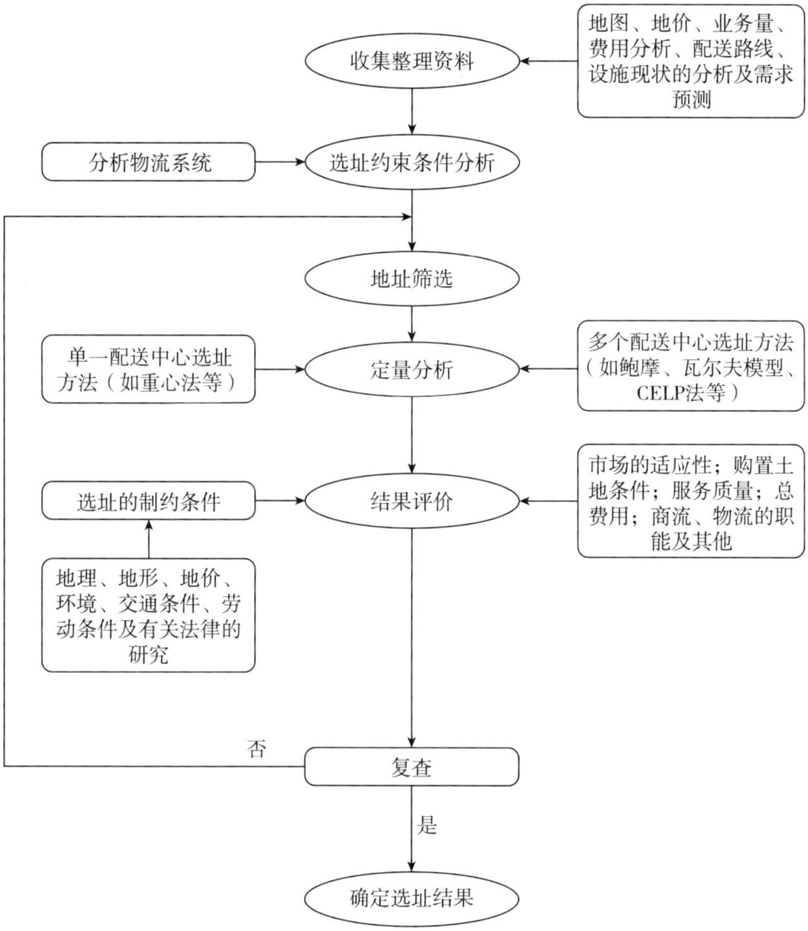

图1－7　物流节点选址的步骤

基于商流、物流分离的职能设定，市场需求将成为是否开展流通加工活动的主要决定因素。⑦其他。与货物流通有关的其他相关因素，如保暖设施、冷冻设施、安全设施等。

（3）地址筛选：以调研分析的数据资料为依据，综合考虑各项因素的影响作用，科学预测物流需求确定初始选址方案，为后续分析奠定基础。

（4）定量分析：构建分析模型，以影响因素为变量，量化分析变量内在关系，以及变量如何影响物流效益。

（5）结果评价：从不同角度出发，综合对比分析不同选址方案的优势和不足，明确各影响因素对选址结果的具体影响程度。

（6）复查：对选址有关信息资料进行复核，对选址过程进行检查。

（7）确定结果：根据以上研究工作确定物流节点的最佳选址方案。需要指出的是，模型分析得到的最佳方案并非一定是最终选址结果，而是需要综合考虑相关因素进行优化和调整，确保选址方案的可行性。主要考虑以下问题：①各影响因素的不一致问题。对于影响选址决策的各因素而言，其中存在特定的相互矛盾关系。例如，土地价格高往往意味着较高的运营成本，但是也表现出便利性的优势。②指标权重在计算确定时存在较大困难。由于客户需求的多样性，使得不同客户需要不同的物流服务和设施，这就导致不同因素在不同客户的重要性各有不同，加大了指标权重量化难度。③量化标准的不确定性。在内外部复杂环境的共同影响下，选址标准表现出显著的动态变化特征，导致选址效益评估分析的结果存在较大的变动风险。④需求差异性问题。对于物流节点建设发展而言，物流设施表现出不同的类型和特征，对所处空间也提出了不同的要求。储备型设施需要相对独立、充足的空间，因此倾向于较偏僻的地区；而转运型设施则对交通运输便利性提出了较高要求，故倾向于选择交通运输基础较好的区域；而综合型设施则分别适用于不同的物流对象，需要根据具体的需求进行调整（周建勤，2020）。

以上因素的存在使得物流节点的选址问题成为一种复杂性、系统性的问题，存在十分突出的不确定性和困难性。如何实现物流节点与周边环境的协调统一将成为物流节点选址与建设的关键所在。

（四）物流节点选址的方法

1. 定性方法

定性方法具体从描述分析的层面出发对相关问题进行研究分析。虽然物流节点选址表现出显著的量化特征，但是不可忽视定性分析的重要性，需要借助总量控制、经验法、多方案对比法等方法对不同选址方案的科学水平进行综合分析，明确其制约因素和发展基础等问题。

其中，总量控制法能够以物流预期需求情况及分布特征为依据，对物流节点的预期建设规模进行分析，确定可选的方案，并初步确定节点的待选位置。具体的实现流程为：①计算总量。基于建设规模分析方法，对物流节点的预期建设规模进行科学预测。②分区布置。基于物流分布情况的调研分析结果，明确物流分布的区域差异，从中筛选分布相对集中的区域为优先考虑的选址范围，并根据区域发展特征初步确定布局方案。③总量平衡。基于物流通道发展状况，计算预测其负荷能力，以此为依据确定物流节点的预期业务处理能力。④调整布局。综合考虑社会、政治、经济等因素，对节点选址方案进行优化，结合实际情况进行调整进一步提升选址方案的可行性与科学性。

2. 重心法

重心法通过构建模型工具对物流节点的选址问题进行研究分析。该方法的假设前提为：①忽略交通状况对物流费用的影响，将物流中心与需求位置的直线距离作为运输费用的唯一变量因素。②忽略用地价格对节点选址方案的影响作用。

假设对于某一预建设物流网络而言，其需求点的数量用 n 表示，相关需求点的平面分布情况用坐标点（x_i，y_i）表示，以平面中的点（x_0，y_0）为假设物流节点，则可通过以下公式对运输费用 H 进行计算确定：

$$H = \sum_{j=1}^{n} a_j w_j d_j \tag{1-1}$$

式中，a_j——物流中心到需求点 j 每单位重量、单位距离所需运输费；

w_j——物流中心到需求点 j 的运输量；

d_j——物流中心到顾客 j 的直线距离，其计算公式为：

$$d_j = \sqrt{(x_0 - x_j)^2 + (y_0 - y_j)^2} \tag{1-2}$$

总运输费用 H 的取值最小是物流节点选址的最基本条件。

3. 仿真方法

仿真分析以现代计算机软件为工具，通过构建模拟实际情况的模型，在以相关约束条件为变量的基础上对模型的具体状况进行模拟分析，从而确定最佳方案，为实际决策工作提供一种科学有效的指导和依据。

亨氏公司设计了一种选择模拟分析模型，能够满足 10—15 个生产终端、40 个仓储中心、4000 个客户所构成的复杂配送系统的仓库选址问题的研究分析需求。该模型工具表现出显著的适用性优势，模型主要变量如下：①仓库，综合考虑企业投资水平、运营管理成本、物流作业相关成本费用情况。②客户，具体表现为客户分布情况、产品类型、订单规模等需求情况。③工厂，综合考虑工厂供应能力与选址方案的内在关联。④运输成本。⑤配送成本。

模型计算过程需要对输入数据进行处理，其一，预处理程序从经济的角度可将应由仓库履行的客户订单和应由工厂履行的客户订单进行区分；其二，利用测试程序确定客户到仓库、工厂到仓库实际距离。

当选定由仓库进行供货时，对周边距离最近 5 家仓库进行测试，计算出综合成本最低仓库，确定仓库系统产品最终流向以及相关地理信息以后，可通过计算机来评定最佳的仓库布局方案，再以线性规划法对工厂生产能力的最大值进行求解。每次测试只能完成一个方案的评估，重复测试的次数由仓库布局方案评估数量来决定。

二　物流节点的规划

（一）物流节点规划的影响因素

必须重点把握以下问题才能确保物流节点选择与建设的科学性与可行性：

1. 需求量及其特征

必须根据需求情况确定物流节点的建设发展规划，在全面、准确把握时间、类型、区域等分布特征的基础上，以空间资源的最大利用率为目标，以物流设施设备的最佳利用率为重要依据，客观预测物流节点的未来运营状况与发展特征。

2. 费用预算及其构成

费用预算是对物流活动中相关费用的变化情况进行量化分析和预测，根据预测结果确定物流业务计划，充分保证投入与产出的合理比例，确保物流节点的科学建设。

3. 服务对象及其特性

明确服务对象是物流节点选址和建设的先决条件。服务对象的需求是物流服务的发展基础，因此必须科学确定服务对象，并明确其服务需求才能确保物流节点建设发展的科学水平。

4. 人力资源及其结构

人力资源是物流节点经营发展的核心资源之一。因此在选址过程中必须充分考虑人力资源的获取可能性与获取成本，在保证人力资源充足的前提下确定选址方案。

（二）物流节点规划的原则

对于不同类型的物流节点而言，选址和设计规划往往考虑不同的因素。这就要求在研究分析物流节点选址问题时首先要明确物流节点的建设发展模式，以此保证物流节点选择结果与预期发展需求的一致性。在具体的设计规划环节，需要重点把握以下基本原则：

1. 统一协调原则

确保物流节点建设规划与区域整体发展规划的一致性，实现物流与区域社会经济发展的科学协调，为物流业发展奠定良好基础。

2. 经济合理原则

成本费用原则是物流节点建设规划的核心问题之一，必须综合研究投入与产出情况，科学评估服务需求、服务收益与建设投入之间的关系，以最小的成本实现预期发展目标。

3. 适度超前原则

在满足当前业务需求的同时，物流节点规划建设还要充分考虑未来发展的需要，以此保证自身良好的发展能力和发展弹性，为物流节点的长远、稳定发展创造良好条件。

4. 环境友好原则

规划物流节点时，要注意周边环境保护，采用低碳、环保设施及工具，能有效减轻噪声、震动等问题；通过内外部交通的合理组织，降低周边交通所受到的影响；适当采用绿化景观设计，在物流节点内部和周边创造更好的工作与生活环境，确保节点内物流运转的环保性。

（三）物流节点规划的步骤

在物流节点规划设计环节，通常需要考虑不同工作内容的影响作用，其一般工作流程详见图1－8。

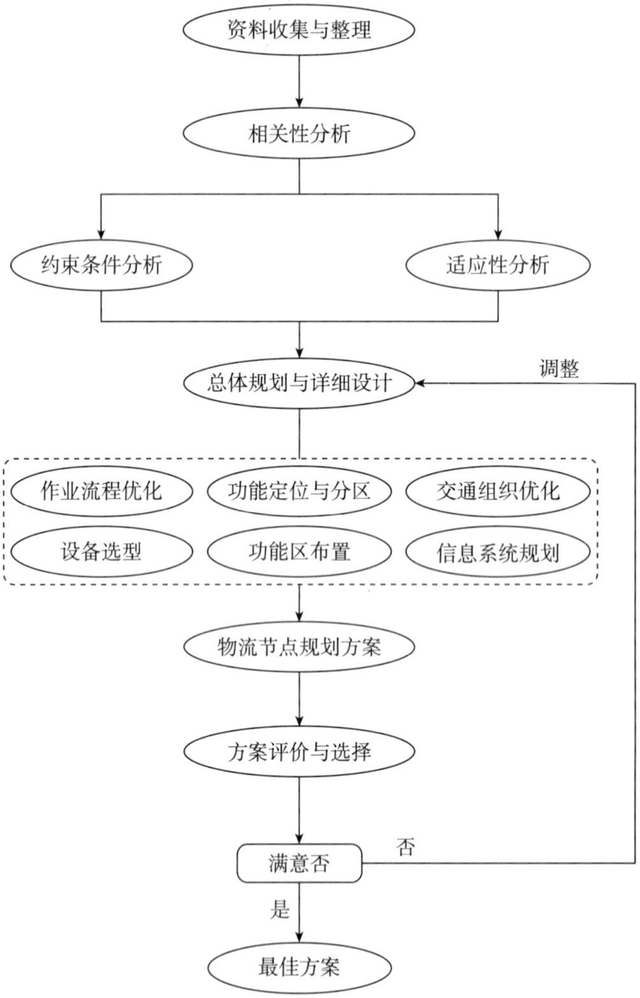

图1－8　物流节点规划的步骤

（1）第一阶段：资料收集与整理。具体完成以下工作任务：①需求方面的资料。对目标服务对象的相关信息进行调研、整理，明确目标企业的经营状况、产品特征及物流需求，为物流节点的选址和建设提供必要的需求信息。②供给方面的资料。主要完成相关区域用地状况、成本费用、交通运输条件、商业发展状况、基础设施建设情况等因素的资料收集工作，以及物流节点的管理机制、资金预算及人力资源配置情况。

（2）第二阶段：相关性分析。具体研究分析物流节点选址和建设的约束性条件（资本、土地、市场供需）及其影响作用。

（3）第三阶段：总体规划与详细设计。明确物流节点的功能定位与分区、功能区布置、作业流程优化、设备选型、交通组织优化、信息系统规划等。

（4）第四阶段：评价与选择。评估分析待选方案的综合优势和劣势，发挥计算机仿真工具、系统评价法的优势作用，对待选方案进行综合评估分析，明确问题所在并进行优化改进，充分保证选址方案的科学水平。

（四）物流节点规划的方法

1. 物流功能区布置

对物流作业区域的分布进行科学设计就是物流功能区布置的具体内容。常见方法主要包括以下两种：

（1）系统布置设计。从20世纪50年代开始，西方发达国家学术界对工厂内部功能区设置问题和物资搬运问题产生了浓厚兴趣，提出了许多布置方法，这为工厂布置提供了科学指导。比较具有影响力的理论研究成果为理查德·缪瑟（美国）提出的系统布置设计（System Layout Planning，SLP）。该工具的基本流程详见图1－9。

由图1－9可知，SLP基本实现步骤为：①准备原始资料。根据研究需要准备相关原始数据资料。主要包括产品（production）、数量（quantity）、生产工艺（routing）、支持服务（supporting service）、时间（time）等基本要素。此外，还需研究分析物流作业单位的具体划分结果，并在科学整合的基础上确定最佳作业系统，为系统布置设计提供必

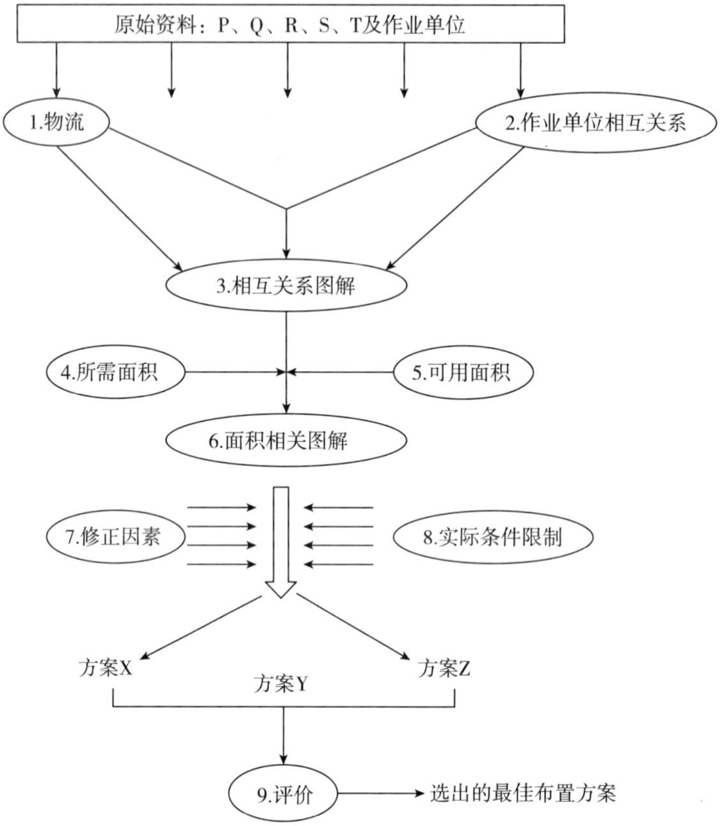

图1-9　系统布置设计流程

要的、可靠的信息依据。②物流分析与作业单位相互关系分析。从经营主体的实际经营特征出发，对其物流需求进行研究分析和科学预测，明确物流各作业单位的职能划分以及内在关系，全面系统地把握物流、非物流因素之间的相互关系，为系统布置设计提供科学依据。具体以物流强度、物流相关表为工具，对物流分析结果进行说明，以此反映物流布置设计相关因素的具体影响作用。③绘制作业单位位置相关图。对物流作业单位之间的相互关系进行评价，明确作业单位之间的相互重要性程度，从而确定不同作业单位之间的空间位置关系。该位置关系并未体现占地面积的实际取值，仅从相对位置的层面出发进行论述，即不同作业单位之间相对位置的合理距离（远或近），因此一般将这一方法的结果定义为位置相关图。④作业单位占地面积计算。根据物流业务需求分析结果，结合物流管理机制对不同作业单位的建设投资情况进行分析和预测，明确不同作业单位建设用地在总用地面积中所占的比重。⑤绘制作业单位面积相关图。在位置相关图内导入作业单位占地面积这一参数，并计算结果，完成作业单位面积相关图的设计工作。⑥修正。以作业单位面积相关图为基础，结合其他相关因素开展优化和调整工作，其他因素主要是与物流作业有关的搬运形式、存储机制等，同时考虑成本、土地、安全等约束性条件，最后对设计图完成优化和修正工作，获得若干可行性较为显著的工厂布置方案，在下一步工作中进行比对和抉择。⑦方案评价与择优。基于上述待选方案，具体从费用、技术等因素出发进行比对，对各方案的科学性与合理性进行比较分析，根据需要进行优化从而确定最佳设计方案。

SLP 方法能够有效满足大规模、复杂性、综合性物流园区的功能区域布置设计工作需求，并且能够充分保证设计结果的科学性与可行性，为物流节点、物流园区的设计工作提供了一种有效的工具。

（2）计算机辅助设施布置设计。在信息技术创新发展的推动下，计算机软件工具在布局设计规划领域表现出越来越大的应用价值，使计算机如何辅助设计区域布局成为学术界关注的热点。在学者的努力之下，计算机辅助布局方法日益完善，逐渐形成了多种不同的方法体系，主要包括构建型、改进型等不同的类型。前者是完成布置图的创造性设计工作；后者则是基于已有的设计图开展优化和改进，从而获得一种更加科学的设计结果。构建型方法主要包括 CORELAP、ALDEP 等方法；而改进型方法则以 CRAFT、MultiPLE 等为主要代表。

选择、放置、评估是计算机辅助工具的基本工作流程。选择是确定与布置图有关的部门或主题，并根据其逻辑上的先后关系确定其布置顺序；放置就是将相关部门按照特定顺序依次导入到布置图内；评估则是对布置图的设计结果开展评估分析工作，在对比分析的基础上确定相对最佳结果。

2. 作业流程规划

在分析和把握现有业务流程存在问题和缺陷的基础上，有针对性地进行改进和革新就是作业流程优化的具体内容。这一工作能够有效减低非增值作业在作业流程中的比重，从而提高作业流程的科学性与效率性，实现更好的物流管理和综合效益。主要方法具体包括：

（1）DMAIC 模型。该模型属于典型的六西格玛（6 sigma）方法，其设计者为美国通用电气公司，是目前最受认可的一种流程优化方法工具。其具体实现流程为：①定义（define）。明确目标客户以及客户的具体需求，然后从客户角度出发对影响其利益的因素进行分析和把握，以效益水平的提升为目标确定优化范围和内容，明确科学的优化目标，为流程优化奠定良好基础。具体子步骤包括：项目的启动、流程的定义、目标客户需求的确定、流程产出变量的确定。②测量（measure）。根据研究需要对相关数据信息进行收集和整理。具体以各类测量工具和方法完成数据信息的测定工作，为优化研究提供准确的数据信息支持，充分满足量化研究分析的数据需求。其中子步骤有 4 个：确定流程、评估输入风险、构建评估系统、计算初始流程绩效。③分析（analyze）。在对数据信息进行研究分析的基础上明确误差表现，并对其原因进行分析判断。具体以统计分析方法为工具，对可能影响研究结果的因素进行检测分析，明确其具体的影响作用。具体子步骤包括：数据测算分析、关键变量权重的确定、冗余因素的判别。④改进（improve）。基于改进目标，采取科学有效的方法对模型进行优化和改进，进一步提升模型工具的科学水平，进而提高研究质量，充分保证优化方案的科学性与可行性。具体子步骤包括：关键指标检验、方案设计优化、试运行改进流程。⑤控制（control）。保持测量工作的持续性，实现模型与方案的不断优化和改进，尽可能降低错误风险。为了实现上述目标，必须充分发挥控制机制的积极作用，而六西格玛的重点在于品质、成本改善，子步骤循环主要有：控制系统确定、流程长期能力检验。

DMAIC 法被引入六西格玛的最初作用是实现质量绩效测量，雏形为 PDCA 循环法［计划（plan）、执行（do）、检查（check/study）、处理（act），又称戴明循环］，随后发展成为一种管理模式，可实现定义清晰改革路径、降低运营成本、提高产品/服务质量、改进经营流程。采用 DMAIC 模型设计物流中心流程，能实现非增值活动消除、流程负担降低，是规范化标准建立的前提，能以客户为导向推进流程精准化、高效化。

（2）ESIA 分析法。ESIA 分析法能够对系统流程进行重新设计，从而提供了一种更有利于客户的流程，为客户创造更高的核心价值。该方法的核心理念为：①清除（eliminate）。清除以原流程中的非增值要素为对象，将其剥离作业流程以提高流程的科学性与效率性。这种非增值要素主要包含以下情形：一是过量产出。产出大于需求就意味着浪费问题的存在。这种要素不仅会消耗系统资源，同时其所形成的产品也缺乏流通能力，导致组织库存压力增大、综合效益下降。二是活动间的等待。具体表现为作业流程的短暂终止，这种终止的结果就是部分要素受到影响同样无法正常运转。这一问题的直接结果就是作业效率下降、要素在途时间增加、运行管理难度上升，但客户价值却并未随之提升。三是不必要的运输。各项资源的使用必然伴随着运输问题。非增值要素的存在将导致资源运输效益低下，片面加大成本却无益于效益提升。四是反复的加工。部分重复性的加工作业内容本身不存在增值的条件，因此应当根据其具体原因进行处理将其进行合理清除。五是多余库存。具体表现为在途资源的消化不及时以及库存资源的增加。六是重复的活动。对于部分重复性的信息管理工作，应当发挥信息系统的自动化处理优势完成重复处理，降低成本费用提高作业流程的整体效率。七是活动的重组。对于仅在部分环节存在差异的不同流程采取完全不同的处理方法必然会导致资源的浪费。需要制订科学的重组方案，对部分环节所对应的流程进行调整，减少不必要的资源浪费。八是反复检验。部分重复性的检测与评估工作极有可能出现形式主义问题，难以保证其工作质量，不利于流程的优化和改进。部分检验和审核权应该下放，不必要环节需要精简，简化上报和审核环节，解决审核形式化、工作重复低效化的问题。九是跨部门的协调。目前，跨部门协调因管理、监督机制的缺失难以实现良好的工作效果，成为影响作业流程增值水平的主要因素，迫切需要优化和改正。②简化（simplify）。完成非增值作业流程的清除工作之后还需开展相应的简化工作以提升作业流程的整体效率。常见的简化工作对象主要包括：一是表格。对于作业流程而言，必然有部分表格并未表现出实际价值，需要发挥 IT 技术的优势进行简化处理，在减少业务量、作业环节的同时降低成本费用并提升作业效率。二是程序。发挥 IT 技术的优势作用提高作业流程中的信息处理能力，从而减轻工作量，减少人力资源损耗，以此降低成本水平，完善流程提高效率，实现更好的作业绩效。三是沟通。优化沟通渠道，提高沟通的便捷性与清晰性。四是物流。针对物流的局部环节进行优化和改进，进一步提升物流系统的整体科学水平，在简化管理的同时提升流程效率。③整合（integrate）。流程整合能够提升作业流程的整体科学性与连贯性，进一步提升物流流程的通畅性，从而创造更高质量的物流服务。具体内容为：一是活动。基于授权机制确定个体的任务，并对不同个体的任务内容进行科学整合构建起科学合理的任务体系，实现不同流程的科学关联与高效交互。二是团队。根据流程管理需要对专家资源进行整合，获得专门的专家团队用于解决特定的问题，构建起更加科学有效的交流沟通机制。三是顾客（流程下游方）。构建起良好的客户关系，积极满足客户需求，为物流发展奠定扎实的客户基础，充分保证服务质量并取得客户的认可和支持。四是供应商（流程上游方）。简化交流沟通机制，改善合作关系，实现供应链流程的科学优化与整合，提高供应商及供应链的综合管理水平。④自动化（automate）。自动化的内涵并非简单的自动化设备工具的使用，而是根据业务流程的具体情况和实际需要，合理地使用计算机等自动化工具，真正提升流程的科学水平，避免过度自动化导致的流程复杂问题。自动化不仅能够提升作业效率，同时也将显著提升清除、简化、整合等作业的科学水平，成为积极有效的一种解决工具。自动化的具体对象为：一是枯燥乏味、强度大的工作任务。二是重复性的数据采集及传递工作。发挥自动化工具的积极作用，提高采集效率减少人工作业。三是数据分析。针对人工统计分析在处理大规模、复杂性数据方面的缺陷和不足，积极发挥自动化工具的优势作用，高效、准确地完成数据分析工作，积极提升信息的质量和综合利用水平。

ESIA 分析法的运用能够显著改善作业流程的科学性与合理性，在显著减少无效作业流程的基础上发挥自动化、标准化的优势，从而积极有效地提升作业流程的价值创造力。

3. 物流设备选型规划

在物流节点运营管理的过程中，离不开必要设备的支持。各类作业设备主要用于满足物流节点各项作业内容的需要，为存储、搬运、装卸、流通加工等活动的科学开展提供必要的工具。具体到存储作业，货架、托盘等是最常见的作业设备工具；具体到搬运作业，各类车辆、搬运设备则必不可少；对于流通加工作业而言，则需要相应的加工设备及生产工具；在包装环节，则需要各类包装设备、拆装设备等；办公管理环节则需要计算机、电话、桌椅等基本的办公设备。

在设备的具体选择过程中，需要综合考虑实际需要、物流节点自身发展状况等因素选择最合适的设备工具，并且需要充分保证不同设备之间的兼容性与匹配性，以此保证物流作业的连贯性与稳定性，为物流作业质量提供有效保障。在设备具体选型环节，通常按照以下步骤完成相关工作：

（1）识别决策问题。从实际需求出发，明确决策目标以及相关影响因素，将抽象的决策问题转化为更加形象、具体的系统优化问题。例如，为了提高物流作业效率，某物流中心制订了以下采购计划：预计采购一个批次的塑料平板式托盘，具备四方向通路性能，总数在1000个以内，采购款控制在500万元以内，规格为1100毫米×900毫米。以上就是一个典型的决策问题。

（2）制定决策标准。基于决策问题对相关要素进行确定。对于以上案例而言，托盘自重、结构挠度、承载能力、保修情况等就是基本的决策标准，是决策问题研究分析的基本要素。

（3）为决策分配权重。采用专家打分法，对相关决策标准的权重进行确认。取值1—10表明重要性程度不断上升，1为最不重要，10为最重要。而具体的取值结果就是某决策标准的具体权重。

（4）开发备选方案。从不同途径出发收集与决策问题有关的产品信息。通常待选产品的数量控制在8—10种比较合理，并测量不同产品在各决策方案中的综合得分。

（5）分析备择方案。分别完成各备选方案的评估分析工作，根据第三、第四步骤的结果，先求权重和综合得分的乘积，再把各方案中不同项的乘积结果相加，从而确定各备选方案的最终得分。

（6）选择备择方案。根据上述得分结果进行排序，确定总分最大的前五个方案，具体以市场占有率、用户满意度等为指标评估分析五个方案的综合质量水平并进行排序，邀请最佳三个供应商参与后续投标工作。

（7）实施备择方案。具体通过招投标工作对供应商进行筛选，从中确定最佳结果由管理层进行审议，经批准后由采购部门完成具体的采购作业。

（8）评估决策结果。根据实际使用情况对产品性能和理论性能进行对比分析，对决策质量进行评估并形成科学详细的评估结果，妥善保存，为后续决策提供有效依据。

基于以上决策流程，能够充分保证决策工作的规范性与科学性，有效保证决策质量，为物流作业的科学开展提供了有效保障。

4. 交通组织规划

在物流节点建设与运作的过程中，会出现巨大的交通运输需求，因此将显著影响所在区域的交通运输系统的发展状况。科学评估物流节点附近可能产生的客流与货流，可为节点内道路设计、标识牌设置以及各项交通管理措施的确定提供理论依据。常用的评估方法如下：

（1）交通影响分析（Traffic Impact Analysis，TIA）。TIA 具体实现了物流节点建设运作对交通运输系统影响作用的分析和预测，在不影响交通服务质量水平的前提下制订物流节点建设计划，确保原有交通运输体系的正常运行（潘福全等，2018）。基本流程如图 1－10 所示。

在上述流程中，最核心的四个环节是研究范围确定、交通需求预测、影响程度确定与改善措施制定。此外，交通影响分析应首先明确物流项目的具体类型，确定交通影响分析的具体阈值，因此上述五个环节或者说五项工作的解决是交通影响分析的关键问题所在。

TIA 方法能够为物流节点的规划设计提供全面准确的交通运输方面的信息，确保物流节点与交通运输系统的协调发展，为物流节点设计、交通运输管理等工作提供了可靠依据，充分保证了相关工作的科学水平。

（2）交通需求管理（transportation demand management，TDM）。目前关于 TDM 的理论研究呈现出多元化的发展趋势，不同学者提出

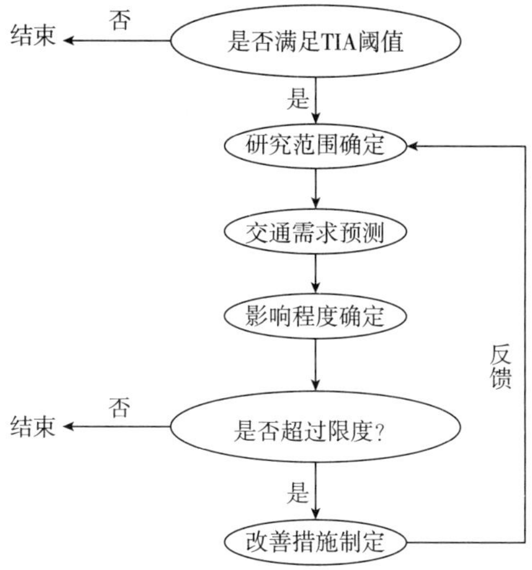

图1－10　交通影响分析流程

了不同的观点，主要观点如下：①交通需求管理，该理论强调了政府在交通管制中的主导作用，认为政府开展交通管理控制工作应具备科学依据，引导居民形成科学的出行理念和出行方案，充分保证交通活动的科学水平（陈国进，2016）。②交通需求管理具体以现代法律法规、经济手段为工具，通过调节控制交通需求实现交通运输系统的良性发展，尽可能减少不合理的环节，实现交通需求的科学分配，实现交通需求与交通供给的科学均衡，实现稳定、可靠的交通运输环境（何流和王树盛，2016）。③交通需求管理基于交通需求的内在动力，以政府行为为主导，对交通需求进行科学管理与控制，降低交通出行时的资源消耗，提高交通运输的整体效率和质量，确保交通运输资源的科学利用，构建起科学、合理的交通运输模式（姚迪等，2020）。

交通需求管理能够充分保证现有交通运输资源的利用水平，在不影响资源、环境可持续发展的前提下，构建起均衡的交通运输服务供需结构，充分保证城市发展能力。该管理方法同传统交通管理方法的区别详见图1－11。

由图1－11可知，交通需求管理在解决交通服务供需矛盾问题时并非单一的以提升供给能力为方式，而是对交通需求进行科学划分，在保留合理、有效需求的基础上实现交通需求与服务的科学匹配，提高交通运输的整体效率和质量，从而创造更好的交通运输服务环境。

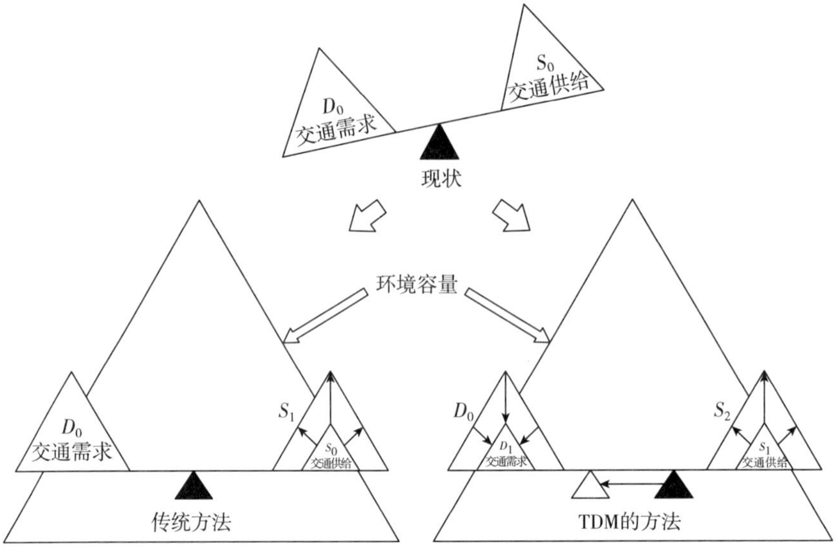

图1－11　传统方法与交通需求管理方法比较

基于交通需求管理的科学理念，单方面地增加交通供给并不能从根本上解决交通需求无法得到有效满足的问题。增加交通供给通常以新交通基础设施的建设为主要手段，但是这种手段仅仅短期满足了交通需求，只是一种被动的应对策略，存在比较严重的盲目性问题。由于缺乏科学规划，使交通基础设施的建设工作不仅未能改善城市交通紧张的现状，反而引发了新的问题，既导致了严重的资源浪费也损害了社会利益。以图1－11为例，当交通需求高于交通供给（$D_0>S_0$）时，交通系统的供需结构出现失衡问题，新建交通基础设施的意义在于提升供给能力（由 S_0 提升至 S_1）实现新的供需平衡。但是这一措施并不能从根本上解决供需失衡问题，结构性失衡会导致新的供需失衡。

而交通需求管理的意义则具体表现在基于特定的环境容量条件，在合理引导和分配交通需求的基础上提高现有交通供给的综合利用水平，通过降低交通需求实现供需平衡，即同步实现需求降低（D_0 提升至 D_1）与供给提升（S_1 提升至 S_2），以更小的成本代价实现均衡。

交通需求管理理论的应用，将为物流节点的物流管理提供科学依据，构建起更加科学合理的物流作业规划，发挥现代信息技术、科学技术的优势作用提高物流管理水平，提高交通运输资源利用率并优化使用结构，实现物流与交通运输资源的科学匹配与合理均衡。

第四节　农村地区物流网络发展研究

一　农村物流网络

农村物流受到政策及市场环境的推动，发展全面开花，取得前所未有的发展成果，农村经济在农村电子商务的带动下持续向好，各大电商平台纷纷进军农村电商领域，由此构建的农村物流网络系统成效斐然（安然等，2020；Muniafu and Kar，2008；Verter and Abdullash，2002）。

（一）农村物流网络节点分布规律

1. 农村公路通达率与农村物流网络节点分布的关系

布局农村物流网络节点各类设施时，要考虑到地区自然地势情况，同时要分析公路网络通达能力。农村公路通达率，是影响地区物流发展的重要指标之一。部分山区、丘陵地带，由于公路建设成本高、施工难度大，路网建设并不顺利，很多村庄处于山体中部，道路硬化尚未完成。这些都是导致配送时间、距离、人力等成本过高的原因。以贫困县四川省阿坝州黑水县来说，县区中各个贫困村有 85% 位置处于海拔 2800 米及以上半高山位置，不仅居住非常分散，公路通行能力也很低，快递基本“不进村”，物流组织难度很大。

2. 农村经济与农村物流网络节点分布的关系

根据农村地区物流网络节点分布及建设状况可知，物流发展水平与地方经济发展能力有正向关系，节点分布基本是根据地方经济发展程度来决定的。中国东南各个省份节点覆盖，整体上明显是高于西北部的，特别是电子商务发展速度很快，让浙江、福建等省农村物流获得快速发展空间，打造出很多盈利能力极强的淘宝村、电商村。这是地区农村物流节点建设重要成果。

3. 农产品特点与农村物流网络节点分布的关系

农产品生产、销售的各个环节，对运输形式有决定性影响，种植、储存、运输等都是影响物流网络节点布局及建设的重要环节（朱琴，2020）。比如葡萄、鲜竹笋等，都是必须冷链运输农产品，物流节点就要以冷链功能为主，制冷设施是必需的，节点与产地间的距离也要考虑其中，确保农产品保鲜运输目标实现，这类物流节点数量多、规模大、集中性好。部分产品只需要简单加工即可进入再运输环节，家庭加工、集中加工都能实现产品后续的运输需求，各类坚果如核桃、瓜子等，适合这种处理办法，这种物流节点很多，但规模有限，且相对分散。对于季节特征明显的农产品来说，物流节点设置动态性比较明显，常年固定节点比较少，多数是根据季节变化来设置和布局（李崇欣，2019）。由此可见，农产品本身特征差异，对中国农村物流网络节点不同区域布设有直接的影响。

（二）不同地区农村物流运输组织模式及节点形式

农村地区物流网络节点分布数量不同，主要是受到三个因素影响，分别是经济等级、公路通达水平、农产品自有属性等。这些因素正是造成不同地区物流网络发展水平差异的根源，其中，经济发展是决定性因素，我们将其设置为主线后，再分析不同经济水平地区的农村物流网络节点布设特征。总结各地运输模式的同时，对不同模式所对应节点形式进行统计。

1. 经济发达地区基于互联网的农村物流创新模式

一般来说，经济发达地区物流节点覆盖率比较高，这些地区农产品生产种类多、品质好，地区城镇化水平领先，互联网运输组织模式开拓创新能力很强。

（1）货运滴滴模式。有些物流企业直接以信息平台的形式来调配属下车辆的运输，车辆配载由此实现，可有效减少上下行运输车辆装载不平衡现象。这种模式的物流节点集聚性好，对社会资源有很好的集中使用效果，地方物流企业作为建设主体，依托于当前地方物流节点服务系统，以信息交互的形式完成节点、运力等各项资源的共享，有很好的资源集约效果。

（2）电子商务农村物流。市场化环境较好的发达地区，电商网点下沉较多，比如，阿里菜鸟“农村淘宝”、京东物流“京东乡印”、顺丰集团“顺丰优选”，都是网点下沉成效很好的品牌，在农村地区网络铺设成果卓越。这种农村物流的县乡级节点建设，基本是利用电商自建或电商为主体共建等模式，业务特点与信息系统、设备等配套性很强，村级节点形式主要有零售网点、电商乡村推广网店等。

2. 经济一般地区常见农村物流运输模式

需求量、产品特点、地区条件差异等，都是影响经济一般地区农村物流运输模式的重要因素，整体特征以成本低、效率高为主，具体模式如下：

（1）共同配送模式。要将末端配送成本合理节约，地方快递物流企业等多选择与农村物流运营企业合作，货物统一运输到运营企业，再进行物流配送处理。节点多，共用性强，运输企业可租赁公共物流节点，协调己方配送需求。

（2）客车带货模式。客运车辆优势在于能实现通村达户，通过客运班线来带货，是客车附搭小件货物配送运输的形式，对配送到村的效果很好。建设农村物流网络系统，县乡客运站成为重要的货物接收网点，物流节点为县乡级，能直接架设到乡镇交管所、乡镇客运站等。与此同时，能与物流配送点、停靠站等结合使用。

（3）货运公交模式。要确保运输时间效率，很多公司都有物流班线的开通，以货运公交模式来完成运营，但必须保证货源稳定。当货源不能保证供应时，线路开通则很难维持。该模式必须有固定农村物流节点，同时设有停车场，要保证运营主体能得到很好的集中管理。

3. 经济薄弱地区的基础支持模式

部分经济相对落后地区，农村物流配送存在的问题很多，成本高、距离长、难度大、配送人员少等，再加上基础设施、网点配置不足，无法满足地方居民对物流配送的需求。这种情况下需要得到国家基础设施系统支持，以邮政系统、交通设施等作为发展基础，交邮合作模式是很好的实践方式。交邮合作，指的是合理利用邮政网点和配送资源，并进一步结合交通客运班线和场站资源，实现资源优化配置与充分共享，利用村村通客车等已有资源推进农村物流运输。这类模式能高效率利用邮政网点来支撑物流网络节点。

（三）农村物流网络节点体系发展思路与对策

1. 加强部门协同联动，建立县级人民政府统筹发展的工作机制

要实现农村物流发展，必然要将交通、商务、邮政、国土、税务、供销等各部门联合起来，同时利用地方政府行政力量引导，实现部门间相互协调，充分发挥资源优势。县级人民政府应积极推进扶贫攻坚、乡村振兴战略，实现城乡差距的进一步缩小，对建设城乡服务一体化发展意义重大（戴小廷和胡永仕，2021）。对地方部门的协调要建立在实际发展情况基础上，农村物流节点系统建立过程中，要将各个市场主体作用充分挖掘，推动多类资源主体间的整合，通过信息沟通、优势互补的形式，建构三级农村物流服务系统，这对扩大农村物流服务系统覆盖率有很好的效果。对地方政府来说，要有目的地将网络节点布设与技术装备升级结合到一起，同时实施物流安全风险管控、标准规则衔接、市场主体培育、产业政策配套等，完善职责分工、配套支持政策，营造良好的政策环境。

2. 加快基础设施建设，完善农村物流节点网络

以政策鼓励推进农村物流节点布设发展，将企业主体功能充分发挥，通过运输组织模式的创新，对农村客运站物流服务功能有很好的拓展效果，将客运、货运、邮政、快递等集中一体，打造农村运输服务站点，将站点各类设施资源集约整合、合理配置，推动农村运输站场综合利用效率提升（雷立艳，2020）。

3. 因地制宜，注重不同地区农村物流发展特点

由于农村物流开展水平受到地方经济的影响较大，各地经济发展差异对物流基础的影响也各自不同，地区物流的发展，应当将地区资源禀赋、产业结构、城乡一体化水平、地形地势等综合分析，因地制宜地探索并明确模式、路径、重点项目等的设置。部分农村地区由于比较偏远，经济水平不高，可通过有效投资补助形式强化物流经营主体与邮政

机构的合作，政府发挥行政兜底作用，为物流发展提供助推力。

4. 发挥企业主体作用，调动企业积极性

实现农村物流发展，必须依赖成熟的物流企业，地方政府要扶持地方物流企业龙头代表，主要形式是资金补助、税收优惠等，促其实现资源整合能力提升，生产积极性得到合理调动。鼓励企业普及使用信息化技术，企业信息化能力提高后，对物流运营效率发展有很好的推动作用。企业物流装备、设施的更新换代应得到鼓励，向企业推广应用新能源汽车，提升其在企业中的应用比例，这有利于地区物流的可持续发展。

5. 试点示范引领，加强品牌培育

把“四好农村路”示范县作为发展范式，可将“农村物流”设定为主题，围绕其展开示范县学习模拟活动，“打基础、促创新、树品牌”是实现县乡村三级物流网络节点系统建设的目标，促进农村物流项目加快落地，培育物流品牌，是实现经验积累、示范引领、推动物流发展的重要前提。应突破的重点领域包括：建设模式、运营模式、补助模式、合作机制、规范管理、安全保障、技术创新等几方面。

6. 建立健全标准规范体系

首先，确立农村物流运营服务规范、站场设施建设标准等，需要通过研究制定管理网络节点的规划和基本配置，搭配合理的服务流程、设施设备，才能实现安全生产管理目标。其次，制订服务质量评估指标系统，主要目的是结合农村物流市场发展情况，规范和管控企业主体经营行为，实现农村物流服务品质的提升。

7. 坚持“建管运”并举，注重可持续发展

若想将“重建设、轻运营服务”模式彻底改变，就要将需求导向重视起来，坚持并落实站场运营管理、服务创新、可持续发展等管理原则，保证站场运营持续有效。对管理部门来说，要通过农村物流网点及服务站的覆盖，对场站利用率、安全水平等进行全方位跟踪，将对企业物流服务水平、物流安全能力的重视程度提升到新的高度，确保对物流安全管理及服务水平有很好的监督规范。

8. 促进物流服务与产业发展协同联动

围绕扶贫攻坚、农村经济振兴等政策推进农村现代化建设，可通过特色农业主产区、农村电商示范县、特色资源开发区、产业扶贫攻坚区共建，实现多业融合联动，打造基础设施配套、服务产品设计、合作模式创新、运输网络拓展、产供销运融合发展等综合创新模式。

二　农业剩余物回收利用物流网络

农业剩余物如何实现有效回收与利用，成为社会各界关注的重点课题。其中，物流网络构建是提高回收效率的有效办法，可以实现农业剩余物回收率提升，为生态环境建设、促进循环经济发展创造良好条件（朱力，2016；Muniafu and Kar，2008）。

（一）农业剩余物回收物流网络特点

农业剩余物回收物流，本质是逆向物流，其网络结构以开环、闭环两类为主，对农业剩余物加工以后，形成饲料、能源、工业原料等，都是不会再进入农田系统的材料。这表示以回收利用农业剩余物的物流网格，符合开环网络特征。分析其特征时要将农业剩余物本身独特性考虑其中。

农业剩余物，属于产量高、分布广的物资之一，一般有外观松散、重量轻、密度大、占用空间较大等特征，实际运输、存储时难度较高，回收过程要采用压缩机来做初级压制处理，目的就是节省物流运输空间。这类剩余物季节性非常明显，种类很多，要保证运输顺利多会进行捆扎处理，再向各个加工企业运送。这一过程就是剩余物加工供应链，受到共同利益关系引导，链条上各类节点正是构成回收利用物流网络的支撑。所以，设计物流网络时需要对供应链各节点特征进行考虑。

（二）农业剩余物回收物流网络设计基本原则

（1）专人收集剩余物并统一储运管理。农田中产出的各类剩余物状态非常分散，收集难度大，必须有专业回收系统才能完成，可于行政村内设立多个收集点，每个田间可聘任专业回收人员，采用全程统一信息发布、车辆调度等，实现规范化储运管理。

（2）就近建设农业剩余物堆场及回收站。到收获季节会产生大量剩余物，必须设置出专门堆放区，为降低成本、提高回收效率，选择农田附近即可。村级单位可从本村实际生产状况出发，根据农田分布模式搭建不同产地堆场，这样既能降低成本，还能就近回收提高效率。同时，不同行政村要将收集的剩余物统一运到镇级的回收站，等待统一分类处理。

（3）建立农业剩余物供应链合作关系。将剩余物实施回收利用，是依托于产业化开发而来的结果，各个供应链节点需求农业剩余物总量的逐渐提升，相互间形成利益共同体，采用分工合作的模式，根据所获利益的多寡承担对供应链物流网络构建的任务，实现相对稳定的合作关系。

（4）推行农业剩余物共同配送。需要把不同村镇、农田集中收取到的剩余物统一处理，运输到加工企业，运输业务采用专业物流服务供应商是较好的选择，可实现共同配送有效降低回收成本。

（5）建设区域剩余物加工配送中心。回收剩余物时，在相对合理的经济区域内成立加工配送中心，应综合考虑村镇、加工企业、交通状况等因素才能确定中心的具体位置，该配送中心的用途是对剩余物进行简单的初级加工，具体的加工模式要根据剩余物用途差异来制订。

（三）农业剩余物回收物流网络结构设计

设计回收物流网络时，主要考虑的就是各项组成要素，重点在于物流节点、线路上，切入点是农田到加工企业全过程，将农户、回收经纪人、剩余物堆场、剩余物回收站、第三方物流企业、剩余物加工配送中心、剩余物加工企业等综合配置（苗文娟和靳卫民，2020），建立不同利益主体共同参与的物流网络结构（见图 1－12）。

（四）农业剩余物回收利用物流网络运营管理

1. 农业剩余物物流网络运营模式

以这类物流网络来看，农户是农业剩余物的主要来源。在回收经纪人协调推动下，会将剩余物集中运输到村级堆场，设置堆场时会以就近农田为原则，经过一段时间的堆放、暴晒后，再堆垛、捆扎，向镇级剩余物回收站运送，做初级分类、压缩等处理。此时根据第三方物流企业对剩余物进行分类，按照不同需求来划分剩余物属性，根据分类结果再向专业的加工配送中心运输，到达以后经过拣选、清洁、干燥、压制

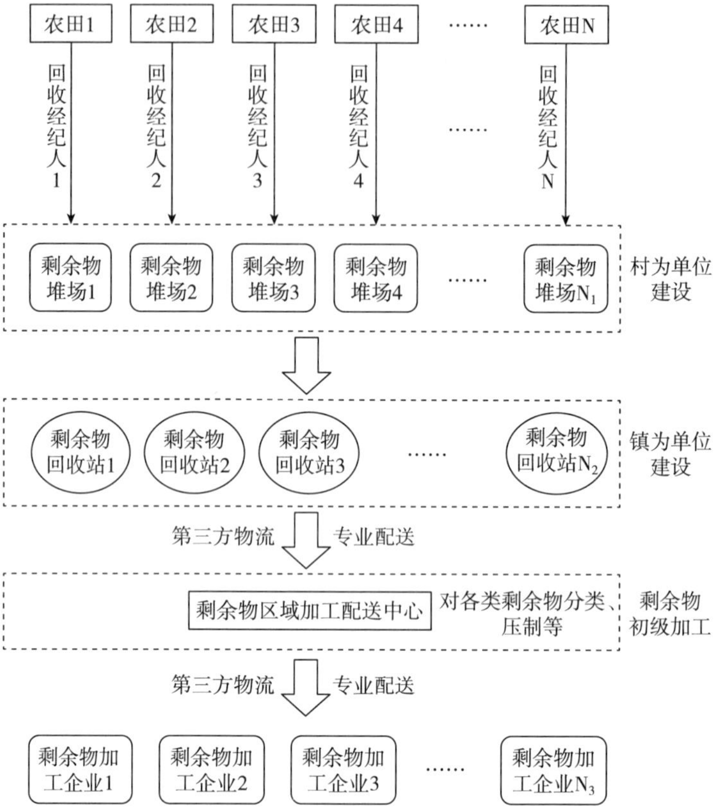

图 1－12　农业剩余物流网络结构

等，结合剩余物加工企业要求，向不同类型加工企业运输配送，如图1－13 所示。

这种模式主要依托于物流信息系统，能将农业剩余物生产、加工、运输等不同环节涉及的经营主体容纳其中，实现多方参与协作。这一平台建设还需要由地方政府协助指导，实现各方信息共享，对剩余物相关的供给量、库存量、需求量等信息完成录入、存储、输出等操作，实现物流网络所有参与主体的协调运作。

2. 农业剩余物物流网络运营管理策略

（1）引导农民正确处置农业剩余物。农业剩余物科学处置目的要实现，需要通过前期宣传引导来帮助农户树立意识，正式建立回收中

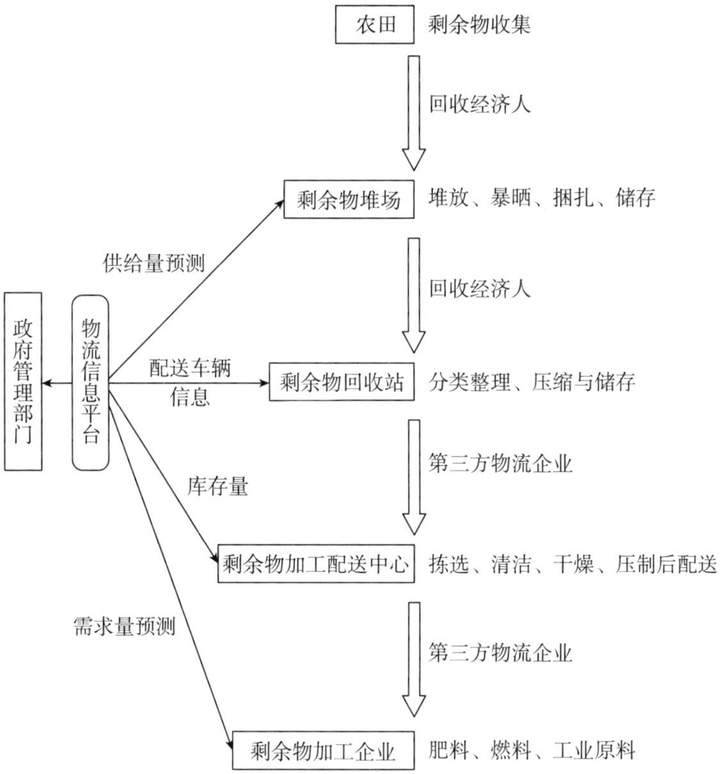

图 1－13　农业剩余物物流网络运营模式

心后，行政村年回收指标量的实现，要结合奖惩辅助制度加以落实，要适时引导农民学习相关国家政策，让农民能懂得国家政策的内涵，懂得农业剩余物回收的重要性。

（2）制定农业剩余物回收扶持政策。地方政府要将相应回收管理办法尽快落实，专门针对乡镇堆场、回收站等，成立专门负责机构对接和指导，采用财政补贴的形式，对参与回收的农户提供一定补偿，保证其参与的积极性。可适当提供优惠政策，为配送中心、加工企业、第三方物流企业等参与农业剩余物回收的企业提供一定补贴。

（3）鼓励社会力量参与农业剩余物回收物流。村级堆场向镇级回收站运输农业剩余物，可鼓励农户自行以拖拉机、农用车等运输到目的地。等到再向上一级加工配送中心运输时，相关物资数量较大，类别繁多，基本都是用5—10吨卡车来运载，这种运输模式对预处理后农业剩余物的供应时间、质量标准等要求都相对较高，应选择与第三方专业物流企业合作，利用其专业运输配送管理办法来解决问题。

（4）完善物流基础设施和信息平台，实现信息共享。地方政府要积极推动农村道路交通沿线建设，实现区域内道路等级提升，为农业剩余物回收提供更佳途径。加工企业方面要扩大信息平台开发建设空间，对农业剩余物供给量、需求量科学预估，为各方提供共享信息，实现供需平衡。

（5）明确物流网络中各节点的投资运营模式。由于设置节点及其服务范围等差异较大，堆场基本是镇政府、加工企业共建，回收站共建主体为市（区）政府、镇政府、加工企业等。

（6）做好农业剩余物物流网络的利益分配。一是将加工企业设置为物流网络核心，起到引导作用，带动其他参与主体共同维护网络利益，保证各方利益分配合理。二是设立公平公正利益分配机制。任何企业运营目标都是盈利，物流网络参与主体设立分配制度时要考虑到成本、风险、利益等因素。三是设置科学合理的绩效评估系统，对各个网络成员贡献值精确计算，这是实现利益分配合理公平的重要前提。

第二章

现代微观物流问题研究

第一节　企业物流概述

“二战”结束以后，美国在开展军用物资运输管理模式优化和改进工作的过程中逐渐形成了现代物流管理理念。现代物流管理理念的科学性得到了世界各国、各个领域的广泛认同，使其表现出良好的应用水平，并逐渐发展成为企业管理学科的重要分支（崔介何，2015）。

一　企业物流的发展

（一）个别物流功能管理

该阶段物流管理并未形成科学的理论观点，物流成本的控制并非以物流总成本的科学控制与有效降低为目标，而是具体以运输成本、保管成本等为对象展开探索，重点对上述成本进行有效控制实现物流成本下降的目标，这一阶段的物流成本控制方式具有明显的盲目性和局限性。

（二）整体物流功能系统化管理

该阶段物流管理已经出现了专门的管理机构，管理对象也不再局限于特定的作业环节，而是从企业经营管理的全局战略出发，对物流相关资源和要素进行整合开展科学管理，实现最佳物流绩效。在这一理念出现之前，物流管理的主体仅为物流业务的执行部门，而不包括物流业务的决策部门。这一理念出现之后，物流管理的目标不再局限于具体物流环节的科学优化与成本最小化，而是更加注重不同作业环节之间的内在关系研究分析，在把握其内在关系的基础上制定科学决策，确保最佳综合效益的实现。在这一阶段，物流战略研究得到了广泛关注，物流体系的优化与改进成为物流管理的核心内容。

（三）物流管理扩大化

早期物流管理仅仅作为物流管理部门的职责任务，并未意识到生产部门、销售部门在物流管理工作中的重要作用。在物流管理扩大化发展阶段，生产、销售等部门对物流管理的重要性得到了管理者的普遍认同，为生产、销售等部门提供科学建议以提升物流管理水平成为物流管理部门的重要职责之一。在这一阶段，各项外部影响因素得到了物流管理部门的充分重视，使物流管理的内容更加完善，进一步提升了物流管理工作的科学水平。但是此时物流管理部门的权力相对有限，无法保证生产、销售部门对其意见的认可度和执行力，从而使得其建议的实际效果得不到有效保证。特别是在激烈的市场竞争环境中，物流合理化往往与销售手段出现一定的矛盾冲突，因此使物流合理化建议无法得到销售部门的认可，从而导致了物流管理水平有限、物流质量难以得到有效提升的问题。在这一阶段，销售的重要性对于企业而言要远远高于物流。

（四）企业内物流管理一体化

在这一发展阶段，商品市场环境发生了巨大变化，市场需求成为产品生产、原料采购的决定性因素，基于这一理念极大地提升了产品生产供应的科学水平，有效降低了产品供需结构不一致的风险。此时，市场信息不对称、不透明的问题引发了管理者对物流一体化管理的广泛关注。在日益复杂的市场环境中，消费者的需求呈现出日益显著的个性化、多样性、差异性特征，使企业在分析和把握市场需求方面面临着更大的困难。这就引发了这样的问题：企业产品供不应求导致缺货以及产品滞销导致的库存积压。上述问题的出现都将不同程度影响企业的经营效益，危害企业的良性发展。为了避免上述风险对企业发展的不利影响，企业必须充分保证市场需求分析和预测的科学水平，确保产品生产、流通与供给的合理性，这就为物流一体化管理理念的出现和发展创造了有利环境。

（五）供应链物流管理

早期物流一体化管理理念仅仅以企业自身为管理范围，以市场销售预测为出发点制订生产与采购计划，以此降低产品供需失衡风险。但是这种企业内部管理行为难以被供应链中的其他主体所了解，使供应链整体出现了不一致的问题，导致了供应链结构的失衡引发了新的物流管理风险。而以供应链为出发点的物流管理则是更加科学的一种管理理念，打破了企业的界限，把参与商品流通的所有主体都纳入到物流管理体系中，包括了原材料供应商、生产制造商、商品批发商、零售终端和消费者。

二　企业物流管理的具体内容

（一）物流功能模块管理

（1）包装管理。具体内容为包装设计，技术方法选择及改进，包装管理的标准化、规范化、自动化等。

（2）装卸搬运管理。具体内容为作业系统、设备的设计和选择、作业流程规划等。

（3）库存管理。具体内容为各类物资的存储方案、存储数量统计、库存管理、库存维护等。

（4）运输管理。具体内容为运输及服务模式选择、路线设计规划、车辆调度管理等。

（5）流通加工管理。具体内容表现为流通加工的场地选择、生产加工设备配置、技术方法选择与优化、作业流程设计等。

（6）配送管理。具体内容表现为配送中心规划设计、配送设备采购计划、配送资源配置方案、配送流程设计等。

（7）物流信息管理。具体内容以物流信息的各项管理活动为主。主要包括信息采集、信息加工、信息处理、信息存储、信息传递等管理工作。

（8）客户服务管理。具体以客户为对象开展的相应服务工作。主要包括客户信息反馈、客户需求分析、服务质量监督管理等。

（二）物流生产要素管理

（1）从业人员的管理。对于物流作业及管理系统而言，人是最基本、最核心的构成要素，是物流相关工作开展的前提基础。从业人员管理具体分为招聘录用、教育培养、人力资源管理策略的制定与改进等。

（2）物资的管理。对于物流管理而言，物资是目标对象，也是管理客体。不同物资表现出显著的多样性、差异性特征，在类型、理化属性等方面存在显著差异，使物流管理活动也各有不同，因此物资管理也需要针对不同的管理对象制定相应的管理措施。

（3）财务的管理。财务管理以成本管理为主要内容，其目的在于尽可能降低物流成本，提高物流综合效益。财务管理将作为物流管理的最终目标，具体表现为成本核算控制、评价指标体系设计与使用、资金融通管理等内容。

（4）设备的管理。各类设备是物流作业的基本工具。具体的管理内容表现为物流设备的选择；使用计划的制订、设备维护保养、设备更新发展等。

（5）方法的管理。具体表现为现代、科学物流管理理念和方法的宣传教育，提高科学管理方法的认可度与应用水平。

（6）信息的管理。信息是现代物流系统的核心要素，为物流系统的运营管理提供必要资料信息，充分满足物流管理决策的信息和数据需求，从而实现更加科学有效的物流管理。

（三）物流活动中具体的职能管理

基于职能特征，物流活动管理的基本内容分为以下四种类型：

（1）物流技术管理。具体表现为硬技术、软技术等不同的技术管理模式。硬技术管理主要以物流相关的基础设施、设备、工具等为对象开展的管理活动，具体表现为基础设施建设计划的制订与实施、设备工具的采购安排、设施设备的维护保养管理等，旨在充分保证设施、设备的运行质量，保证其利用水平，实现最大使用价值。软技术则主要以各类物流专业技术为对象，通过创新、引进和推广提升物流作业和管理的专业化水平，提高物流管理效率与综合效益，发挥先进技术优势，充分保证物流管理水平和综合效益水平。

（2）物流经济管理。具体从成本费用的层面出发开展管理工作，充分保证费用的合理性，在尽可能降低物流成本的基础上实现最佳效益。主要内容为费用核算管理、价格制定调整、财务效益分析等。

（3）物流计划管理。具体基于物流系统的约束性条件，以物流作业各个环节为对象开展计划管理工作，确保物流系统的高效运行。通过物流计划的有效实施，提高物流管理的效率。物流计划管理具体包括了计划的制订、执行、监管与修正等步骤。

（4）物流质量管理。具体以物流服务全过程为出发点，对物流服务质量进行科学评估分析，并针对性地进行管理，不断提升服务质量从而增强竞争力。

三 企业物流管理的目标

物流服务是“为满足客户需求所实施的一系列物流活动过程及其产生的成果”（GB18354—2006），这一规定同时也对物流管理目标进行了明确。唐纳德·J. 鲍尔索克斯（Donald J. Bowersox）认为，对于物流活动而言，以最小的成本代价实现合乎要求的客户服务效果将成为一切物流活动的最终目标（唐纳德·J. 鲍尔索克斯，2014）。

（一）最佳质量

物流的重要目标是持续不断地提供高质量的物流服务，这就对全面质量管理提出了明确要求。全面质量管理侧重于产品质量与服务质量的管理工作。若产品在设计和功能方面存在缺陷和不足，或者服务承诺缺乏履行的能力，那么必然影响物流服务质量，导致物流成本上升、效益下降等问题。物流成本一旦形成，则将丧失收回的可能，若是无法实现预期目标，则可能引发重新投入的问题，从而导致更大的成本费用。因此，物流服务必须保证质量，应从业务质量、流转质量等具体内容入手开展全面质量管理工作，充分保证物流服务在数量、质量、时间、地点等环节的准确性与效率性。在全球经济一体化的过程中，物流服务也呈现出显著的自动化、信息化发展趋势，必然要求其提供更高质量的服务才能实现自身持续稳定发展。

（二）最低库存

最低库存的意义表现在物资的最佳周转速度与资金的最小占用。对于现代企业物流系统而言，库存占用是其运营压力的主要来源。在确保供应充足的前提下实现最快的周转率，等同于库存占用的最佳控制，从而实现更好的资金利用避免浪费。因此，最低库存目标将成为物流企业的核心目标之一，实现库存规模与用户库存需求的一致性，尽可能降低库存成本从而降低物流成本。最理想的状态就是“零库存”，这也是企业物流管理的最终目标。对于物流设计工作而言，必须充分重视库存周转速度、资金占用情况这两项因素。

（三）最小变异

变异的具体含义是与系统计划不一致的一种不确定性事件。变异问题普遍存在于物流作业的每一个环节，是物流风险的最主要来源之一。典型代表为客户收货时间晚于预期、产品生产流通过程中出现损坏现象、货物运输时间或地点出现偏差等都是变异的可能情形。上述问题的存在都将影响正常的物流作业，从而损害物流服务的效率和效益水平。因此，物流系统管理必须充分重视变异问题，并制定实施科学有效的管理措施和应对机制，及时发现变异风险并积极进行处理。

（四）快速反应

快速反应反映了企业的经营灵活性与管理弹性，是企业服务能力的直接体现，直接决定客户需求能否得到及时满足。信息技术的发展和运用将极大提升企业的决策效率，从而在尽可能缩短服务时间的同时完成物流任务。快速响应以客户需求为实现基础，根据客户需求的变化及时调整物流服务内容，确保服务内容与需求的动态一致性。

（五）产品所处不同生命周期的不同物流管理目标

完整的产品生命周期具体包含引入、成长、成熟、衰退等不同的发展阶段，这种发展阶段的差异性对物流服务也提出了不同需求，客观上要求物流服务针对性地进行调整。

引入阶段是新产品诞生的阶段。在这一阶段，产品表现出显著的不确定性，因此对物流的灵活性提出了较高要求。在新产品推广过程中，存在一个客户从了解到认同的客观发展规律，因此会表现出不断变化的产品需求。这就要求物流企业能够保证良好的服务弹性，能够根据客户需求的变化调整物流服务的内容，充分满足其需求也不会发生物流资源闲置浪费的问题，在保证供货能力的同时也不会出现库存压力过大的问题。若是无法保证库存管理水平和物流服务水平，因产品断供或者配送不及时影响了顾客的产品体验，则必然影响新产品的市场拓展及营销效果，这就明确了新产品引入阶段的物流服务成本投入较大，物流管理的目标就是实现成本费用与服务质量的合理均衡。

成长阶段的产品已经获得了市场的一定认可，其销售能力也将随之提升，对物流服务能力也提出了更高要求。此时，物流服务必须积极调整服务模式，积极满足这种快速增长的服务需求，在合理协调成本绩效的同时提供充足的物流服务。在这一阶段，企业将获得更多的利润空间并且表现出更加强烈的盈利需求，因此在充足的盈利空间下，物流服务应根据客户愿意支付的费用做出适时调整，客户愿意支付的费用越高，物流企业的服务水平也要随之提升，用更好的物流服务满足客户。

成熟阶段表现出更加显著的市场竞争。这种竞争将显著提升物流活动的选择能力，在科学分析和把握市场竞争状况的基础上积极主动地调整自身竞争策略，实现物流服务的个性化转变，从而获得特定客户群体的认可和支持。此时，销售渠道的建设和维护将成为企业重要的管理任务，而配送仓库及物流网络的建设成为这一阶段企业的优先选择，在完善物流渠道的基础上提升服务能力，更好地满足客户差异性、多元化的产品及服务需求。在日益完善的物流渠道中，客户数量增加，但单一客户的需求有所降低，从而使物流表现出显著的小批量、多批次的特征，这种变化客观上要求物流企业对经营服务策略进行调整，确保服务的灵活性才能满足这种复杂性、差异性的服务需求。

衰退阶段也是产品低价销售、清理库存的阶段。在这一阶段，物流服务的基本目标就是在保证原有服务质量的基础上降低风险，部分物流资源将被撤出投入新产品的推广中，风险控制成为这一阶段重要的任务。

第二节 制造企业的物流

一 制造企业物流的内涵

（一）制造企业物流的定义

制造企业物流是以制造企业为实施主体，表现为产品生产活动过程中所伴随的物资流通和运送活动，以原料采购为起点，经产品完整的生产过程直至废弃物回收利用（小保罗·墨菲、迈克尔·克内梅耶，2017）。

（二）制造企业物流的特征

1. 物料流转贯穿于生产物流的全过程

各类搬运作业是物料流转的基本形式。对于产品生产活动而言，物料流转是一项重要的作业内容，是生产加工全过程不可或缺的作业之一。物料在生产过程中不同环节的流转也成为企业生产管理的主要内容之一，这些流转环节包括了不同厂区之间的流转、不同车间之间的流转以及不同工序之间的流转（赵胤斐等，2018）。

物流流转的通畅性与充分性是物料流转作业的根本目标，充分满足生产需求，确保生产过程的持续性、稳定性与效率性。

2. 生产物流的过程具有连续性

生产活动是生产企业最基本的职能任务，而生产物流则为生产活动的顺利进行提供了必要保证，能够构建起生产过程不同作业点和生产区域的有机关联，使生产活动成为一个有机整体并保持持续发展，为企业内部生产活动的持续性提供必要的物流支持（陈建源等，2019）。

对于企业内部生产物流这一特殊的物流作业而言，这一物流网络最基本的特征之一就是静态、动态作业的科学结合。静态作业可直观理解为物料的空间位置保持固定，主要涉及物流场所（如固定的装卸场地、运输车辆停放场站）、作业布局区域（如某项加工工序的车间）等要素；而动态作业则可理解为物料的具体搬运输送，具有特定的速度、流量及方向特征，动态作业与企业生产活动相配合，从而实现一种规律的持续运动。

3. 制造企业物流具有二律悖反性

“二律悖反”主要是指“一种活动的高成本，会因另一种物流活动成本的降低或效益的提高而抵消的相互作用关系”（GB/T 18354—2006）。

降低成本与提高服务是企业物流管理的重要目标。而上述目标之间客观存在的矛盾，使企业物流管理表现出显著的二律悖反性特征。

二　制造企业物流流程

（一）采购物流

1. 采购的流程

采购流程是制造企业生产管理活动的基本流程之一，一般可将其理解为生产企业根据自身生产任务和计划有目的性地完成相关原料、零部件等生产资料的选择、购买等活动。对于采购活动而言，生产企业将以买方或者消费者的身份在供应市场中选择最佳供应对象。在对现有供货商进行搜索和确认的基础上，对不同供货商的产品开展全面系统的调研分析，明确其数量、质量、价格等因素是否与其购买需求相一致；然后在对比分析的基础上确定供应商，通过采购订单将购买需求发送给供应商，同时明确相关费用的结算支付方式，为供应商的产品供应提供科学明确的依据确保供应活动的质量水平。最后则需要对采购活动的管理质量进行评估分析，明确需要优化和改进的环节并积极进行调整，不断提升采购流程的科学性与效率性。物流采购的基本流程详见图2-1。

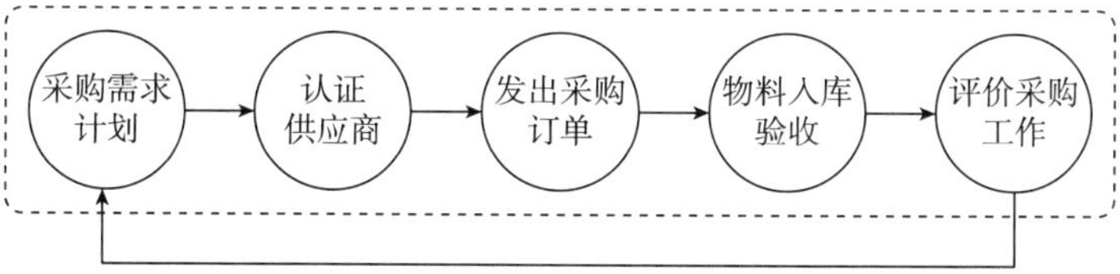

图2-1　采购流程

2. 采购管理的目标

采购管理的目标一般用“5R”来表示。

（1）适时（Right time）。适时可简单理解为合适的时间，即采购活动在时间安排上要保持科学性与合理性，避免出现太早或太晚的问题，并以“零库存”为最终目标确定采购计划，以最小的成本充分满足生产需求。

（2）适质（Right quality）。适质则明确了采购质量应与企业生产需求保持一致。质量往往与成本正相关，若是无法保证产品质量与生产需求的一致性，则即使高成本取得的高质量产品也将无用武之地，存在不同程度的质量浪费问题；而太低的质量又会影响产品品质，无法确保产品功能、性能目标的实现进而损害产品形象。

（3）适量（Right quantity）。适量原则强调了生产需求将作为采购计划的重要依据，根据产品生产的需要安排采购工作，在满足生产所需的同时尽量降低库存水平，避免产品转型过程中出现严重的资源浪费问题。但是，库存水平应保持在合理范围内，避免因库存不足引发多次采购的问题，增加不必要的采购成本（徐琴峰，2020）。

（4）适价（Right price）。适价强调了市场价格将作为采购计划制订实施的重要依据。

（5）适地（Right place）。适地原则要求保证供应商的合理数量并构建起良好的合作关系，充分保证采购活动的持续性与稳定性。

3. 采购的模式

（1）订货点采购模式。该采购模式主要基于物料的实际需求以及使用计划，由采购人员制订不同物料的具体采购计划，明确物料采购的地点、批量、周期及库存水平等问题，以此为依据科学开展采购活动，并健全完善库存检查制度，准确把握库存情况，及时发现库存风险，对采购计划进行合理调整确保其质量水平。该采购模式又分为两种不同方法：①定量订货法采购，该方法基于订货地点、订货批量等计划，通过定期库存检查对库存水平进行把握。在库存规模接近或达到订货点时则开展相应的采购活动，每次采购都使用同样的采购计划和保持相同的采购规模，属于一种数量相对固定的采购模式。②定期订货法采购，该方法则基于既定的采购周期与最高库存基准，在特定的订货周期计划下对库存进行周期性检查，根据检查结果发送订单并开展采购业务。这一采购模式在采购时间上能够保持相对稳定，但是订货量却存在一定差异，需要根据企业实际生产情况和需求进行调整，具体方法为最高库存减去实际库存的差值。

上述采购模式的实现前提均为需求分析。其共同目标是确保合适的库存结果。在充分满足物料需求的同时尽可能降低库存水平，从而实现产品生产的稳定性与较低的库存成本。其优势在于可操作性较强，但是由于需求变化以及影响市场的随机因素过多，同样无法避免库存压力大、采购弹性不足等问题。

（2）物料需求计划（Material Requirement Planning，MRP）采购模式。该模式是生产企业普遍采取的一种采购管理策略。该策略的实现基础为 MRP 软件，由采购人员根据生产需求完成采购计划的编制并开展采购活动。MRP 采购模式具体以产品生产计划（MPS）、产品结构（BOM）、库存情况等为基础，通过计算分析确定产品生产对各个原料的具体需求情况，明确其需求的数量、时间等因素，从而针对性地制订采购计划，确保规定时间内生产资料的充分供应。

MRP 采购的实现基础同样为需求分析，确保库存的充足性与合理性。但是其计划内容更加详细和规范，因此在库存管理水平、采购弹性等方面也表现出更加显著的优势。

（3）供应商管理库存（Vendor Managed Inventory，VMI）采购模式。VMI 采购模式以现代供应链理念为实现基础，由供应商为实施主体对需求方的需求状况进行把握并针对性地提供所需产品（Disney and Towill，2003）。该采购模式仅需生产企业将自身需求发送给供应商，由供应商对需求信息进行分析并对其未来需求进行科学预测，以此为依据开展原料供应活动，在满足生产企业原料需求的同时也决定其原料库存状况。该采购模式能够避免生产企业在采购工作中的资源浪费，能够将精力集中于生产环节，并发挥供应商的优势作用开展采购供应工作，由供应商承担采购风险和相关成本，发挥供应商的经营优势确保采购供应计划的科学合理，实现最佳采购效率与经营效益。

此种模式较为适合具有完善信息系统的生产企业。

(4) 准时化 (Just in Time, JIT) 采购模式。JIT 采购模式以需求为唯一出发点，基于需求情况制订采购计划，明确供应商的供应量、供应时间和供应地点，充分保证供应质量和效率。该采购模式表现出突出的灵活性优势，能够最大限度减小库存规模与库存成本，因此表现出显著的应用价值。

(5) 电子采购模式。该采购模式属于电子商务领域的一种新型采购模式，具体以互联网平台为实现基础，由企业、政府等组织对采购对象进行查询选择并最终完成购买活动。这一采购模式的出现摆脱了人工采购管理对采购质量的干扰和影响，实现了一种更加客观、更加规范、更加高效的采购模式。电子采购以互联网为平台对采购对象和供应商进行选择，完成采购事项的网络洽谈与在线交易，在有效降低采购成本的同时也显著提升了采购效率（张聪果，2019）。

（二）制造企业生产物流

1. 生产物流的定义

制造企业生产物流，指的是随着企业整体生产流程产生的对应物流活动，该物流活动的主要依据是工厂的规划布局、生产过程以及工艺流程等，通过制造企业生产物流可以使生产原料、组装配件、半成品等物料穿梭于厂内的不同生产场地（供应库—车间、车间—车间、车间—成品库）与不同生产工序。

可以说，生产工艺全过程都有生产物流相伴，生产物流就是生产工艺的重要组成部分，具体过程可总结为：原材料、燃料、外构成件等由物料仓库向生产线输送，并随着加工生产，利用某种运输装置流通于每个生产环节，在生产的各个环节都存在被加工的现象。随着生产过程的推进（如加工、装配、储存、搬运、等待），物料自身实物形态被改变，物料所处场地也在不断变化（各车间、工段、工作地、仓库），当生产环节全部结束时，转移到最终成品仓库。

2. 生产物流的类型

(1) 从物料流向的角度划分：固定式生产物流。即物料在进入生产环节之后表现出空间位置的相对固定特征，在产品生产过程中并未表现出明显的流动性；流程式生产物流。即在产品生产过程中物料的流转表现出持续性、均匀性、稳定性的特征，基于标准化的生产流程使物料保持着持续稳定的流转状态，通常不会存在在制品存储这一情形；加工装配式生产物流，具体表现为产品的构成要素为各类零部件，在装配作业的基础上将各类零部件组装形成一个完整的产品。这一生产模式表现出不同工艺、流程之间的离散关系特征，不同工艺环节的生产对在制品的储备数量和质量提出了具体要求。

（2）从物料流经的区域和功能角度划分：厂间物流。具体表现为大型生产企业在不同的工厂或者生产基地之间发生的物料流转；工序间流转，具体是指物料在不同车间或生产环节之间的流转和运送。

（3）根据生产专业化的角度划分：单件生产：表现出品种多、批量小、重复性差等特征；大量生产：表现出品种单一、批量大、重复性显著等特征；成批成产：表现出品种相对较多、批量相对显著、重复性相对突出等特征，属于一种介于单件生产、大量生产之间的生产模式。具体又包括大批、中批、小批等不同的生产形式。

3. 生产物流的组织形式

（1）基于时间序列的组织形式。基于时间序列的组织形式可理解为以生产过程中物料在不同生产工序、生产部门之间的一种时间方面的衔接运用安排。对于生产物流而言，其合理性的评价依据不仅包含了物料流转的距离路程，同时也要考虑流转速度，避免物料的等待问题发生，确保物流的持续性与稳定性。

一是顺序移动方式。具体表现为物料在相邻工序之间的整批性流转特征，即完成上一道工序的所有加工任务之后将相关物料集中、统一地转运至下一道工序开展后续加工作业。该方式表现出生产加工的连续性优势，为生产组织管理创造了便利性条件。

二是平行移动方式。该组织形式具体表现为以单体物料为主的流转形式，即完成某一物料上一工序的加工作业之后立即转移至后一个工序开展后续加工业务，形成了流水线式的交叉加工模式。其优势在于保持了生产的连续流动性，避免了物料成批等待的问题，因此极大提升了生产效率，缩短了物流生产与流转的时间。

三是平行顺序移动方式。该组织形式具体表现为物料在不同生产工序之间的持续流转特征。这种组织形式不仅显著提升了相邻生产工序之间的关联性，还能够充分保证物流加工的顺序性与规范性，综合了上述两种组织形式的优点，最大限度保证了物料的流转速度和效率，也实现了最佳生产效果。但是也对生产组织管理工作提出了更高要求。

（2）基于空间区域的组织形式。该组织形式以生产区域为出发点安排生产计划，以物流最短流转距离为目标进行统筹安排，主要表现为以下三种不同形式：

一是按工艺专业化形式组织生产物流。具体以工艺专业化形式为依据完成生产物流的组织管理工作，即把具有相同生产工艺的不同产品进行集中，使用同类型的设备进行规模化加工生产。这一形式实现了同类设备的集中管理，提高了同类工艺的生产加工效率。

二是按对象专业化形式组织生产物流。该组织形式具体以对象专业化形式为基础，根据产品生产加工路线和流程安排相关生产工具，使用多种加工方法和加工工艺处理相同产品，能够充分保证单一产品的生产管理水平。

三是按成组工艺形式组织生产物流。该组织形式综合运用了上述组织形式的优势作用，基于成组理念将部分表现出相似性特征的零件作为一个生产单元进行统一管理，在确定相应的生产流程的基础上完成相关生产设备的配置。

（三）销售物流

销售物流主要指产品销售流通过程中所对应的物流活动。产品在完成生产工作之后将进入流通销售环节，由企业安排相应的销售计划与物流计划，确保产品由生产企业向需求方的及时、准确、可靠的运送（李骁腾和赵媛媛，2015）。

1. 销售物流的主要活动

（1）产成品包装。对于生产企业而言，包装是其物流管理的最后一个环节；但是对于销售工作而言，包装则是其工作的起点和基础。对于产品销售流通来说，产品包装的基本功能是对产品进行必要的保护，避免其在仓储运输的过程中发生损坏而影响销售。因此，产品包装必须综合考虑运输、存储、装卸搬运等具体物流作业的情况和需求，在兼顾成本费用的情况下选择科学合理的包装工艺与包装材料，在尽可能降低包装成本的基础上满足物流需求。

（2）产成品储存。对于产成品储存工作而言，最基本的目标是实现库存的合理性并确保客户需求得到及时有效的满足。在评价分析企业物流服务水平时，产成品可得性是非常重要的一项评价指标，反映了销售系统的物流服务质量。

（3）订单处理。出于控制库存的考虑，客户在购买商品时会综合比较批量优惠力度、采购成本、库存成本等因素，制订科学的采购计划。在现代信息技术创新发展的推动下，计算机管理工具在采购管理中的应用水平不断提升，极大地提升了企业对订单信息的跟踪能力，构建起更有效的客户交流渠道，从而为物流工作的顺利开展创造了有利环境。客户通过订单系统的采购活动越发呈现小批量、多频次的特征。

（4）发送运输。在选择何种运输方式时，通常需要综合考虑产品所在地和目的地的地理环境、运输距离、批量等因素。

（5）装卸搬运。效益最大化是客户的根本目标。对于装卸搬运作业而言，同样以最低的投资满足所需服务为出发点。具体从设备、组织管理等角度出发，实现最低作业费用满足客户效益需求。

2. 销售物流服务要素

（1）时间。具体是指订货周期，是客户对特定产品物料需求时间和实际到货时间之间的间隔，反映了产品物流运输在时间维度上的整体安排效率，具体内容包括需求方订单发出后的传送与处理时间，以及订单处理后供应方的备货和装运时间。

（2）沟通。客户关系管理以沟通为主要基础。积极有效的沟通能够充分保证物流服务质量，并准确把握客户需求，为物流方案的制订提供科学依据，确保物流工作的科学水平。

（3）可靠性。具体表现为根据客户需求保质、保量、及时完成产品的物流运输任务。对于客户而言，物流可靠性是其生产经营或消费活动顺利开展的重要保障。

（4）方便性。对于日益复杂的市场而言，客户需求也表现出显著的多样性特征。无论企业如何努力，也不可能满足所有客户的物流服务需求。因此，只能根据自身状况确定目标客户群体，发挥自身优势更好地满足目标客户的服务需求，从而在目标市场上形成局部竞争优势，为自身持续、稳定发展提供有效保障。这种差异性的物流服务将极大便利目标客户的消费活动，从而获得客户的认可。

（四）返品回收物流

返品的含义是返回生产企业的产品，具体原因表现为客户需求变化、物流过程产品受损等。

1. 返品回收物流的成因

质量问题是导致返品问题的主要原因。此外，物流损坏、销售积压、产品过期等原因也是生产企业主动“召回”部分产品的原因所在。

随着市场竞争的不断加剧，如何获得客户认可成为商家经营发展的重点所在。为了实现上述目标，厂商纷纷推出了许多优惠服务，如“无理由退货”“先行赔付”等策略，这些营销策略虽然极大地提升了客户的消费体验，为厂商赢得了客户的青睐，但是也引发了日益严重的返品问题，客观上需要一种与之匹配的回收物流机制实现返品的科学管理。

2. 返品的处理方式

（1）作为新产品出售。若返品并未使用，则销售商可在检查之后采取重新包装的方式以新产品的形式开展销售活动。

（2）降价出售。以各类折扣店、批发店的形式开展降价销售活动，对部分返品进行折价处理以降低损失。

（3）卖给二级市场。若产品未能顺利完成销售任务，则剩余产品可通过低价批发的形式转移至各类清仓公司进行处理。

（4）捐赠给慈善机构。若返品的使用价值并未受到影响，也可通过捐赠的方式用于慈善事业，既实现产品价值也提高企业的知名度和影响力。

（5）返回至制造商。基于销售商与制造商之间的供应协议，销售商可将部分滞销、积压的产品退回制造商处由其进行处理以降低销售商经营压力。

（6）对返品重造。对于部分过时淘汰或者品质缺陷的产品，可针对性地进行升级改造或者维修，以翻新品的形式再次进行销售。但是这一形式往往采取低价优惠策略才能对消费者形成吸引。

（7）对物料的回收。在完成上述处理之后仍有剩余，则可对产品进行销毁处理并回收其中有价值的物料。

3. 召回制度

召回制度是制造商最重要的一种产品质量管理制度。当出现产品质量问题时，制造商需要综合评估质量风险的严重性、数量水平、市场状况等因素，针对性地采取修理、更换、退货等措施，避免产品质量风险对消费者造成不利影响，以此获得消费者的认可，为其长远发展提供有效保障。

基于厂商是否自愿的条件，可将产品召回制度具体分为主动召回、被动召回等不同情形。主动召回以制造商主动的召回策略为实现方式，而被动召回也叫指令召回，是相关职能部门出于保护消费者权益的考虑对制造商的一种强制性命令。

（五）企业废旧物资回收物流

在社会经济高速发展的过程中，废旧物资的规模也不断扩大。作为废旧物资的主要来源，制造商应当承担起更多的废旧物资回收处理的责任。而废旧物资的科学回收处理也将产生巨大的社会与经济效益，这就成为制造商开展废旧物资回收利用的主要动力。

（六）企业的废弃物物流

废弃物的含义是产品在生产、流通、消费等过程中因丧失使用价值而无法再利用的剩余物料，一般是对环境有害的排放物。对废弃物开展科学有效的管理是避免环境污染发生的重要措施，也是废弃物物流管理的目标所在。

第三节　流通企业的物流

现代物流企业在提供商品流通服务的过程中不仅实现了商品的价值与使用价值，同时也实现了特定的价值增值。而流通企业的管理水平也将直接反映现代物流业的整体发展水平。

一　批发企业物流

批发企业物流是以批发性的物流节点为发展基础，围绕产品批发活动而形成的物流业务。此类物流业务具体表现出大批量、多批次的特点，实现了大规模货物的集中运输。而包装形态、批量的转换则是批发企业物流最主要的流通加工作业。在零售商不断发展、工厂直供的影响下，批发企业物流的市场份额也将受到一定影响而有所下降。

批发业物流将发挥一种特殊的物流调节功能作用。在接收生产企业大批量的产品的同时，也能够根据市场需求对产品的批量和规模进行拆分和调整，使其更好地满足大众消费需求从而提高零售商的销售业绩（姜习和高彦平，2017）。对于缺乏库存能力的零售商而言，必然希望能够尽可能减少自身库存压力和流通加工业务量，因此对批发商的流通加工、配送等服务提出了更高要求（比如定时定量定地点的配送，商品的上货架作业等），这也成为批发企业物流存在和发展的基础。

在批发商的功能作用下，产品交易次数将显著减少。批发企业的物流特征如图 2 –2 所示。而厂家直供模式的出现和发展将显著影响批发企业的市场地位，厂家直供成为降低销售成本的有效措施，从而使产品供应结构发生了显著变化，表现如图 2 –3 所示的物资流动特征。

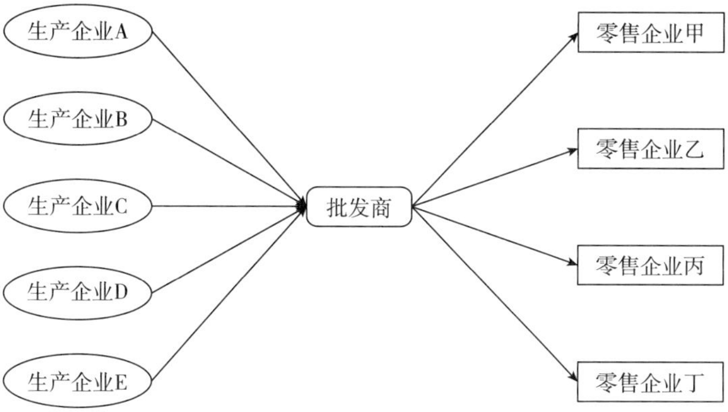

图 2－2 批发企业存在时的物资流动

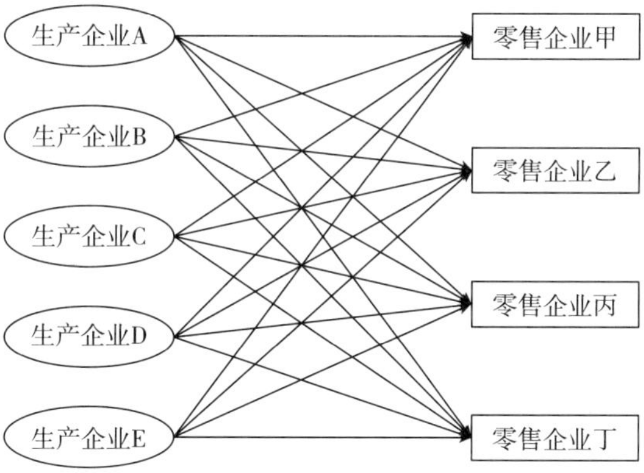

图 2－3 批发企业不存在时的物资流动

二 零售企业物流

对于零售业而言，其物流管理工作具体包含以下内容：

（一）采购管理

采购管理将实现产品向社会商业系统的输入。若采购管理工作存在问题，则必然影响产品的销售能力，即使保证了产品在流通过程中的物流效率也无法顺利实现商业目标。若是商品批量过小且采购效率低下，则无法满足零售商需求导致缺货问题。因此，必须保证采购管理的科学性，才能确保商品流通的效率和效益水平。

（二）运输管理

零售企业很少涉及运输业务，因此缺乏对相关物流业务的管理能力。在市场风险的影响下，不同零售企业的分散经营将导致运输资源存在利用率低、风险高等问题，导致物流成本较高，而物流效率则较低。为了解决上述问题，必须建立健全科学的运输管理机制，发挥信息化系统的优势作用，提高物流配载管理水平，尽可能降低产品的单位物流费用，既实现物流企业的良好发展也为零售企业创造更多的利润。

在对比分析不同运输方式的经济效益问题的基础上，结合商品属性及需求情况，可确定相对合理的运输计划。通常情况下，直达运输更加适合大批量的商品运输，能够有效减少装卸、搬运等业务量，同时有效降低了货物损失风险。

目前仍然不少零售企业选择自行运输的物流方式，并未将物流业务委托给专业的物流企业，这不仅导致其在物流系统建设方面的巨大投资，也难以保证物流工作的科学性与效率性，从而不利于企业的良性发展。因此，对于零售企业而言，应当积极寻求物流外包合作机会，由专业的第三方物流企业提供物流服务，发挥其专业优势实现更好的经济效益。

（三）储存管理

产品类型的不断丰富与消费者需求的多样化发展对零售企业的库存商品种类提出了更高要求，这就客观上加大了零售企业的库存规模，导致其对库存服务形成了更大的需求。但是，越来越高的土地使用成本难以满足零售企业对仓库的需求，只能以储存管理为重点，在充分保证其销售供应能力的同时尽可能减小库存规模，从而实现更好的经营效益。这就要求零售企业制定实施科学有效的储存管理策略。

（四）配送管理

在产品销售流通的过程中，物流企业需要根据零售企业的配送需求具体开展产品的配送工作，及时、准确、可靠地将货物送达零售商指定位置（林麟，2020）。配送管理的主要内容包括：

（1）收货管理。作为配送中心的业务基础，需要对不同供应商的产品货物进行集中处理，并规范合理地完成收货流程，根据管理计划将货物进行分类并分别存储于合理的位置。

（2）存货管理。主要以库存为管理对象。在完成收货工作之后，配送中心需要以成本最低、配送最便利为目标开展存货管理，充分保证配送活动的效率和质量水平。

（3）发货管理。实现了商品由配送中心向零售商指定位置的合理运送，发挥配货方法与管理流程的科学优势，充分保证货物配送的及时性与准确性。

（五）销售服务管理

销售服务管理是企业最重要的管理任务之一，其目的在于充分保证商品销售的质量水平，为客户提供最好的销售服务，充分满足客户需求从而获得客户的认可和支持。销售服务管理的基础是有效的商品管理，而商品管理则主要涉及标价作业、补货作业、陈列作业、促销作业、调价作业等一系列管理工作。

第四节　物流企业的物流

一　第三方物流的内涵

（一）第三方物流的定义

关于“第三方物流”，我国现行的《物流术语》进行了明确规定，将其定义为“独立于供需双方，为客户提供专项或全面的物流系统设计或系统运营的物流服务模式”（GB/T18354—2006）。在上述定义中，第三方是指非交易双方的物流经营主体，能够针对交易双方的商品流通需求提供专业化的物流服务（崔介何，2015）。在对第三方物流的概念内涵进行理解时，需要具体从广义内涵与狭义内涵两个不同的层面进行理解。

其广义内涵是与自营物流相对立的一种物流形式，具体以社会化、专业化的物流组织为服务主体，基于客户需求开展相应的物流活动。在《物流术语》（GB/T18354—2001）中，将第三方物流的内涵具体解释为“第三方物流是指由供方与需方以外的物流企业提供物流服务的业务模式”，这一界定也明确了第三方物流的广义内涵。而客户的需求则决定了物流服务的层次与内容。

其狭义内涵则是指非交易双方的第三方主体所提供的系统性、现代化物流服务。其基本特征为：第一，物流服务表现出显著的系统性、现代化特征。第二，具备完善的物流服务能力，能够充分满足客户全面化、定制化、个性化的物流服务需求。第三，不是临时行为，而是以委托代理的形式构建起持续稳定的物流服务合作模式。第四，第三方物流服务是一种明显的增值性服务。

（二）第三方物流的特点

1. 关系合同化

物流合同是第三方物流的服务标准和业务基础，能够为双方合作关系提供必要且有效的法律保障，充分保证物流服务的个性化与质量水平。

此外，物流合同也将为物流联盟的形成与发展提供必要支持，明确各参与主体的权利和义务，确保物流联盟的科学与稳定发展。

2. 功能专业化

专业化的物流服务是第三方物流企业的经营优势所在，能够根据客户需求设计最佳物流方案，确保物流活动的效率水平和效益水平，充分发挥现代、专业物流设施设备的优势作用。

3. 服务个性化

客户需求将成为第三方物流的经营基础和服务目标。因此，第三方物流能够以客户个性化、差异性的需求为基础制订服务计划，充分保证物流服务的个性化并为客户创造更多价值。

4. 信息网络化

信息技术和工具的使用将充分保证第三方物流企业的管理水平和业务效率，实现数据信息的充分共享与高效利用，从而显著提升物流服务的质量。

（三）第三方物流所具有的优势

在日益激烈的市场竞争中，第三方物流企业的优势作用将得到更好的体现，在提升物流服务质量、满足客户需求方面将表现出积极作用。主要优势如下：

1. 企业专注于核心业务

资源有限性决定了企业业务的局限性，导致其无法在所有领域都能够保证服务的专业性与有效性。因此，企业只能将自身资源集中于优势领域，充分保证核心业务的资源利用率从而实现最佳效益，而将物流等非自身专业优势的业务委托给专业的物流企业进行管理，以此提升管理效率。

2. 灵活运用新技术，降低成本

在技术创新发展的过程中，第三方物流的专业水平也将不断提升。而信息技术与工具的科学运用则将显著提升第三方物流管理和服务的专业水平，能够更好地满足客户与市场需求，提供更高效、更可靠、更便捷的物流服务，以此提升服务效率，实现更好的综合效益。这种技术优势是非专业企业无法实现的，也是第三方物流企业竞争实力的保证。

3. 提供灵活多样的客户服务

对于不同的客户而言，往往表现出各自不同的物流服务需求。生产型企业更加关注原料供应的及时性与充分性，因此需要物流企业具备充分的库存能力；而零售型企业则更加注重商品供应的灵活性，能够根据消费需求的变化及时调整商品供应结构，这就对物流企业的服务弹性形成了更高要求。上述差异性需求的存在客观上要求第三方物流企业提供灵活的、多元化的物流服务，在积极满足客户多元化需求的同时创造更多的附加价值，从而提升客户满意度为自身发展奠定良好基础。

4. 减少固定资产投资，加速资本周转

自建物流这一发展模式对企业的前期投入提出了较高要求，也将导致较大的投资压力。各类专业性物流设备、工具的采购成本往往是中小企业无力承担的，因此使自建物流的适用性相对有限。第三方物流服务的出现能够有效避免企业在物流体系建设过程中的前期投入，能够充分发挥第三方物流的专业优势，显著降低自身资金压力，从而有效提升了运营管理水平。

总的来说，在肯定第三方物流发展优势的同时，我们也应认识到第三方物流的缺陷和不足。主要表现为缺乏控制、外部风险较大等问题。

二　物流企业

（一）物流企业的定义

物流企业这一要素的具体内涵在《物流术语》（GB/T 18354—2006）中进行了比较科学、准确的论述。其含义为“从事物流基本功能范围内的物流业务设计及系统运作，具有与自身业务相适应的信息管理系统，实行独立核算、独立承担民事责任的经济组织”。

（二）我国物流企业的分类标准和主要类型

1. 物流企业的分类和等级评估

（1）基于国家标准的物流企业分类。《物流企业分类与评估指标》（GB/T 19680—2005）这个诞生于2005年的行业标准为我国物流业的发展奠定了良好基础并提供了科学依据。在该文件中，我国对物流业的具体分类、评估管理等问题进行了明确的论述。此后，先后有3000多家物流企业参与了评级工作，实现了物流企业发展水平的科学评估和界定。在总结相关工作经验的基础上，《物流企业分类与评估指标》（GB/T 19680—2013）于2013年12月31日正式颁发，为我国物流业的发展提供了更加科学的指导。这一新的行业标准于2014年7月1日正式生效。基于上述行业标准，可对物流企业的经营类型进行科学划分，主要有以下分类结果：

①运输型物流企业。运输型物流企业应同时符合以下要求：第一，已具备一定规模，以运输业务为核心业务。第二，能够满足客户运输服务及相关增值服务的需求。第三，拥有生产经营业务必需的运输设备及生产工具。第四，拥有相对完善的信息化管理系统，实现了运输信息的实时查询、监控等功能。

②仓储型物流企业。仓储型物流企业应同时符合以下要求：第一，已具备一定规模，以仓储业务为核心业务。第二，满足客户物流活动中配送、流通加工及相关增值服务需求。第三，具备必要的仓储

条件，能满足仓储物流活动对相关运输工具、设施、设备的需求。第四，拥有相对完善的信息化管理系统，实现了仓储信息的实时查询、监控等功能。

③综合型物流企业。综合型物流企业应同时符合以下要求：第一，具备多元化经营能力，能够满足客户不同的物流服务需求，具备与各物流服务有关的基础设施、设备条件，并且其发展规模达到一定水平。第二，提供系统性的物流服务，能够根据客户需求设计个性化的服务方案，并提供相应的物流增值服务。第三，具备物流服务所需的基本设施、设备及工具，确保物流作业的顺利开展。第四，在物流服务网络方面表现出一定的发展水平，能够充分满足服务区域内各项物流服务需求。第五，拥有相对完善的信息化管理系统，实现了物流信息的全程实时查询与监控等功能，充分保证物流服务质量。

（2）三类物流企业等级评估。基于现行的行业标准，可明确不同类型物流企业的发展水平评估标准，从而对物流企业的发展水平、服务能力进行科学评定，为行业规范发展与有效监管创造良好环境。具体的评估指标如表 2－1、表2－2、表 2－3 所示，具体以资产状况、经营状况、设施情况、信息化水平、管理服务水平和人员情况为评价指标对物流企业的发展水平进行科学评估界定。形成了 A 级、AA 级、AAA 级、AAAA 级与 AAAAA 级五个由低到高的不同发展层次。

表 2－1　　运输型物流企业等级评估

评估指标		级别				
		A 级	AA 级	AAA 级	AAAA 级	AAAAA 级
资产	1. 资产总额*	300 万元以上	800 万元以上	4000 万元以上	2 亿元以上	11 亿元以上
	2. 资产负债率*	不高于 70%				

续表

评估指标		级别				
		A 级	AA 级	AAA 级	AAAA 级	AAAAA 级
经营状况	3. 年物流营业收入*	300 万元以上	1000 万元以上	6000 万元以上	3 亿元以上	16.5 亿元以上
	4. 营业时间*	2 年以上		3 年以上		5 年以上
设备设施	5. 运营网点*	5 个以上	10 个以上	15 个以上	30 个以上	50 个以上
	6. 自有货运车辆*或总载运量*	30 辆以上（150 吨以上）	80 辆以上（400 吨以上）	150 辆以上（750 吨以上）	400 辆以上（2000 吨以上）	1500 辆以上（7500 吨以上）
信息化水平	7. 客户查询*	建立人工查询系统		建立自动查询和人工查询系统		
	8. 电子单证管理*	50% 以上		70% 以上		90% 以上
	9. 货物物流状态跟踪*	50% 以上		70% 以上		90% 以上
	10. 信息系统*	物流经营业务部分信息化管理		物流经营业务全部信息化管理		
管理及服务	11. 管理制度*	有健全的经营、作业、财务、统计、安全、技术等机构和相应的管理制度				
	12. 客户投诉率（或客户满意度）	≤0.5%（≥90%）		≤0.1%（≥95%）		≤0.05%（≥98%）
	13. 质量管理	具有规范的质量管理体系		通过国家或行业相关认证		
	14. 物流服务方案及实施	提供整合物流资源、方案设计等方面的咨询服务		提供物流系统规划、资源整合、方案设计、业务流程重组、供应链优化、物流信息化等方面服务		
	15. 业务辐射面*	—		跨省区以上		

续表

评估指标		级别				
		A 级	AA 级	AAA 级	AAAA 级	AAAAA 级
人员管理	16. 基层物流业务人员	30%以上具有中等以上学历或物流职业资格		50%以上具有中等以上学历或物流职业资格		60%以上具有中等以上学历或物流职业资格
	17. 中高层管理人员*	30%以上具有大专以上学历，或全国性行业组织物流师认证		60%以上具有大专以上学历，或全国性行业组织物流师认证		80%以上具有大专及以上学历，或全国性行业组织物流师认证

注：(1) 标注*的指标为企业达到评估等级的必备指标项目，其他为参考指标项目。(2) 物流营业收入指企业通过物流业务活动所取得的收入总额，包括提供运输、仓储、装卸、搬运、包装、流通加工、配送、信息等基本服务及其他相关增值服务所取得的业务收入。(3) 运营网点是指在企业市场覆盖范围内，可以承接并完成企业基本业务的分支机构和联盟伙伴。(4) 客户投诉率是指在年度周期内客户对不满意业务的投诉总量与企业业务总量的比率。(5) 客户满意度是指在年度周期内企业对客户满意情况的调查统计。(6) 基层物流业务人员是指从事物流业务执行活动的企业成员。

表 2-2　　　　仓储型物流企业等级评估

评估指标		级别				
		A 级	AA 级	AAA 级	AAAA 级	AAAAA 级
资产	1. 资产总额*	200 万元以上	800 万元以上	4000 万元以上	2 亿元以上	11 亿元以上
	2. 资产负债率*	不高于 70%				
经营状况	3. 年物流营业收入*	200 万元以上	500 万元以上	2500 万元以上	1.2 亿元以上	7.2 亿元以上
	4. 营业时间*	2 年以上		3 年以上		5 年以上

续表

评估指标		级别				
		A 级	AA 级	AAA 级	AAAA 级	AAAAA 级
设施设备	5. 自有/租用货运车辆或总载重量*	30 辆以上（150 吨以上）	50 辆以上（250 吨以上）	100 辆以上（500 吨以上）	200 辆以上（1000 吨以上）	500 辆以上（2500 吨以上）
	6. 自有仓储面积	4000 平方米以上	1 万平方米以上	3 万平方米以上	8 万平方米以上	20 万平方米以上
	7. 配送客户点*	30 个以上	50 个以上	100 个以上	150 个以上	200 个以上
信息化水平	8. 客户查询*	建立人工查询系统		建立自动查询和人工查询系统		
	9. 电子单证管理*	50% 以上		70% 以上		100% 以上
	10. 货物物流状态跟踪*	50% 以上		70% 以上		90% 以上
	11. 信息系统*	物流经营业务部分信息化管理		物流经营业务全部信息化管理		
管理及服务	12. 管理制度*	有健全的经营、作业、财务、统计、安全、技术等机构和相应的管理制度				
	13. 客户投诉率（或客户满意度）	≤0.5%（≥90%）		≤0.1%（≥95%）		≤0.05%（≥98%）
	14. 质量管理	具有规范的质量管理体系		通过国家或行业相关认证		
	15. 物流服务方案及实施	提供整合物流资源、方案设计等方面的咨询服务		提供物流系统规划、资源整合、方案设计、业务流程重组、供应链优化、物流信息化等方面服务		

续表

评估指标		级别				
		A 级	AA 级	AAA 级	AAAA 级	AAAAA 级
人员管理	16. 基层物流业务人员	30% 以上具有中等以上学历或物流职业资格		50% 以上具有中等以上学历或物流职业资格		60% 以上具有中等以上学历或物流职业资格
	17. 中高层管理人员*	30% 以上具有大专以上学历，或全国性行业组织物流师认证		60% 以上具有大专以上学历，或全国性行业组织物流师认证		80% 以上具有大专及以上学历，或全国性行业组织物流师认证

注：(1) 标注*的指标为企业达到评估等级的必备指标项目，其他为参考指标项目。(2) 物流营业收入指企业通过物流业务活动所取得的收入总额，包括提供运输、仓储、装卸、搬运、包装、流通加工、配送、信息等基本服务及其他相关增值服务所取得的业务收入。(3) 租用货运车辆是指企业通过合同等方式可进行调配、利用的货运车辆。(4) 配送客户点是指企业当前的、提供一定时期内配送服务的、具有一定业务规模的、客户所属的固定网点。(5) 客户投诉率是指在年度周期内客户对不满意业务的投诉总量与企业业务总量的比率。(6) 客户满意度是指在年度周期内企业对客户满意情况的调查统计。(7) 基层物流业务人员是指从事物流业务执行活动的企业成员。

表 2-3　　综合型物流企业等级评估

评估指标		级别				
		A 级	AA 级	AAA 级	AAAA 级	AAAAA 级
资产	1. 资产总额*	200 万元以上	600 万元以上	2000 万元以上	1 亿元以上	5.5 亿元以上
	2. 资产负债率*	不高于 75%				
经营状况	3. 年物流营业收入*	300 万元以上	800 万元以上	4000 万元以上	2 亿元以上	16.5 亿元以上
	4. 营业时间*	2 年以上		3 年以上		5 年以上

续表

评估指标		级别				
		A 级	AA 级	AAA 级	AAAA 级	AAAAA 级
设施设备	5. 自有/租用货运车辆或总载重量*	100 辆以上（500 吨以上）	200 辆以上（1000 吨以上）	300 辆以上（1500 吨以上）	500 辆以上（2500 吨以上）	1500 辆以上（7500 吨以上）
	6. 自有/租用仓储面积仓储面积	1000 平方米以上	3000 平方米以上	1 万平方米以上	3 万平方米以上	10 万平方米以上
	7. 运营网点*	5 个以上	10 个以上	20 个以上	30 个以上	50 个以上
信息化水平	8. 客户查询*	建立人工查询系统		建立自动查询和人工查询系统		
	9. 电子单证管理*	60%以上		80%以上		100%以上
	10. 货物物流状态跟踪*	60%以上		80%以上		100%以上
	11. 信息系统*	物流经营业务部分信息化管理		物流经营业务全部信息化管理		
管理及服务	12. 管理制度*	有健全的经营、作业、财务、统计、安全、技术等机构和相应的管理制度				
	13. 客户投诉率（或客户满意度）	≤0.5%（≥90%）		≤0.1%（≥95%）		≤0.05%（≥99%）
	14. 质量管理	具有规范的质量管理体系		通过国家或行业相关认证		
	15. 物流服务方案及实施	提供整合物流资源、方案设计等方面的咨询服务		提供物流系统规划、资源整合、方案设计、业务流程重组、供应链优化、物流信息化等方面服务		
	16. 业务辐射面*	—		跨省区以上		

续表

评估指标		级别				
		A 级	AA 级	AAA 级	AAAA 级	AAAAA 级
人员管理	17. 基层物流业务人员	40% 以上具有中等以上学历或物流职业资格		50% 以上具有大专以上学历，或全国性行业组织物流师认证		60% 以上具有中等以上学历或物流职业资格
	18. 中高层管理人员*	50% 以上具有中等以上学历或物流职业资格		70% 以上具有大专以上学历，或全国性行业组织物流师认证		80% 以上具有大专及以上学历，或全国性行业组织物流师认证

注：(1) 标注*的指标为企业达到评估等级的必备指标项目，其他为参考指标项目。(2) 物流营业收入指企业通过物流业务活动所取得的收入总额，包括提供运输、仓储、装卸、搬运、包装、流通加工、配送、信息等基本服务及其他相关增值服务所取得的业务收入。(3) 租用货运车辆是指通过合同等方式可进行调配、利用的货运车辆。(4) 租用仓储面积是指企业通过合同等方式可进行调配、利用的仓储总面积。(5) 运营网点是指在企业市场覆盖范围内，可以承接并完成企业基本业务的分支机构和联盟伙伴。(6) 客户投诉率是指在年度周期内客户对不满意业务的投诉总量与企业业务总量的比率。(7) 客户满意度是指在年度周期内企业对客户满意情况的调查统计。(8) 基层物流业务人员是指从事物流业务执行活动的企业成员。

2. 物流企业的主要类型

(1) 由传统大型的国有企业演变成的物流企业。此类物流企业表现出显著的规模优势，具备雄厚的发展实力，拥有比较先进的物流设施和设备，在各自所属的传统行业中表现出巨大的行业发展优势，甚至是垄断。此类企业多属于全国性的大型公司，采取子公司、分公司独立经营运作的管理模式，因此使其提供给不同客户的物流服务存在较大的差异性，一般中小客户所获得服务的性价比较低，难以获得系统性、规范性的物流服务。虽然此类物流企业具备全面、完善的物流服务能力，但也存在服务价格较高，管理水平和服务效率相对较低的问题，缺乏与客户之间的良好交流关系，不会积极主动地分析客户需求并为其提供个性化的物流服务，客户只能被动接受其服务条款。

（2）由传统运输公司或仓储公司演变的区域性物流企业。此类物流企业大多基于区域原有的仓储系统发展转变而来，具备自营车队等运输资源，能够积极有效地满足区域内的物流服务并提供一定的增值服务。虽然此类物流企业与行业内其他企业保留了一定的合作关系，但是这种合作的稳定性和科学性相对较差，尚未形成严格意义上的物流服务网络。此类企业在设施建设方面存在较大缺陷，设施设备陈旧落后的问题比较突出，难以满足现代物流技术应用和发展的需求。经营管理理念和服务模式还比较传统和落后，并且经营发展的灵活性不足，企业生存压力相对较大。为了积极应对日益激烈的市场竞争，此类企业也积极推进创新发展进程，通过技术改造、流程优化等方法改善服务质量，更好地满足客户需求从而实现自身良性发展。

（3）新兴内资跨区域的物流企业。此类物流企业是物流行业的新生力量。物流市场良好的发展前景是此类企业进入行业的主要动因，并且具有更加科学的发展理念和管理模式，这是其与传统物流企业相比最大的优势所在。此类企业往往表现出较高的市场定位和发展目标，在专业性方面也表现出一定优势。在市场拓展过程中，此类企业大多属于轻资产企业，采用第三方物流代理的发展模式以降低前期投资风险，不断提升其市场影响力。此类企业在业务规模、投资水平、成本费用方面表现出一定的优势，与先进外资物流企业之间的差距也相对较小，表现出显著的市场适应性、经营灵活性特征。但是信息化发展水平不足的问题也比较突出，成为限制和制约新兴物流企业快速发展的主要因素。资金实力不足也导致新兴企业在独立运营发展方面存在较大困难和风险，因此更多选择合作发展的模式构建起不同物流企业之间的良好协作关系，采用合作方式共同提供高质量的物流服务满足客户需求。

（4）大型外资跨区域物流企业。外资物流企业在技术实力、资金实力、管理水平等方面表现出显著优势，虽然其绝对数量相对较少，但是对市场的影响力却不容小觑。与国内物流企业相比，外资物流企业能够更好地满足客户跨区域、多元化、系统性的物流服务需求，其发展重点和服务区域首先选择较为发达的东部沿海地区，并积极拓展内地市场表现出显著的发展优势，这对我国物流业的市场格局造成了巨大冲击。需要指出的是，部分外资物流企业主要采取代理服务的发展模式，即本身并不建设物流设施和配备物流设备工具，而是作为跨区域物流服务的中间商，构建起外部客户与区域物流体系的合作关系，以此实现自身发展目标。

以上不同类型的物流企业表现出不同的发展目标，其相对优势、劣势详见表2－4。

表2－4　　　　不同物流企业的比较

公司类型	优势	劣势	目标
由传统国有企业转型的物流企业，或由传统运输公司或仓储公司演变的物流企业	大多数仍属于国有企业或国资控股，拥有全国性的网络和运输体系及仓储资产；与中央和政府关系很好	冗员比例高，效率低，注重内部的企业文化，而对以客户和绩效为导向的物流服务欠缺	借助广泛的网络和资产优势，推进物流快速增长；通过重组以增加功能，提高效率
新兴内资跨区域的物流企业	属于私有或内资为主的合资企业，一般在某一区域对客户服务具有明显优势；效率相对高，增长速度快	拥有有限的固定资产，市场扩张时缺乏有力的财务支持，内部管理是高速增长的主要障碍	依靠引入战略合作伙伴或投资商，来保持高增长率
大型外资跨区域物流企业	有很强的海外网络；有丰富的专业知识和物流运营经验；与国际物流客户有良好关系；有先进的IT系统；有来自总部的强有力的财务支持	在中国缺少网络系统，业务量有限，运作成本相对较高	通过收购和合作，加强在中国市场的地位

需要说明的是，目前物流企业的类型也呈现出多样化的特征，不

仅包含了以上几种代表性的类型，同时也出现了能够提供专业配送、快件递送等专业服务的物流企业。

（三）第三方物流企业所具有的优势

1. 具有专业水平和相应物流网络

在自身专业化创新发展的过程中，第三方物流企业逐渐完成了信息网络的开发和建设工作任务，形成了丰富的专业性运营管理知识，主要包括运输、仓储和其他增值服务等方面。在物流服务的各个领域取得了巨大发展成果，能够更好地满足各类客户的差异性物流服务需求，其中最重要的就是客户收集重要的物流信息，如卡车运量、国际通关文件、空运报价和其他信息等（李克卫，2021）。对于第三方物流而言，在信息收集和利用方面表现出显著的成本优势，这也是非第三方物流企业的劣势所在。

2. 第三方物流公司的信息技术优势

目前不少第三方物流公司都委托专业软件开发商设计自身独有的信息管理系统，满足其物流管理的信息化需求，如使用运输、分销网络实施货物追踪、电子交易，有效保证了物流服务质量和业务效率。因此，选择第三方物流企业为合作对象，能够充分利用其信息技术优势，显著提升物流服务水平，从而实现自身的良好发展。

3. 拥有规模经济效益

第三方物流依托自身经营规模的优势，在议价方面表现出更强的话语权，能够从运输业主获得更优惠的报价，通过发挥自身规模经济效益优势，提高货物集中配送能力，从而显著降低货物运输的成本，实现更高的效益。

4. 资源优化配置

帮助企业实现资源配置的科学优化也是第三方物流企业的经营发展优势之一。该优势能够实现企业的人力、物力、财力等资源的合理使用和分配，使企业专注于自身的核心业务，从而显著提升其市场竞争实力，第三方物流为企业“量体裁衣”的物流服务方案，能更好地满足客户对个性化、高效率的物流服务需求。

5. 有助于减少资本投入

借助物流外包，允许制造企业降低运输设备、仓库以及其他物流活动的投资，同时又能获得优质的物流服务，企业资金能向核心业务流动，对盈利情况有很好的改进效果。同时，企业可利用第三方物流企业所开拓的运输、分销等网络，把产品打入新市场，从未涉及的市场探索更好发展空间。

三　物流外包

（一）物流外包的定义

物流外包是指“企业将其部分或全部物流的业务合同交由合作企业完成的物流运作模式”（GB/T 18354—2006）。

业务外包是指通过合作的形式将企业部分非核心和不具有优势的业务内容由专业的服务企业进行处理，而将自身资源集中在优势领域提高了自身竞争力（叶怀珍和李国旗，2019）。

（二）物流外包的成因

1. 关注核心业务

基于资源有限性的发展前提，企业只能充分保证自身核心竞争力才能实现长远发展。这就要求企业将资源集中于核心的、优势的业务领域，将其他非关键业务进行外包，从而不断增强自身优势实现快速发展。

2. 实现规模效益

专业化的第三方物流能够提供更高质量的物流服务，从而显著提升企业的服务水平，并表现出巨大的规模效益，实现合作共赢的效果。通过外包能够避免企业在非优势领域的成本投入，从而降低经营压力。

3. 分担风险

物流外包的同时也通过合同条款实现了物流风险的转移，从而构建起双方良好合作的风险共担机制，提高了企业风险承受能力与经营弹性。

4. 加速企业重组

重组虽然能够优化和改进企业经营管理模式，但是这种优势作用需要较长的重组时间才能体现。业务外包则可能有效提升重组效率，以更短的时间实现重组优势。

5. 使用企业不拥有的资源

如果企业要使用自身不拥有的资源，业务外包是一个较好的选择。业务外包更多适用于企业资源不足、投入回报水平较低的情形。而收益分析则是明确业务外包是否必要、可行的重要基础。

（三）物流外包的形式

1. 物流业务完全外包

该外包形式是物流外包的最高级、最彻底发展模式。该模式适用于不具备自营物流条件的企业。即使具备一定的自营物流基础，企业也需要评估分析外包的价值和意义，根据结果决定是否放弃自营物流而完全委托给第三方物流。

2. 物流业务部分外包

自营业务与非自营业务是企业物流业务的共同构成要素。两种业务形式的科学配合是企业物流业务整体服务质量的重要保证。为此，企业必须科学分析物流业务的优势和不足，选择科学的外包战略才能实现最佳物流效率和效益。美国 Sun 公司制定的关闭自营配送中心而将物流业务委托给联邦快递公司的决策就极大地提升了配送效率和服务质量。

3. 物流业务管理外包

该外包形式在不改变物流资源产权主体的前提下，把物流设备和设施的管理职能外包。

4. 物流系统接管

此类外包形式实现了企业资源向第三方外部物流的完全转移，即企业的物流资产被完全出售或对外承包，由第三方物流开展具体的运营管理工作，但是一般情况原企业的员工将被继续雇佣。

5. 物流系统剥离

该外包形式具体表现为企业将物流职能和业务部门进行分离，以独立子公司的形式开展运营管理，在满足自身物流服务需求的同时也积极寻求外部合作以提升物流业务水平。

6. 战略联盟

企业联同第三方物流企业成立合资企业，企业可以将适量的物流设施产权让渡给第三方物流企业，自身仅保留设施的一部分产权，物流合作方则要给新企业注入一定数量的资本，同时提供专业的物流服务。总的来说，合资企业综合两个企业的优质资源形成了资源共享，也相互分享合作收益。

（四）物流外包的承包商类型

1. 基于物流服务提供者的分类

（1）以资产为基础的物流服务提供者。此类企业拥有物流相关资源（如仓库、车队等），能够自行满足物流服务的相关需求。典型代表为 UPS 公司。

（2）以管理为基础的物流服务提供者。此类企业以各类专业性的服务管理、咨询服务为经营内容，并不提供实质性的物流运输服务，而是侧重于物流管理工作。

（3）综合物流服务提供者。此类企业具备完善的物流服务能力，能够满足物流服务的物质资源、管理、信息等方面的需求，从而构建起全面、系统的物流服务网络。

2. 基于物流市场归属的分类

（1）操作性的物流公司。此类物流企业以某一个或者多个特定的优势业务为服务内容，为客户提供相关的优势物流服务，实现局部竞争优势。

（2）倾向性的物流公司。此类物流企业一般针对特定行业的物流需求提供相应的服务，在业务内容方面表现出显著的行业性、范围性特征。

（3）客户化的物流公司。此类物流企业以特定客户为服务对象，针对性地提供专业化、个性化的物流服务。

（4）多元化的物流公司。此类物流企业基于自身资源特征提供部分相关性较为显著的物流服务，满足客户综合性的服务需求。

（五）实施物流外包的工作步骤

物流外包虽然表现出显著的优势，但是在具体工作中也要综合考虑企业实际情况，根据可行性、必要性分析结果确定科学的发展战略。

1. 严格筛选物流供应商

企业在对供应商进行筛选时，必须对其物流状况进行全面系统的研究分析，明确供应商的服务能力、技术水平和发展潜力，重点把握其战略导向与本企业发展战略是否协调统一。在签订外包合同时，必须确保内容的明确性与规范性，避免理解偏差导致合同纠纷。

2. 明确列举服务要求

导致外包合作关系难以为继的根源就是服务要求不清晰。无法做到量化标准，供需双方可能因此产生矛盾，互相指责对方要求太高，不履行条约责任等。常见的问题有，物流供应商在竞标时，未对目标企业的物流量、货物类别、运输频率等情况了解清楚，盲目提交外包竞标书。需求方未能真实客观地描述自身需求，或者描述过于笼统模糊，应该从生产能力、服务水平、操作模式、财务状况等方面详细列出要求并制定相应的考核指标，尽量避免将来可能产生的矛盾。

3. 合理选择签约方式

在签约方式上应当综合考虑各方情况，在良好交流沟通的基础上确定一种最佳方案，确保合作的顺利性，降低风险。良好的交流沟通与协商一致是外部合作关系的形成基础。

4. 共同编制作业流程

在良好协商的基础上共同确定物流服务流程和标准，从而确保合作双方在理念和目标上的一致性，以此保证稳定的合作关系和良好的服务质量。

5. 积极理顺沟通渠道

沟通不畅会危害外包合作关系，必须健全完善交流沟通机制，及时交换意见和建议，确保认知的统一性，避免误解影响良好合作关系。

6. 明确制定评估标准

外包合同的相关内容应明确外包物流服务质量的评价标准。因为合同条款的不明确、不具体，会使外包服务质量在评估工作中缺乏科学准确的依据，从而影响了评价工作的整体水平，无法保证外包物流服务的科学开展与有效改进。因此，必须将评价标准在外包合同中进行明确规定，充分保证评价工作的质量水平。

第五节 现代微观物流管理问题和解决措施

一 一般企业的物流运作

在改革开放战略的具体实践过程中，我国逐渐形成了相对成熟完善的市场经济体制，物流业也成为一个独立的产业呈现出快速发展势头。而全球贸易的快速发展也推动了企业物流的创新发展，使其呈现出多元化、个性化的发展趋势，物流模式的创新与发展也成为企业经营管理的核心内容之一（赵长东，2019；Li et al.，2019）。

（一）企业物流运作的存在问题

相较于其他发达国家，我国企业物流虽然发展时间相对较短，但是对企业经营发展的重要性同样突出，是影响企业综合竞争实力的关键因素之一。整体来看，我国企业物流管理水平不断提升，管理机制日益完善，信息化管理水平也不断提升，为企业持续稳定发展提供了重要保障。但是，同发达国家的企业物流相比，我国企业物流整体发展水平相对落后，仍有相当多的问题需要解决，主要问题表现在：

1. 物流运作理念落后

物流运作理念落后的问题比较突出。对比分析中外企业物流的发展状况可知，我国企业缺乏先进的物流管理理念，尚未形成长远的发展规划指导企业物流的科学发展，在管理机制、管理工具方面不够精细，基础设施建设工作也相对滞后，导致我国企业物流的运营管理效率相对较低，物流成本也相对较高。据有关调研结果，我国企业物流总成本中有超过75%的内容为运输费用，过高的运输费用使企业的经营成本相对较高，综合竞争力也因此受到了较大影响。

2. 物流信息系统建设滞后

在现代企业生产经营过程中，物流已经成为最为基础、最为核心的一项内容。为了确保自身经营的持续性与稳定性，越来越多的企业将物流信息系统确定为主要建设工作之一，在提升自身物流运作信息化管理水平的基础上提高物流效率和服务质量，以此增强自身核心竞争力。相较于西方发达国家，我国企业在物流信息系统建设工作中还存在较大问题，大多数企业特别是中小企业并不具备完善的物流信息系统，导致企业物流管理水平较低，与国外发达国家先进物流管理水平之间表现出显著差距。

3. 中小企业物流组织机构不合理

我国企业传统的经营管理理念并未将物流作为重要的管理工作，这种观念上的缺乏重视极大制约了各企业特别是中小企业的科学发展。缺乏独立、专门、专业的物流管理部门不仅难以保证企业物流服务的可靠性，也导致了物流与其他经营环节的彼此割裂，难以形成完善的商品流通体系，不同程度地影响了商品流通效率和服务质量，导致客户满意度较低的后果，制约了企业的良性发展。

（二）提升企业物流运作的策略

我国企业若想实现自身良性发展，保持市场竞争力，关键在于提高物流运作管理水平，针对现有的缺陷和不足，广泛参考和借鉴先进企业的成熟经验和管理方法，结合自身实际情况创新物流管理模式，在有效解决各类问题的基础上实现更好的物流管理效果。主要需做好以下工作：

1. 更新企业的物流运作理念

科学的理念将为具体行动提供科学指导。在建设现代企业物流管理系统的过程中，首先，应树立科学的发展观念，充分认识到现代化物流管理系统的重要性。在摆脱传统管理理念限制的同时积极寻求与第三方物流的科学合作模式，构建起自营物流体系与第三方物流体系的协调关系，充分发挥不同物流系统的优势作用，实现最佳物流运营管理效果。其次，则需要企业从战略层面明确物流管理的重要性，将物流管理确定为核心管理内容之一，通过高效的物流管理降低企业的物流运作成本。

2. 加强企业内部物流信息化建设

在科学技术创新发展的推动下，信息化也成为物流管理的发展趋势。而物流信息系统的建设与应用将有效优化物流流程，发挥先进技术的功能优势，显著提升物流管理效率，确保物流服务与企业发展需求的一致性。为了实现上述目标，企业必须科学准确地分析和把握自身发展需求，构建相宜的物流信息化系统，实现物流信息的网络化、电子化管理，充分保证物流管理效率，实现物流信息的动态把控和综合运用。虽然物流信息化系统的建设需要耗费一定的资金，但是从长远来看是十分必要的。

3. 完善企业内部物流运作体系

独立的、专业的物流管理部门是确保企业物流管理水平的基本条件。物流管理部门将发挥其专业优势，具体负责企业物流业务的规划、运转与管理，实现最佳物流效率满足企业发展需要。因此，企业要优先完成内部建设工作，完善物流管理部门、岗位及制度，明确物流管理的目标、对象及方式方法，构建起涵盖采购、仓储、运输等业务的完整物流管理体系，实现物流管理与其他经营活动的有机协调。具体需要做好人员管理工作，加强内部培养与人才引进工作，充分满足企业高水平物流管理的人才需求，确保物流运营管理人员的专业水平和综合素质；然后要做好制度建设工作，为物流管理工作提供明确、具体的指导与充分可靠的制度保障，以此保证物流运营管理的规范性与标准化。此外，要充分发挥独立物流管理部门的职能作用，根据企业实际情况打造科学完善的内部物流运营管理体系，既要充分满足不同生产经营活动的物流服务，又要保证物流服务质量，构建起全方位、全过程的物流管理体系，实现最佳物流管理效果。

二　第三方物流企业的物流运作

在现代物流体系中，第三方物流是最主要的构成要素之一，是与自营物流截然不同的一种物流服务模式。此类物流企业具备专业的物流服务体系，能够满足不同企业的物流服务需求，其业务范围涵盖仓储、运输、配送等诸多领域。在我国社会经济特别是现代商业快速发展的过程中，第三方物流也呈现出快速发展势头，其整体发展水平与发达国家之间的差距正在缩小，但仍存在一定不足（卢海清，2019；Liu and Lee，2018；Raut et al. ，2018）。

（一）第三方物流企业物流运作的存在问题

1. 企业运作难以形成规模效应

相较于发达国家的先进物流企业，我国第三方物流企业虽然在数量上不断增多，但是存在规模小、综合效益低等问题。目前，我国第三方物流企业大多属于运输公司、仓储公司的改制与发展，其经营规模相对较小，并不具备规模经济。调研结果表明，截至2018年，全国物流企业的平均从业人员仅为200人左右，平均运输车辆的数量仅为8.43辆，仅有屈指可数的几家物流企业拥有着百辆以上的运输车辆。现代规模经济理论认为，基于特定范围内，企业经营规模与其经营成本之间存在一种比较显著的负相关关系。随着企业经营规模的扩大，其经营成本将不断下降，因此扩大经营规模有利于降低企业的经营成本提升其经营效益。在经营规模相对较小时，企业往往存在管理不完善、资金不充足的问题，导致企业缺乏竞争力；此外，也会造成企业缺乏高效、完善的信息网络，无法保证信息管理工作的及时性与有效性，从而影响企业的服务质量。据有关统计数据，在美国物流企业中，运输型企业的资产回报率在83%左右，仓储型企业的资产回报率也高达71%，而我国物流企业的平均资产回报率甚至未达到1%，中外物流企业的发展差距十分明显。在国际性、跨国公司出现和发展的过程中，必然对物流服务提出了更高要求，跨国物流的规模也将不断扩大，对第三方物流企业的经营规模、业务范围和服务能力也提出了更高要求，只有充分满足上述要求才能实现第三方物流企业的良好发展。

2. 企业基础设施和装备条件落后，信息化水平低

现代物流不再局限于传统的货物运输，而是涵盖了仓储、运输、装卸、搬运、流通加工等诸多领域，其对象也不再局限于实物物资，与之相关的信息管理同样重要。现代技术的创新发展将积极推动物流运营管理带动创新，新技术的应用也将显著提升物流管理效率和服务质量，从而更好地满足社会各界的物流服务需求。相较而言，我国第

三方物流企业大多存在规模小、发展滞后等问题，无论是生产设备还是信息化水平均显著落后于国外先进物流企业，导致第三方物流企业的竞争力不足，运营管理水平也相对落后。基础设施、设备的欠缺和现代化管理能力的不足导致我国第三方物流企业服务效率低、质量差，难以及时有效地满足客户需求，严重影响了客户对物流服务的满意度。

3. 高附加值的物流产品欠缺

业务单一、服务不完善的问题也比较突出。传统服务在第三方物流企业营收中所占比重相对较高，甚至达到了85%的高比重。而流通加工、包装、仓储管理、信息服务等业务发展滞后，尚未成为第三方物流企业发展的重点。这一现象也表明了我国第三方物流业极度缺乏增值业务，在业务和服务创新方面缺乏动力。以美国为例，其第三方物流企业中有超过70%的企业已经具备了提供境内、境外增值物流服务的能力，在更好地满足客户对多元化物流服务需求的同时也极大地拓展了自身业务范围并提升了经营效益水平，从而表现出更加显著的竞争优势。

4. 一般企业对第三方物流缺乏认知

目前大多数企业并未真正认可第三方物流的重要性和必要性。不少企业的管理理念还比较落后，仍然将产品信息、库存信息列为商业机密信息，将物流管理作为内部工作任务。虽然第三方物流企业在合作过程中需要得到企业的相关信息，但是第三方物流企业也需要具备相应的安全机制和保密机制，避免客户信息泄露造成损失。此外，也有企业将物流作为第三方利润源，害怕第三方物流的介入会导致这一利润流失影响自身效益，因此选择自建物流系统的方式满足自身物流需求，这就导致了资源的大量占用影响其在核心业务中的投入能力；也有企业选择自营物流的出发点是避免商业信息的泄露，因此缺乏与第三方物流合作的积极性。有关调研结果表明，目前我国大部分制造业企业在对原料物流进行管理时很少选择由第三方物流提供相应服务，其比重仅为9%左右，而选择自身后勤部门、供应商作为管理主体的比重则分别为45%和46%；在销售领域，自营物流成为大多数企业的共同选择。但这也引发了比较突出的问题：销售淡季物流资源浪费与销售旺季物流服务不足并存的问题将严重影响企业的良性发展。自营物流模式的存在不仅会制约企业发展，也会对第三方物流的发展产生不利影响。由于国内企业对第三方物流的不认可，使后者只能选择外资企业、合资企业开展合作，因此，与比重较小的外资、合资企业相比，国内企业将成为第三方物流庞大的潜在客户。若是能够提高国内企业对第三方物流的认可度，必然将为第三方物流的发展创造更多的机会。

5. 具有专业物流管理知识的人才匮乏

限制和制约第三方物流发展的另一项主要因素是缺乏专业的管理人才和业务人员。为了确保第三方物流的良性发展，首先需要确保充分的专业化管理人员。发达国家之所以在第三方物流方面表现出显著的发展优势，关键在于自身完善的人才培养机制，能够根据第三方物流的发展提供所需的高素质、专业化人才。目前，不少国外高校都设立了专门的物流管理专业，在确保理论教育质量的同时也十分注重实践教育，以此保证物流人才的综合素质能力。也有很多国家制定实施着针对物流管理的资格认证制度，对物流从业人员的教育水平、技能水平提出了具体要求。但是，我国在职业教育方面却存在较大问题，既缺乏专业物流人才的培养，也缺乏职业认证机制，导致物流从业人员的专业水平较低，难以满足现代物流运营管理的需求。

（二）提升第三方物流企业运作的对策

1. 打造第三方物流企业的核心竞争力

核心竞争力是企业所独有的、基于其独特的技术、产品、营销管理等能力形成的一种发展优势。在日益激烈的市场竞争环境中，物流企业若想保持其发展优势，就必须做好以下工作：一是拓展业务范围，展示服务特征，具备多元化服务能力。为了满足客户多元化、个性化的物流需求，第三方物流企业必须具备多元化的服务能力，能够根据客户需求提供针对性的专业服务，有效满足客户对高质量物流服务的需求，充分保证物流服务质量获得客户的满意和认可。二是完善可靠的信息交流系统，不断提升自身信息化管理水平，充分保证交流沟通的及时性，第一时间响应客户的需求提高客户满意度。三是做好品牌建设工作，塑造良好的市场形象。品牌形象已经成为现代企业竞争优势的重要来源，是企业发展的关键所在。

2. 引进新设备和新技术，加快物流信息系统建设

物流信息系统是现代物流运营管理的关键工具之一。只有具备了完善可靠的信息系统才能体现第三方物流企业的经营管理优势，在有效降低物流成本的同时提高物流效率，更好地满足客户对高效率、高质量物流服务的需求。例如，GPS、GIS 等信息技术的应用能够极大提升物流管理效率，提高货物运输速度并且便于客户及时了解物流情况，为其商业决策提供所需依据（程艳和王性猛，2020；乐辉，2019）。各类自动化技术设备的应用也能够显著提升仓储管理水平，在提升运营管理效率的同时降低仓储成本，从而间接提高客户的经营效益。大数据等技术的应用能够对复杂的市场数据信息进行统计分析，为各项决策及管理活动提供更加科学可靠的依据。可以说，现代技术的科学运用将成为现代物流创新发展的主要动力来源。

3. 加强第三方物流企业的增值服务

对于第三方物流而言，服务质量是其发展的重要影响因素。只有充分保证了服务质量才能获得市场的认可，才能满足客户的服务需求。因此，第三方物流企业必须做好市场调研分析工作，准确把握市场需求，在确保基本物流服务质量的同时，针对不同市场、不同客户的差异性需求提供相应的物流服务，提高增值服务在业务结构中的比重，为广大客户提供多元化、“一站式”、高质量的现代物流服务，真正赢得客户的认可，从而为自身发展奠定扎实的客户基础。面对竞争日益激烈的市场环境，第三方物流企业必须树立以客户为核心的经营理念，在获得客户满意的基础上拓展业务，为自身发展创造良好的市场环境。

4. 通过战略合作培育具有国际竞争力的物流联盟

在我国当前物流市场格局中，民营企业是现代第三方物流企业的佼佼者。但是，各物流企业之间缺乏合作，导致了比较严重的市场竞争，严重影响了第三方物流市场的健康发展，出现了价格战、拉人战

等问题，无形中加大了国内第三方物流企业的生存难度。加之民营企业在传统融资方面存在较大困难，资金短缺将成为限制和制约民营第三方物流企业发展的主要问题，这就导致国内民营第三方物流企业缺乏与国际大型第三方物流企业抗衡的实力，最终沦为市场竞争的牺牲者。此外，在与国外第三方物流企业争夺市场与客户的同时，我国第三方物流企业也需要积极寻求合作的机会，实现双方优势互补与合作共赢，同时也有利于本土第三方物流企业学习先进的经营和管理模式，加快自身发展速度。

5. 加强企业物流人才的培养

物流业的创新发展必然会需要更多的专业人才，并且对物流人员的专业水平提出了更高要求。在人才培养方面，我国与发达国家之间存在比较显著的差距。人才短缺的问题也成为限制和制约我国物流业创新发展的主要因素。为了解决以上问题，需要在人才培养方面做出改变，在完善物流人才培养机制的基础上提高人才培养能力，为物流业的发展提供所需的高素质、专业性的物流人才，以此保证物流业的良好发展。具体措施包括：一是加强在职培训与职业培训工作，积极开展物流相关理论知识的培养教育工作，同时兼顾电子商务、管理、信息技术等领域的内容，保证综合型人才的培养水平。二是将物流专业作为高等院校的学科之一，做好高素质人才培养工作，更好地满足现代物流创新发展对高水平专业性物流人才的需求。

第三章

现代物流的供应链管理问题研究

第一节　供应链概述

一　供应链的内涵

（一）供应链的定义

中华人民共和国国家标准《物流术语》（GB/T 18354—2006）中将供应链的概念定义为“生产及流通过程中，涉及将产品或服务提供给最终用户所形成的网链结构”。如图 3－1 所示。

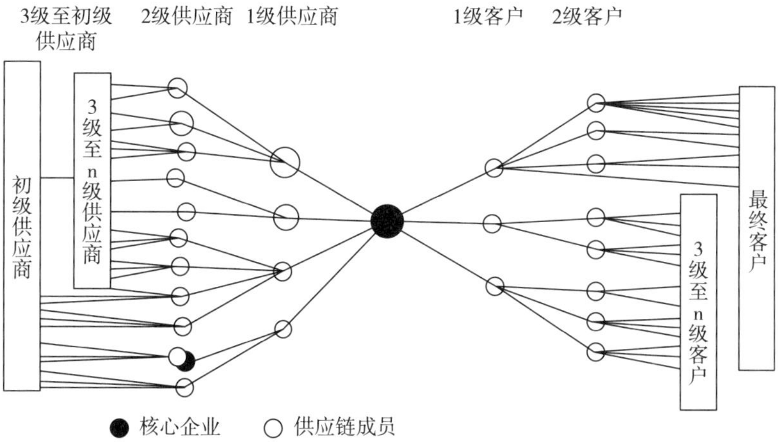

图 3－1　供应链网络结构模式

（二）供应链的构成要素

供应链的核心构成要素一般以下列要素为主：

（1）供应企业。是指向制造生产企业提供生产所需零部件、原材料的经营主体，对应的分别称为零部件供应企业、原材料供应企业。

（2）制造企业。作为产品生产流通的核心环节之一，制造企业具体承担着产品的研发、生产、销售等生产与服务职责。

（3）流通企业。即批发企业、物流企业等商品流通过程的重要中转主体。此类经营主体将具体完成产品在特定地域之间的流通，实现了产品由制造企业向消费者的转移。

（4）零售企业。承担产品最终销售职责，是产品流通的最后一个环节，满足消费者的产品需求。

（三）供应链的特征

1. 供应链是一条物流链、信息链、资金链、增值链

供应链并非简单的物流、信息流、资金流的关联结果，同时也实现了价值增值的目标，能够为参与者带来更多的价值收益（唐纳德·J. 鲍尔索克斯，2014）。对于供应链而言，不同参与主体的具体关系详见图 3－2。

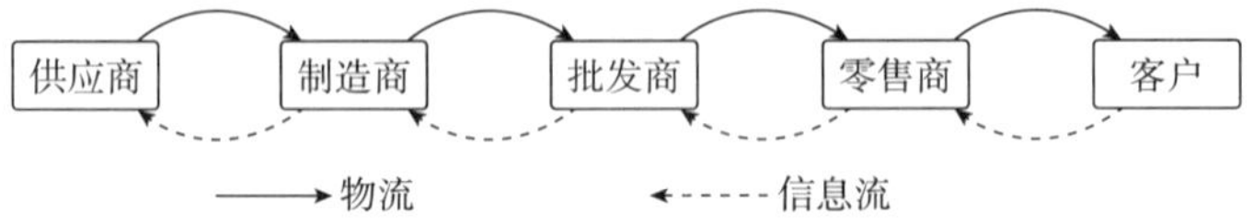

图 3－2　供应链中相关企业的关系

2. 供应链的每个节点都是供应链的必不可少的参与者

供应链能够综合考虑所有参与主体（从供应商开始到客户结束的所有相关主体）的利益需求，构建起一种普遍有利的、充分兼顾的利益协调机制，充分保证了不同参与主体的良好关系和合理利益。

3. 供应链是由若干供应链集成的网链结构

不同企业可以同时成为不同供应链的参与者，从而形成了网状供应链结构，表现出更大的影响作用。

（四）供应链的类型

根据不同的视角，供应链划分方法有以下几种：

1. 根据复杂程度不同

基于复杂性的差异，供应链具体包含直接型、扩展型、终端型等不同类型的供应链形式。其中，直接型供应链基于供需关系构建起上下游参与企业之间的纵向交互关系，是复杂程度较低的供应链；扩展型供应链则以最终的供需双方为基础，将其他横向的关联主体作为受影响的供应链成员一起关联进来，进行协调管理；终端型供应链则涵盖了产品生产流通全过程各个环节所涉及的主体，是最为全面、最为完整的供应链结构。

2. 根据稳定性不同

基于自身稳定性差异，供应链主要包括稳定供应链、动态供应链等不同类型，分别适用于需求稳定、合作关系稳定以及需求多变、合作关系复杂的市场环境。

3. 根据范围不同

基于影响范围的差异，供应链包含了内部供应链、外部供应链等不同形式。前者以企业自身为有效影响范围，构建起采购、生产、仓储、销售等不同部门之间的供应链体系，实现了各生产环节的协调一致；后者则以产品生产流通的全过程为基础，基于企业及上下游企业的合作关系构建起供应链管理体系。

4. 根据容量与需求关系的不同

基于容量及用户需求关系的客观差异，供应链具体包含平衡型供应链、倾斜型供应链等不同类型。当供应链中产品容量以及产能相对稳定但客户需求相对不确定时，可称作平衡型供应链；当市场变动风险较大、企业经营环境相对复杂时，企业各项经营成本增加无法实现最优状态下的运营，则可把这种状态下的供应链称作倾斜型供应链。

5. 根据企业地位不同

基于企业所处地位的差异，供应链可分为盟主型、非盟主型等不同的类型。前者具体是指某一企业在供应链中影响力较大、话语权较大、表现出显著主导作用的情形；后者则指相关企业地位接近、对供应链表现出基本相同的影响作用。

6. 根据功能模式不同

基于功能模式的差异，供应链具体表现为有效性供应链、反应性供应链等不同类型。前者侧重于物流功能的实现，基于成本最低目标，实现物资资源在供应链中的流转，完成从原材料到成品的整个生产过程；后者则侧重于中介功能的实现，较少参与实际生产过程，专注于确保产品供需均衡，并科学预测需求变化进行产品投放的调整。

二　供应链的管理

供应链管理是“对供应链涉及的全部活动进行计划、组织、协调与控制”（GB/T 18354—2006）。

（一）供应链管理的基本理念

在开展供应链管理工作时，首先要明确科学的管理理念，以成本最小化为基础科学协调供应链中不同主体的利益和职能，提供最佳服务满足客户需求，确保物流活动的效率和质量（戴夫·纳尔逊等，2003）。

1. 供应链管理的全面性

供应链管理综合考虑了成本因素与客户需求因素，构建起供应链内部良好的协作关系，发挥不同主体的优势作用实现资源科学配置（Lee and Billington，1993）。因此，供应链中的参与者既是管理者，同时也是被管理者。

2. 供应链管理的职能

在供应链中运用现代组织管理理念，是对物流、信息流、资金流、商流的综合管理，实现资源科学配置，充分保证供应链的整体运行效率和质量，实现最佳管理效果。

3. 供应链管理的目的性

成本、效率的均衡协调是供应链管理的目标，在总成本最小的基础上满足物流服务需求。这种成本是供应链各个环节所表现出来的所有成本费用，而且不同环节的成本费用之间表现出显著的相关性与矛盾性，因此不能通过片面减少某一环节的成本实现总成本最小的效果，必须从系统性的层面出发开展成本管理工作。

4. 供应链管理的层次性

供应链管理，主要是将供应商、制造商、分销商、仓库、零售商、客户整合为一体，由此展开有效管理。供应链管理具有多层次性特征，可以分为：战略决策层、运作管理层、执行控制层等。

（二）供应链管理的发展阶段

经过数十年的创新发展，现代企业逐渐形成了更加科学完善的组织结构与管理体系，其内部职能划分也更加科学合理。与此同时，供应链管理也打破了分散管理的局限性，形成了集中式的供应链管理体系。目前，新型技术的出现和应用为企业经营管理提供了更加高效、便捷的工具，实现了不同职能部门之间信息的跨部门、跨地域交互，从而为经营者的经营决策提供了更加全面、及时、可靠的信息依据，不同程度提升了决策管理水平。整体来看，现阶段供应链管理模式呈现出集中计划、分散执行有机结合的发展趋势。

1. 分散式——职能部门化阶段

分散式管理在 20 世纪 50 年代初至 80 年代末成为主流模式。其最典型的特征是基于职能划分、地域划分的条框式组织结构。

2. 集中式——集成供应链阶段

集中式管理模式诞生于 20 世纪 80 年代末并延续至 90 年代后期成为主流管理模式。典型代表包括高级计划排程系统（APS）、企业资源规划系统（ERP）、业务流程重组（BPR）等管理模式和工具，并且实现了不同管理工具的综合运用。以 BPR 为例，这一管理理念的出现让企业管理者逐渐理解了企业组织结构、管理者绩效目标、激励机制之间的密切关联，肯定了上述要素的有机结合对于提升企业效益水平的重要意义。在计算机及信息处理技术快速发展的推动下，ERP 系统以卓越的成本优势与效率优势成为人们广泛认可的新型管理工具。

3. 集中与分散结合式——价值链网络阶段

互联网的高速发展不仅改变了人类社会的生产生活模式，同时也推动着协同工作等管理工具的出现和应用，这就对传统的供应链管理造成了巨大影响。日益完善的互联网应用和高效的数据交互技术，实现了输入信息在底层输入终端与企业决策中心的高效交互，实现了数据信息由最终用户向企业的传递，为一体化供应链集中管理体系的出现奠定了良好的技术基础，进一步提升了供应链管理的效率水平，也为计划流程的发展与普及创造了有利环境（刘弈含，2016）。通过该集中管理体系，相关人员能够从业务实际需求出发对相关信息进行跟踪与调整，这就为销售主体的需求分析提供了更加全面可靠的依据，进一步提升了产品销售的针对性与客户满意度。此外，产品信息的高度共享也克服了销售、消费等主体的信息不对称问题，进一步提高了双方的合作水平并且实现了更好的综合效益，这就充分体现了供应链集中管理在信息传递、决策分析等方面的优势作用。

为了进一步提升供应链整体效率，集中计划与分散管理的综合管理模式呈现出良好的发展势头，在提升供应链运营管理效率、效益方面发挥了积极作用。这种更加科学的管理模式要求更高的信息交互效率和质量，对各主体的信息跟踪、快速反应能力提出了更高要求。与此同时，基于新型供应链管理理念的一体化、多元化组织结构也逐渐形成，构建起以执行层、高层管理等为构成要素的层次化管理体系（肖艳，2019）。

（三）传统企业管理与供应链管理的区别

1. 产品管理与顾客管理

对于现代供应链而言，产品、客户均属于核心要素。对于卖方市场环境而言，产品将成为企业管理的关键所在，但是对于买方市场而言，客户则将成为企业生产、销售等经营活动的中心，是产品流通的主要驱动力。这就要求供应链管理的中心逐渐由生产者向消费者的方向转移，客户管理因此成为供应链管理的关键要素，而客户需求也将成为供应链运营发展的根本动力。

2. 交易管理与关系管理

基于传统管理理念与管理模式，供应链各主体之间将构建起交易与竞争并存的合作关系，这就使短期既得利益成为供应链各主体追求的目标，因此不可避免地存在部分主体的损人利己行为。但是，现代供应链管理则将成为各主体关系、利益的重要协调工具，现代供应链管理以供应链整体利益最大化为管理目标，因此能够为各主体带来更高的利益，实现更好的合作关系。

3. 功能管理与过程管理

传统组织管理模式一般采取纵向管理机制。也就是说，传统的企业组织结构将以产品生产流通的流程为核心，为生产、营销、流通等任务的顺利完成提供必要的支持和保障。虽然该管理模式能够确保各项任务的完成，但是过度关注企业内部资源的最大化利用而忽视了产品价值创造问题。这种传统管理模式无形中割裂了供应链各个环节的紧密关联，导致不同生产环节的独立运作，在缺乏统筹管理的情况下难免存在环节冲突、管理矛盾等问题而影响了最终效益。而供应链管理模式的出现和发展则能够有效克服上述问题，提供了一种统筹、协调的科学工具，克服了纵向管理的局限性，实现了水平式的组织管理，确保了物流、信息流在不同主体之间的横向交互，实现了产品流通的横向管理与过程管理，从而实现了更好的管理效果。

4. 库存管理与信息管理

在生产规模化发展的过程中，生产系统的复杂性不断提升且规模不断扩大，导致产品流通过程的高度复杂。基于当前供应链管理模式，各供应商可选择不同的方式完成零部件、原材料等生产资料的流通作业，生产商也可选择各自不同的生产方式完成产品生产任务，流通商则通过各自不同的流通渠道实现产品及相关资料的传递和流通。基于供应链管理体系，客户的内涵将不再局限于消费者，而是扩大到产品的最终使用者以及供应链中的下游生产经营主体。基于必要的运输、生产、再生产等环节，原料方可转化为特定的产品并满足客户需求。但是由于产品供需在时间、空间上的不一致性，使企业库存管理面临着比较显著的矛盾冲突。库存在作为企业产品供应能力、客户服务水平重要保障和支持的同时，也将作为企业成本的主要构成之一，如何在充分满足客户需求的同时尽可能降低库存成本也因此成为现代企业经营管理的关键问题之一。借助现代供应链管理的信息交互优势，能够构建起由产品供需信息所构成的“虚拟库存”，在不影响企业供应与服务能力的前提下有效减少了实物库存，进而有效降低了供应链的库存成本压力和经营风险。这就是供应链管理理论在降低实际库存成本的优势所在，而这一优势的来源则是高效、及时、准确的供应链信息传递和利用（冯颖等，2020）。

5. 利润管理与营利性管理

基于传统管理理念，利润将成为企业运营管理的核心要素和根本目标。但是现代管理理论并不认可利润对于企业的唯一性这一绝对观点，并且反对通过绝对的指标数据对企业经营业绩进行量化分析。相较而言，以营利性为代表的相对指标在分析评估企业经营业绩方面更加科学。因此，对于供应链而言，只有充分保证各主体的营利性水平才能实现供应链的最佳效益水平，进而体现供应链的“双赢”优势。

（四）供应链管理的基本要点

（1）供应链兼顾各参与主体的权利和义务，形成有机整体实现共同发展。

（2）供应链管理实现了对产品流通全过程的管理，是战略管理的典型代表，强调信息的全面性与准确性才能保证管理质量。

（3）供应链管理的研究者认为，供应链每个链节的库存观差异较大，生产与销售不应依赖库存，库存应被看作平衡供应链的一种机制。

（4）供应链管理应发挥先进管理方法的优势作用，全面提升管理水平实现最佳管理效果。比如采用新方法新技术完善供应链的薄弱环节，缩短供应链条防止“牛鞭效应”等（Lee et al.，1997；McCullen and Towill，2002）。

在物流业相对发达的欧洲国家中，供应链管理理念得到了更多关注，也形成了相对完善的理论体系和相对科学的发展模式。这就为我国物流供应链管理制度的创新发展提供了科学参考和借鉴。

（五）供应链管理的基本原则

（1）高度集成供应链优势资源与核心要素。供应链管理要求从全局层面出发，以战略管理理念为依据，高度集成供应链优势资源、核心要素并开展科学管理才能体现供应链的优势作用。

（2）准确分析并把握市场需求。借助销售管理策略、营运计划等对供应链的运作情况进行动态监测，有利于准确分析和预测市场需求变化情况，为供应链运营管理的优化和调整提供科学依据，从而提高供应链对市场风险的应对能力，尽可能降低运营风险确保供应链的稳定性。受各项因素的共同干扰和影响，越早分析市场需求情况就将表现出越大的不准确风险，为了克服上述风险的不利影响，企业被迫选择中间库存这一策略，以更大的成本代价降低供应风险。因此，为了尽可能降低中间库存压力和风险，可对产品生产流通过程进行调整，在完成产品生产加工之后并不直接形成最终产品，而是由零售商根据销售情况最终负责产品包装工作。

（3）科学划分客户群体。以客户为中心的供应链管理更加注重客户管理和服务工作，因此若想充分保证客户服务质量与供应链的综合竞争优势，关键在于客户的科学分类，明确不同群体客户的产品需求，并针对性地制订实施产品供应计划与服务策略，在更好地满足客户需求的基础上赢得客户的认可，为供应链最佳效益目标的实现与可持续发展奠定良好基础。

（4）加强供应链合作，创建稳定的合作共赢关系。供应链管理十分注重各成员之间的合作关系，强调风险共担与利益共享，将合作作为供应链的发展基础。若是供应商彼此压价、竞争，虽然能够实现价格优势但是却不利于其长远发展，而有机协作则能够在不影响供应商之间良好合作关系的前提下实现十分显著的成本优势，能够有效降低供应链整体成本并提升其整体效益。

（5）健全完善信息系统。基于数据通信、条码技术、POS 技术等现代信息技术的信息系统将实现数据信息的高效交互，在充分保证数据信息规范性、标准化的同时也将为产品流通全过程的监控与识别提供有效工具（毛黎霞，2018；Irizarry et al.，2013）。

（6）健全完善绩效考核体系，选择科学合理的指标对供应链整体运转情况进行评估分析。考核指标不能局限于个别企业，而是应当保证其广泛适用性和标准化，将客户满意作为最根本的考核管理目标。

（六）供应链管理的任务和目标

基于供应链管理的科学理论观点，管理任务表现为明确供应链不同节点的具体关系及关系类型，明确各类关系的具体形式与密切程度。基于关系判断结果，供应链节点企业将明确自身合作伙伴的构成，明确合作的重点对象与核心业务，进而开展专门的关系管理工作，确保关键合作的稳定性与可靠性，以此保证其良好的业务效率。

具体可从以下角度出发对供应链的管理目标进行解读：①确保企业市场竞争优势的持续性与稳定性。②确保供应链相关资源的科学、持续与高效管理。③以市场需求为出发点对自身经营计划进行动态调整，确保客户需求得到充分满足。④积极应对市场变化，提升产品流通效率与供应能力。⑤明确物流对于供应链运作的重要性，尽可能减少不必要的流通损耗，在降低流通成本的同时实现最佳库存，避免库存过大的问题。⑥确保管理质量，在降低供应链运作成本的同时提升运作效率，充分发挥经营者的主观能动性提升供应链对市场动态变化的应对能力。

基于现代供应链管理理念和管理体系，相关主体必须以供应链总体目标为出发点，在综合考虑环境因素与自身能力的基础上构建起科学合理的供应链合作关系，在此基础上实现最佳效益。

（七）供应链管理目标的实现方式

1. 合作机制

合作机制是供应链管理的关键所在，也是企业资源、战略伙伴等要素的集成结果与综合利用前提。基于供应链总体结构，参与企业的运营效率、产品研发效率和市场化效率将显著提升，从而增强了产品竞争优势。此外，基于客户导向的经营发展理念能够简化供应链的产品研发、生产与流通流程，实现生产经营的模块化转型进而提升企业的市场响应能力与经营弹性。合作机制将实现更加广泛的集成运作，能够打破单一企业业务流程的局限性，构建起更加高效、可靠的协作关系提升集成的层次和级别。基于该新型企业合作关系，供应链的竞争策略将更加注重基于时间、基于价值的竞争理念，以此实现更好的供应链运营水平。

2. 决策机制

基于供应链管理模式，企业决策信息将不再局限于自身，而是实现了相关信息在供应链内部的高度共享。在充分发挥现代网络技术、信息技术优势的基础上，供应链各企业能够更加全面、及时地获取所需信息，为其决策活动提供更加科学、可靠的依据，从而极大提升企业决策水平，为其最佳绩效目标的实现奠定良好基础。

3. 激励机制

与其他管理理论相比，供应链管理同样以最佳绩效为目标，实现相对更好的“TQCSF”竞争效果。具体来看，T的含义为时间，即实现物资最短的流通时间确保竞争优势；Q代表质量，主要指产品质量、服务质量等；C代表成本，在尽可能降低成本水平的同时实现最佳效益；S代表服务，以最佳服务赢得客户的认可与信赖，为自身良性发展奠定扎实的客户基础；F代表柔性，也是弹性，要求企业能够及时应对市场变动，对经营服务策略进行调整。供应链管理理论发展至今，最主要的问题就是尚未形成标准化的绩效评价体系及评价方法，影响和制约了供应链的管理效率。因此，必须健全完善绩效评价机制与激励机制，明确自身问题所在并针对性地进行优化改进，在不断提升供应链管理水平的基础上保证企业绩效增长，为企业、供应链的良性发展提供有效支持和保障。

4. 自律机制

自律体现了供应链各主体的发展积极性，以先进企业为榜样和目标，积极推动产品和服务的创新与发展，科学评价自身绩效水平并针对其中的缺陷和不足进行优化改进，以此不断提升企业发展能力和竞争实力。自律机制具体表现为企业内部、外部等不同层面的自律，是从各个不同角度出发对自身的约束和鞭策，其目的在于缩短差距、增强核心竞争力、提升市场认可度与综合绩效，为企业持续稳定发展提供有力保障。

（八）供应链管理的职能

（1）营销管理。为产品的市场流通提供科学有效的管理工具，实现客户价值的不断提升与自身的持续发展。

（2）物流一体化管理。以供应商为起点，以零售商为终点开展全过程管理控制，对物流进行全面管理，确保生产、采购、库存等计划的科学性与合理性。

（3）生产过程管理。以成本最低、效率最高为目标对生产流程进行管理和控制。

（4）财务管理。发挥现代财务工具的优势作用，协同供应商、客户共同对企业资金流进行管理和控制，确保资金流的最佳效率。

（九）供应链管理的流程

1. 计划

计划的主要内容是需求的预测和产品的补充准备，其目的在于确保正确的产品能够于正确的时间、地点进行交易，实现了供应链流动与信息流动的协调。基于需求动力模式的要求，计划的目标可归纳为：第一，确保客户需求分析的有效性与准确性；第二，根据需求的变动进行灵活调整；第三，充分满足库存管理的决策信息需求，确保库存管理的科学性。

2. 实施

效率是计划实施所关注的重点。具体表现为客户订单的实现情况，主要以原料采购、生产加工、存货管理、物流配送等作业为构成内容，其目的在于发挥各类管理系统和工具的功能作用，使产品和服务达到最佳流动效果，最终实现供应链的最佳效率。基于传统管理理念和模式，应用系统中一般涵盖了订单执行、存货管理、生产管理、后勤服务等系统化工具。系统在具体实施过程中以运作效率为关注重点，这就决定了科学解决方案或管理策略对于提升商业运作效率的重要意义，有效的供应链管理就是要设计出这些方案或策略。

3. 评估

以供应链总体运行状况为对象的信息跟踪与评价活动就是评估的具体内容。评估的目的在于明确供应链运行水平并且为管理决策的制定与实施提供科学、准确的信息数据，确保经营决策与市场需求的一致性。现代电子商务管理工具的革新，使信息交互和处理的效率水平不断提升，能够在避免对供应链系统运行状况造成干扰和影响的前提下实现相关商业信息的收集与分析，并结合 Web 应用软件实现了对数据的分析和预测。

（十）供应链合作伙伴的选择的原则

供应链合作伙伴关系主要指为同一供应链内不同参与主体所形成的长期性、稳定性合作关系，这是供应链存在和发展的前提基础，也将直接影响供应链的整体发展水平。因此，合作伙伴关系的创建是供应链管理的关键所在。

在创建合作伙伴关系时，需要重点考虑以下问题：

1. 核心能力原则

核心能力是企业自身价值的集中体现，是供应链发展所需要的基本要素，也是企业参与供应链的先决条件，而且企业的核心能力必须是供应链急需的、其他合作伙伴无法替代的能力。

2. 敏捷性原则

积极响应市场变化实现稳定发展是供应链管理的基本目标之一。因此，如果能够充分保证合作伙伴的敏捷性与灵活性，就能充分保证供应链的整体响应能力。

3. 风险最小化原则

风险既是不同参与者共同存在的问题，也是供应链的基本特征之一。基于供应链管理能够实现风险在供应链中的重新分配与科学协调，通过发挥供应链的规模优势，降低某个参与主体可能面对的最大风险。

4. 总成本核算原则

以成本最小化为前提的效益最大化是经济活动的根本目标。对于供应链管理及合作伙伴选择问题而言，同样应以总成本最小为基本原则，在相互信任、良好合作的基础上减少不必要的成本费用，进而实现最小的总成本。

如果不能严格遵循以上四项原则选择合作伙伴，则必然会对供应链的管理效率产生不利影响，导致供应链的综合效益无法实现最大化。而上述原则也仅仅提供了最为基本、最为核心的供应链管理理念，在具体管理中需要综合考虑实际情况进行优化和调整，兼顾各项问题充分保证供应链的科学建设与发展。

第二节　供应链系统的基本模式

一　供应链系统

供应链这个有机整体表现出显著的系统性特征，基于不同构成要素之间的相互关系实现特定的功能作用。其系统性具体表现在：

（一）供应链的整体功能

对于供应链而言，整体功能是指不属于特定成员的一种功能，是基于合作关系的供应链功能的集中体现，并非若干主体功能的简单叠加而是复杂关系下相互影响的结果。若想构建起完整的供应链并实现其市场优势，就必须将供应链管理理念贯穿于全过程，确保供应活动直至消费活动等完整流程的集成效果。基于特定的供应链环境，需要相关主体积极开展资源建设及优化工作，不断提升供应链的竞争力，这是一种供应链中单一主体无法实现的竞争力。

（二）供应链系统的环境适应性

目前人类社会已经进入了全球经济一体化发展的新时期，这就使企业的经营环境呈现出日益显著的买方市场特征，市场需求也是不断变化的。与此同时，客户需求也表现出日益显著的时间性特征，对企业的产品与服务供应效率提出了更高要求，希望以最短的时间获得所需产品及服务。为了适应这种客户需求的变化，企业必须保证自身的响应能力，能够根据市场与客户需求的变化及时调整产品与服务策略，确保自身创新能力积极有效地满足客户个性化、定制化的需求，以此获得客户认可实现自身经营目标。相较于传统的经营管理模式，供应链管理表现出显著的市场响应优势，能够充分发挥各节点企业的经营优势提升供应链整体应对效率和能力，从而更好地满足客户不断变化的需求，以适应快速变化的市场。

（三）供应链系统的目的性

库存不仅是企业持续与稳定经营的重要保障，与之相关的成本也是企业成本的主要构成。因此，库存管理的科学水平将直接影响企业经营水平和经营效益。面对日益激烈的市场竞争，企业必须实现库存科学管理，提升物流、信息流、资金流的周转速度，提升生产服务效率更好地适应外部市场环境。供应链系统表现出显著的目的性特征，以复杂的、不断变化的市场环境为出发点，坚持成本最小化、效率最大化、质量最佳的基本理念满足客户需求，在获得客户满意和认可的基础上实现自身经营目标并确立市场优势，这也是供应链构成主体共同追求的目标。

（四）供应链系统的层次性

通常情况下，供应链不同主体因自身所处运转环节、业务流程、经营环境的差异而表现出不同的层次特征，这就是供应链层次性的具体表现。不同层次的经营主体表现出各自不同的经营策略、组织结构、发展目标以及发展驱动力。也就是说，不同主体各自形成了独立的系统，并且与其他主体所形成的独立系统之间表现出特定的关联。层次性这个特征表明了供应链之间的广泛关联性，即同一供应链往往同时属于不同高层次供应链的构成要素，这就决定了供应链管理的复杂性，需要面对更加复杂、更大规模的管理环境。

（五）供应链合作伙伴间的密切关系

属于同一供应链的不同主体将表现出合作与竞争并存的动态关系，是基于产品流通流程以及供需结构的一种复杂关系。该复杂关系的存在基础为共同利益，虽然存在特定的内部竞争，但是合作是核心要素。良好的供应链体系将有利于所有参与者的经营与发展，供应链效益最大化则是其根本追求。这种管理模式的出现使企业竞争关系发生了巨大变化，竞争的重点不再局限于单一企业主体，而是表现出供应链之间的竞争状态。这就需要各主体之间形成良好的合作关系，实现优势互补与协同发展，在争取供应链整体利益最大化的同时实现企业经营目标。

二　推动型和拉动型的供应链系统

供应链管理可以简单直观地理解为以同一供应链相关物流、资金流、信息流等核心要素为对象的总体管理战略。供应链管理的早期模式为推动型模式，而拉动型管理模式则成为当前主流发展模式。

（一）推动型的供应链系统

推动型管理模式将生产决策的决定性因素确定为长期预测结果。通常情况下，生产商在制订生产计划时需要以零售商所提供的客户产品订单为依据，产品订单也将作为客户需求分析和预测的重要依据。基本特征详见图 3－3。

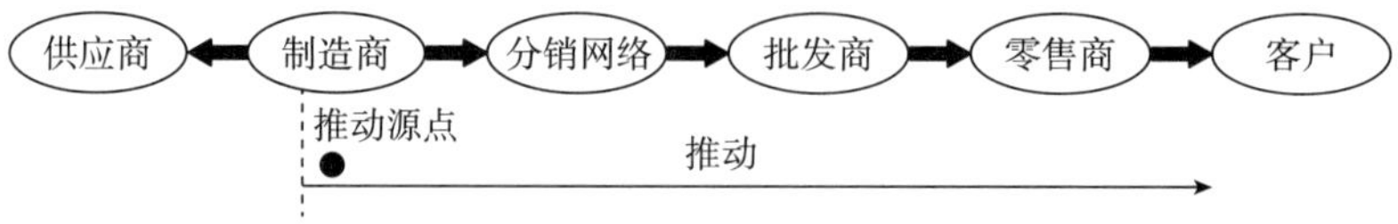

图 3－3　推动型供应链

相较而言，推动型管理模式在应对市场变化方面比较滞后，无法保证应对的及时性与效率性。这种滞后性可能引发以下问题：一是供应链管理系统无法根据市场需求的变化对自身状态进行调整；二是市场需求消失的同时还存在较大库存。对推动型供应链管理模式而言，由于订单信息在批发商、制造商之间的变动程度远高于客户需求变动程度。其主要原因在于市场需求分析的偏差。批发商、制造商在预测市场需求时主要以零售商提供的客户订单为依据，但是零售商在编制和提供产品订单时会因优惠价格、批量优势、库存安全等问题主观扩大订单规模，从而导致产品订单超出客户需求，并且在层层积累的情况下导致制造商这个上游主体面对更大的需求偏差引发“牛鞭效应”，对产品生产计划造成严重干扰。上述问题的存在将导致制造商的产品生产规模大于市场需求，从而导致库存过多的问题，并进一步引发资源浪费、产品积压、成本上升、服务质量下降等问题。对于推动型管理模式而言，生产计划临时调整所导致的成本上升、库存压力上升等问题十分普遍。

（二）拉动型的供应链系统

基于市场需求这一驱动要素的拉动型管理模式是供应链系统当前的主流模式。基于该管理模式，生产计划的制订和调整将不再以市场需求预测结果为依据，而是以客户实际需求为依据。借助 POS 机等数据信息管理系统，需求信息将由客户传达至制造商，由制造商根据需求数据安排产品生产和供应计划。基本特征详见图 3－4。

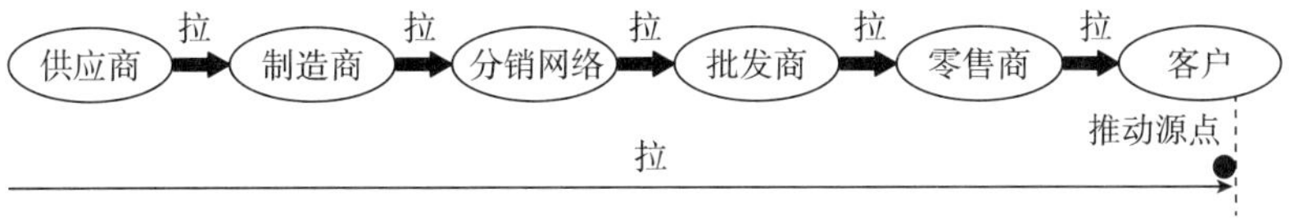

图 3－4　拉动型供应链

供应链的拉动型管理模式将以外部实际需求信息为依据制订产品生产计划，因此能够充分保证生产计划的科学性与准确性，能够充分满足客户需求并且确保生产供应效率，在此基础上有效缩短提前期。提前期的缩短将有利于降低零售商库存压力并且降低其产品销售的市场波动，进而降低制造商的生产波动性与库存水平，从而提升制造商的资源利用水平，提高供应链的整体运转效率和经营效益。

综上所述，拉动型管理模式在及时、准确把握需求信息方面表现出更加显著的优势，因此能够进一步提升供应链的综合运作和管理水平，这也确定了其在当前供应链管理领域的主流地位。

（三）企业经营战略调整使供应链管理由“推动型”向“拉动型”转变

企业资源规划是针对企业内部资源调配的管理模式，在此基础上发展形成的供应链管理则将具体实现企业各职能部门、生产经营管理活动的集中管理，以供应链为出发点构建起“一站式”、全局性的统筹管理体系，实现了对产品订单、原料采购、生产加工、物流配送、库存管理以及销售服务等业务环节的协调管理。基于当前的市场环境，企业更加注重内部资源、外部物流等要素的管理活动，经营目标也转变为产品生产、市场供应的质量水平和效率水平。由此可知，当前供应链管理表现出显著的推动型特征，其管理将贯穿于原料采购至销售供给的产品流通全过程。面对日益激烈的市场竞争，制造商更加注重产品的销售水平和利润水平，销售也将成为企业持续发展的关键所在。为了保证自身市场优势与客户稳定性，企业必须将管理的中心转移至客户，以客户满意为根本目标开展经营管理活动，这就将确立起以客户需求为核心驱动力的供应链管理模式，即拉动型管理模式。这也代表着供应链创新发展的必然选择和科学方向。基于拉动型管理模式，供应链各业务环节的局限性将被打破，从而构建起信息高度共享、管理高度集中的运营管理模式，显著提升供应链管理的科学水平。

（四）推动型供应链管理与拉动型供应链管理的区别

基于推动型管理模式，企业在资源配置环节需要以生产计划为依据，而生产计划的被动性就将决定资源配置活动的被动性。这种被动性具体表现为客户需求及偏好将成为产品设计的出发点和决定性因素，同时也将成为原料采购、产品流通及相关服务的决定性因素，推动型管理模式是基于僵硬的供需关系实现产品的生产流通任务。因此，该管理模式将引发比较突出的库存问题，各环节难以积极主动、科学准确地预测需求状况，只能通过大规模库存的方式满足市场需求，必然造成较大的库存压力和较低的产品流通周转效率。

基于拉动型管理模式，市场实际需求将成为产品生产供应计划的决定性因素。企业必须对客户需求、购买偏好、潜在需求等问题进行科学准确的分析，在此基础上确定生产计划确保资源科学利用水平并形成其竞争优势。对于该管理模式而言，客户将取代产品成为企业生产经营活动的主导因素甚至是决定性因素，而客户也将成为供应链运作的核心驱动力所在。此外，该管理模式还表现出响应迅速、信息交互高效、降低存货等优势，能够有效提升资源利用水平降低成本压力进而实现供应链最佳效益，为供应链以及企业战略目标的实现提供了有效保障。目前，科学技术的创新发展为供应链一体化管理体系的形成提供了强有力的技术支持，从而极大地提升了供应链客户需求分析能力和市场响应能力，以此提升客户满意度为供应链持续稳定发展奠定良好基础。

三　集中型和分散型的供应链系统

对于集中型供应链管理系统而言，决策活动将以中心机构或者说核心节点为主体。一般而言，供应链的决策主要以成本最小化前提下的满足特定需求为基本目标。因此，无论是供应链体系中的单一主体或者供应链系统整体都将以上述决策目标为行为出发点。基于这一决策目标，必须借助特定的契约机制对供应链的协作行为进行引导和约束，对供应链成本与收益进行科学分配与调整。通常情况下，集中型供应链管理系统可以实现全局资源配置的最优结果。但是，对于分散型供应链管理系统而言，自身利益最大化将成为各个经营主体的决策目标而忽略了其他关联主体的利益问题，因此往往无法实现全局最优目标，仅仅能够实现局部最优。这也是两种供应链系统的最典型区别所在。

理论研究结果表明，虽然在常规情况下集中型管理系统的有效性与分散型系统并无显著区别。但是，集中型管理模式不仅能够实现分散型管理系统的所有决策结果，同时也能够兼顾系统中不同主体、要素之间的相互作用，并对决策内容进行优化和调整进而实现更好的决策效果。

若物流系统中不同组织之间缺乏充分有效的信息交流与共享，则仅仅能够获得与自身有关的数据信息。这就无法满足集中型供应链管理系统的运行需求。但是，在信息技术创新发展的支持与推动下，信息在供应链不同主体、机构之间的流通效率极大提升，确保了不同主体在信息上的一致性，进而实现了供应链信息的高度共享，有效克服了信息不对称问题的不利影响，这就为集中型供应链管理体系的出现和发展奠定了良好基础。集中型供应链管理体系有效克服了“牛鞭效应”的不利影响，获得了更加准确、可靠的需求预测结果，也为科学生产供应提供了保障（Disney and Towill，2003）。

集中型管理模式将实现供应链的整体协调，能够在降低供应链综合成本的同时提升战略管理水平和综合效益。

此外，若单独依靠一个系统无法确保不同主体在经营目标上的一致性，无法构建起集中管理模式，则就需要通过合作伙伴关系这一特殊形式实现供应链信息的共享，从而为集中型管理的实现提供必要支持。

四 供应链联盟模式

联盟模式是供应链的代表性管理模式之一，该管理模式具体含义为基于风险共担、利益共享的企业合作关系所开展的供应链内部之间全面、深入的长期合作以实现共同利益目标。该管理模式能够为合作方提供长期、稳定的收益。

目前，在各个领域已经普遍出现了零售商、供应商的联盟式合作关系。基于传统的合作模式，零售商的需求变化程度往往高于其自身认知的程度。也就是说，零售商所面对的需求变动将显著高于供应商。此外，与零售商相比，供应商会对自身产能、提前期等问题表现出更好的认知水平。因此，在客户满意度对企业发展的重要性不断提升时，如何实现供应商、零售商的统一认知将成为企业发展的重要问题。

（一）零售商—供应商联盟模式

以零售商、供应商为主体的联盟模式属于一种特殊的、连续性合作关系。基于该合作模式，双方将构建起良好的信息交互与共享机制，为经营策略的制定提供科学依据，同时也能够为零售商的库存管理与供应商的供应管理提供准确信息，从而确保良好的库存状态，并确保产品生产流通过程的科学性，以此实现双方良好的合作成效。

零售商—供应商联盟模式面临的主要问题是：①使用了大量的先进技术，并且这些技术往往价格不菲。②转变传统的对抗竞争关系，构建起供应商、零售商之间的信任与合作关系。③基于战略合作关系，供应商的职责通常情况下相对更大，导致其不得不采取扩大员工规模、加大成本投入等方式以顺利履行其职责。④该合作模式下，供应商会因相对较大的管理责任导致相对更高的管理成本。因此，需要建立健全成本分摊、利益共享契约关系，实现成本的科学分配从而降低供应商成本压力，提升供应链的整体效益。

（二）第三方物流联盟模式

在当代物流领域，以第三方物流供应商为主体承担部分或全部物流业务属于比较常见的发展模式。可以说，第三方物流联盟是最为科学的合作模式，能够充分发挥其合作优势提升供应链的综合竞争力。

该合作模式要求物流服务的买方企业必须科学认识到合作关系的先决条件，即明确企业自身急需满足的服务需求以及必要的绩效目标。第三方物流企业必须客观、准确、充分地分析和把握供应链内部企业的物流服务需求，明确合作关系的具体内容，制定相应的绩效指标，以此为基础构建起合作共赢的良好关系，充分发挥这一联盟模式的优势作用实现最佳绩效。

在物流合作关系中，合作双方基于特定的供需关系和契约精神开展全面深入的合作活动，这就要求双方具备充分有效的交流沟通机制，能够对物流相关信息进行充分共享和交互，方可明确各方的共同目标与权利义务，进而实现深度合作。

第三方物流联盟模式的应用需要把握以下重点：①物流供应商必须做好信息保密工作避免雇主企业的信息泄露。②合作双方必须对特定的绩效衡量方式协商一致，制定统一的考核指标。③关于附属合同的特定标准。④在合同达成前，应充分考虑争议仲裁问题，并在合同中注明解决争议的方式。⑤在合同磋商过程中，应明确免责条款。⑥物流供应商应定期提交报告，说明各项绩效目标的完成情况。

（三）经销商一体化模式

经销商作为产品流通过程中与最终消费市场直接接触的环节和主体，其最突出的优势为规模化的市场信息以及客户需求信息。上述信息对于成功的生产商而言将十分重要，是其产品研发、生产制造的重要依据，是经销商、客户关系的重要说明。

在对库存、服务质量等问题进行处理解决时，经销商一体化联盟模式是相对科学有效的一种策略。具体到库存环节，这一合作模式能够从经销网络的层面出发构建一种广泛覆盖的集中式库存基地，在充分保证供应链库存稳定性的同时还能够实现库存成本最小化目标，并且实现最佳服务质量。此外，这一合作模式还有利于把握和响应客户的特殊需求，为需求信息的传递创造了一种高效、可靠的途径，进而提升了客户满意度。

基于传统经营管理模式，非正常的市场需求往往通过增加库存的方式予以满足。经销商一体化管理模式的应用，则实现了经销商之间的信息交互，能够根据需要对其他合作伙伴的库存信息进行查询并明确自身所需产品、零部件、原材料等状况，为其经营决策的制定与实施提供了有效保障。经销商之间更加科学的联盟合作契约能够有效降低系统成本，实现最佳库存水平和综合服务水平。但是该模式优势作用的实现需要以先进可靠的信息系统和高度的信息共享为先决条件（Ketikidis et al.，2008）。

第三节　供应链的优化

现有研究大多从决策变量、目标函数、约束条件等要素出发对供应链优化问题进行分析。其中，决策变量是具体的经营决策，主要有采购计划、生产计划、供应计划等；目标函数则是需要实现的具体管理或经营目标，通常选取的指标有：利润最大化、成本最小化、最短生命周期、最佳服务质量、最大产量、客户需求有效满足程度等；约束条件则是内外部限制性因素，主要有原材料供应商供应能力、制造商生产能力、零售配送终端信息处理能力等（Jansen et al.，2001）。

一　供应链优化的定义

所谓供应链优化，可定义为基于特定约束条件的最佳决策，具体表现为供应链整体优化、局部优化等不同形式。其中，整体优化是系统最佳决策方案，大多属于理论层面的最佳策略；局部优化则是更为普遍的情形，是内外部制约因素共同影响下的一种相对最优方案。局部优化一般源于多个初始决策方案的选择，即局部优化的最优方案，不同初始方案所能实现的效果会有较大区别。

二　供应链优化的影响因素

（一）物流系统因素

物流系统实现了供应链的资源流通功能，因此成为供应链管理的核心要素之一。物流系统优化则可理解为生产要素流通过程的优化问题，涉及了采购、存储、运输、生产、装配、配送等诸多环节（原朝阳和杨维霞，2016）。从概念和内容来看，供应链优化与物流系统优化之间还是有较大区别。前者属于企业全局性、系统性的优化工作，是以供应链的整体情况出发，以系统论的理念为指导探讨优化策略，涉及物流、信息、服务等不同系统和要素的优化问题。供应链优化尤为注重管理理念、思维及方式的创新问题，对供应链关联企业的协同运作提出了相对较高的要求。

（二）制造模式因素

供应链优化问题不仅体现了企业管理理念和模式的创新，同时也反映出制造技术创新发展的客观要求和必然趋势。可以说，若是缺少了全球制造、虚拟制造等先进的制造管理模式，就无法构建起集成化供应链管理的理论体系与实践模式。制造模式的创新对企业组织管理模式造成了巨大影响，推动着制造业由技术集成向资源集成的转变。而供应链管理理念的出现和发展则加快了上述转变速度，充分表明了供应链管理在理念和实践等层面的先进性与科学性。

（三）企业因素

供应链优化将成为企业改造、创新的关键问题。这种新管理理念的应用将对企业战略结构、组织结构产生巨大影响，客观上推动其管理架构的转型发展。因此，供应链优化可直观地理解为相关企业基于相互联系紧密程度的一种整体业务重组活动。这就需要企业树立科学的创新理念和发展意识（如动态联盟与虚拟企业、精细生产）。

（四）环境因素

供应链的理论设计结果在具体应用中往往会受到外部环境因素的共同影响导致其预期目标无法顺利实现，如政治、经济、文化等均属于环境因素。这种客观存在的偏差问题并未来源于设计上的不合理或者不完善，而是体现了环境因素的影响作用。环境因素是供应链优化问题的关键因素之一。

三　供应链优化的方法

（一）供应链常用的优化方法

目前比较主流的供应链优化理念和方法具体如下：

1. 基于规则的系统

此类优化方式是各类控制系统的主流优化方案，能够实现千百个控制规则，能够满足复杂规则与系统关系的应用需求。若规则与系统的变动无法同步，则将无法判断修改后的方案是否为最优解。

2. 遗传算法

遗传算法特殊的迭代分析机制能够基于已知的解对系统最优解进行推导计算。优势在于过程简单且运算效率高，能够充分满足非线性函数等复杂约束条件问题的分析需求。

3. 线性规划

此类优化方法的应用水平相对较高，更常见于资源分配相关问题的优化分析。

4. 约束传播

此类优化模式适用于范围性的约束条件。

（二）供应链中的不同优化层次

在对比分析不同优化方案的基础上可知，供应链优化问题具体包含了三个不同的层次：一是战略层，属于高层规划、顶端优化问题，多表现为长期性特征；二是战术层，属于中层规划，优化周期一般在1—3个月；三是经营层，属于底层优化，其周期最短，一般不超过一周甚至更短。基于上述层次结构可对优化问题进行分类，具体包含了战略分析、长期战术分析、短期战术分析、经营策略分析等内容，分别适用于不同层面的优化问题。

虽然现有的研究对优化层次进行了科学划分，但是并未明确不同优化决策之间的相互影响作用和内在关系（徐广业和喻喜，2021）。各层次优化问题具体表现出以下特征：一是战略。战略决策是供应链基于自身网络结构对生产、配送、供应等具体环节开展设计工作，明确其位置、规模以及数量等问题。典型代表有仓库选址问题。二是战术。战术决策的优化问题一般基于特定的供应链体系结构完成供应计划、物流配套要素的优化设计工作。具体以时间缓冲理念为理论依据，在综合考虑不同主体和要素的基础上制订最佳集成供应计划。三是经营。经营决策的优化问题又具体表现为生产规划、运输规划等问题，表现出调整变动相对频繁等特点。

四　供应商关系管理

供应链管理的本质是以企业资源规划（ERP）等信息化系统为基础的，以供应商、采购业务、库存及相关财务活动为对象的集成化管理策略，能够显著提升供应商选择的科学性，提升运营管理的效率。该管理策略的科学运用，通常能够实现30%—70%的成本节约效果，实现15%—40%的库存资金减少效果，并且能够显著提升资金周转次数。外包这种合作模式能够为供应链创造更多的合作机会，进而提升供应链的总体价值，实现规模优势与规模经济。基于深度合作关系的联合采购行为能够降低相关企业的采购成本并提升采购效率，从而增强其竞争力。由信息系统的内涵和特征可知，供应链管理的本质是对ERP系统的进一步拓展和延伸，实现了更加全面、完善的功能作用。传统的企业交易管理以手工方式为主，这种管理方式存在成本高、效率低、准确性差、渠道不稳定等问题，无法构建起企业、供应商、客户之间的良好合作关系，不具备持续稳定的协作能力，因此导致了企业经营效率低、服务质量差等问题。《物流术语》（GB/T 18354—2006）这一指导性文件对供应商关系管理（Supplier Relationships Management，SRM）的内涵和意义进行了科学表述，即“供应商关系管理是一种致力于实现与供应商建立和维持长久、紧密合作伙伴关系，旨在改善企业与供应商之间关系的管理模式”。

专业化是当今工业产业与商业产业发展的必然趋势，专业优势也是企业竞争优势的核心来源。而日益复杂的供应商关系客观上要求企业具备科学的供应商管理策略和机制。

（一）单边性供应商关系（Unilateral Supplier Relationship）

该关系多存在于标准化、经常性的商品或服务交易领域。虽然短期、偶发的缺货并不会严重影响企业的正常运转，但是这些产品或服务也是企业经营不可或缺的要素之一。此类产品或服务的价格并非核心要素，成本及质量问题更加关键。因此，采购管理者必须对供应商表现出全面、充分的认知和了解，以此为供应商选择提供科学依据。

（二）描述性供应商关系（Descriptive Supplier Relationship）

此类关系更多针对稀缺性不显著的产品或服务。在现有的市场结构中，此类产品或服务的供应商相对较多，供应比较充足。在开展供应商管理工作时，不仅需要考虑价格因素，更需要对运输渠道、结算方式、售后服务等问题进行综合分析。大多数原料供应商均为这一类型。采购经理的管理职责主要在于建立健全产品质量、服务质量的标准化评价体系，基于同样的标准对供应商进行横向比较，明确其优势与不足，并根据需要进行选择构建起持续稳定的合作关系以实现最佳采购绩效。

（三）协同性供应商关系（Collaborative Supplier Relationship）

在产品结构日益复杂的今天，生产优化更加关注全过程的整体优化问题，传统的“一对一”关系将不再作为采购方、供应方的唯一关系，也无法充分保证产品质量与生产效率。在开展生产活动时，采购方往往需要从多个不同的供应商采购特定的原料或者零部件开展生产作业活动，如何协调和监督供应商的生产工艺和生产过程，使零部件符合需求方的生产工艺和产品标准，是这种供应商关系管理的关键。因此，只有确保采购计划的协调性与合理性才能实现最佳利益，而稳定、可靠的合作关系则是必要条件，处于协同性供应商关系中的企业，可通过投资入股、参与研发的形式确保合作关系的稳定性。

（四）互动性供应商关系（Interactive Supplier Relationship）

对于部分关键零部件的供应商而言，则通常采取互动性供应商关系开展管理活动。此类供应商所提供的产品或服务属于市场上相对稀缺的专业性技术产品，也可以是设计难度相对较大、生产周期相对较长、供应能力相对较差的产品。此类供应商更多表现为研发型供应商。若无法保证此类供应商合作关系的稳定性，则必然直接影响正常生产活动。因此，与价格因素相比，稳定性对于此类供应商而言更加重要，同时也决定了此类供应商将成为采购经理开展供应商管理工作的重点对象。

第四节　现代物流的供应链管理问题和解决措施

一　建筑工程材料的采购供应链管理

目前，建筑业已经成为我国国民经济的支柱性产业之一，该行业的发展状况也将直接影响宏观经济的整体发展水平。而社会经济的快速发展，特别是城镇化的快速推进将为建筑业的高速发展创造良好的外部环境，使建筑业的规模呈现出不断扩大的发展态势（陈彦鹏，2021）。这一行业的发展前景不仅吸引了大量投资，同时也因市场参与者数量的不断增加引发了日益激烈的市场与行业竞争。面对日益激烈的市场竞争，建筑业企业若想实现自身持续稳定发展，就必须做好内外部管理工作，为自身发展创造良好的内外部环境。其中，采购管理是建筑企业生产经营的核心管理内容之一，该管理工作的质量水平也将直接影响企业生产经营能力与经营绩效（邹红剑，2021）。因此，必须充分发挥采购经理等管理主体的职能作用，以供应链管理为科学指导开展采购管理活动，充分保证采购管理科学水平，实现最佳效益。

（一）采购供应链管理

1. 采购与管理

采购可直观理解为生产经营物资的购买和供给活动。具体以生产经营的实际需求为出发点制订采购计划，通过一定渠道向特定的生产厂家购买相关物资开展生产经营活动。采购活动实现了生产资料由供应商向制造商的转移，并且同时实现了资金的反向流动。对于完整的采购管理活动而言，将具体涵盖采购、包装、运输、存储等诸多环节与作业任务。采购意味着生产资料所有权与资金权属的同步变动。具体到建筑业，工程项目是企业主营业务，工程项目的建设施工则会损耗多种多样的物料和建工产品。因此，必须充分保证水泥、管材、钢筋等生产资料的供给充足性，才能确保持续稳定的生产经营活动。这就突出了采购管理的重要意义。采购管理不仅需要保障物料的充分供给，同时也追求采购成本最小化的管理目标以实现最佳效益。

2. 供应链采购

基于供应链体系，采购管理工作的最主要任务是完成采购体系的建设与管理工作。这就要求采购管理主体不能局限于传统的采购管理理念和模式。对于传统采购管理模式而言，以招投标为主的采购模式存在流程繁琐、效率低、成本高等缺陷，无法满足流程简化、成本控制的客观要求。因此，必须建立健全供应链采购体系，以更加完善的渠道开展采购活动，在简化流程、降低成本的同时提升采购效率，从而降低采购方的采购风险并增强其竞争优势。

（二）建筑工程材料采购供应链管理的存在问题

1. 材料供应商的选择不当

供应链采购体系的建设和管理，要求通过科学比较选择合适的供应商，以良好的合作关系确保供应链的稳定性。如果无法保证供应商的稳定性与可靠性，则必然导致相对较大的采购风险（Micheli et al.，2008）。在评估分析供应商综合能力与稳定性时，需要考虑多项因素，结合采购需求从众多的供应商中进行对比和筛选，在优胜劣汰的基础上确保供应商的质量水平以此降低采购风险。

2. 缺乏完善的供应链采购体系

相较于传统的采购管理模式，供应链采购不仅表现出成本低、效率高的优势，同时也是现代建筑业科学发展的必然选择。因此，建筑企业必须加快自身创新发展速度，摆脱传统采购管理模式的局限性，建立更加科学、高效的供应链采购体系。但是整体来看，目前我国建筑企业的发展相对滞后，普遍缺乏科学完善的供应链采购管理机制，无法保证物料采购特别是非标准、小宗物料采购的管理水平，导致了采购绩效低的问题，成为建筑企业目前亟待解决的问题之一。

3. 采购供应链彼此独立缺乏关联

供应链体系的结构特征并非简单的线状链式结构，而是网状链式这种更加复杂、更高层次的结构。这一结构特征明确了供应链不同主体之间复杂的相互关系，基于各自不同的供应链关联实现相应的协调与配合，从而实现供应链的最佳绩效。工程项目在建设施工过程中，对于不同物料的消耗速度表现出客观差异，这就要求采购管理活动的区别对待，能够分别保证不同物料的充分供应。在具体实践中，企业更多选择相互独立的供应链管理模式，彼此之间缺乏统筹协调，难以保证最佳采购绩效。这一问题同样需要尽快解决。

4. 供应链管理力度不足

供应链采购体系建成之后，应根据其具体情况制定相应的管理策略，在保证其运转稳定性与可靠性的基础上实现其优势作用。供应链管理具体表现为供应商管理、供应链优化等内容和任务。供应商管理以特定市场条件为出发点，在综合考虑企业经营内外部因素的基础上对供应商的质量水平进行量化评估，以此实现供应商的优胜劣汰确保供应链的最佳质量。供应链优化则需根据动态变化的市场环境与生产经营条件对供应链进行调整和优化，确保供应链的最佳运行状态，尽可能降低供应链运行风险。

（三）建筑工程材料采购供应链管理的优化策略

对于建筑企业而言，供应链管理贯穿于建设施工全过程。基于供应链的导向作用开展具体管理工作，可为采购工作的有效性、充分性提供保障。

1. 加强供应商的评定和选择

作为供应链管理的主体之一，供应商的质量水平将直接影响采购绩效，因此必须确保所选供应商的质量，科学开展供应商评估分析工作，对供应商的服务质量进行评估分析。常用的方法可分为定量和定性两种方式。定量方式可从原料价格、原料质量、供货成本、企业运营等方面制定量化评定指标，根据指标测算所得评分对供应商进行筛选；定性方式则可从协商合作、公开招标等方式对供应商进行选择。采用招标方式的，一般由建工原料需求企业选定专家组对供应商的投标方案进行评定，确定最优的供货方案，从而确定原料供应商。

2. 建立完善的采购供应链体系

基于供应链管理模式，建筑企业在开展建材、原料等的采购工作时必须健全完善供应链体系，实现对各类建设材料的集中采购与统一管理。为此，企业既要确保标准化、大宗物料采购工作的科学水平，与具有较好供货能力的大供应商加强合作；也要兼顾非标准化、小宗物料的采购管理需求，充分发挥传统采购渠道、新型电商渠道的优势作用，实现最佳采购绩效。

3. 构建网链式的采购供应链

采购管理活动需要充分保证供应链体系的建设工作，避免供应链各节点出现割裂隔离问题，确保供应链的系统性与完整性，构建起原料供应链的科学关联。具体做好以下工作：一是以工程项目的现实需求为出发点对原材料的使用情况进行预测，明确使用的时间、数量等问题，在此基础上完成采购清单的编制工作，为原料采购工作的开展提供科学依据。二是由供应商根据采购清单的内容准备原料，并按照相应的时间安排进行备货、发货。三是对原料库存进行盘点和清查，及时发现缺货风险并进行及时补充，避免库存过量或库存闲置等问题发生，实现库存和需求的动态均衡。

4. 加强采购供应链的管理

采购管理与供应链管理之间表现出密切关联。因此，需要充分保证供应链管理的科学水平。一是做好供应商评价工作，及时把握供应商的经营状况、产品质量的变化情况，通过优胜劣汰实现供应商名单的合理调整。二是工程项目在建设施工过程中也会因各项因素的影响导致材料使用及需求情况呈现出动态变化特征，当出现新原料需求时要尽快寻找新的供应商，即需要根据原料需求的变化及时调整供应链结构，确保采购合理性。三是要做好供应链的整合，避免不同工程供应链中原料重复采购的现象。

二　网络零售企业的供应链管理

电子商务的兴旺发展催化了网络零售企业的快速成长，网络零售业以其便利的购物方式和亲民价格，使其消费群体日益庞大，但这也带来了激烈的市场竞争。为了进一步提升自身竞争力，网络零售企业把目光投向了供应链，意图通过加强供应链管理降低成本，扩大市场份额，提升自身效益（彭甜，2021）。

（一）网络零售企业供应链管理的特点

1. 服务更加个性化

电子商务这一新型销售模式的出现对传统营销模式造成了巨大冲击，克服了时空因素对销售活动的限制和制约，极大地缓解甚至消除了生产和消费之间因时间不一致、空间不相同所导致的矛盾冲突，在简化供应链结构的同时也提升了其运作效率和弹性，从而更好地满足客户个性化、差异性的产品及服务需求。

2. 物流系统化

对于电子商务这一网络营销模式而言，物流配送是最核心、最关键的环节之一。可以说，物流效率已经成为电子商务发展水平、交易规模的决定性影响因素。目前，我国物流系统与电子商务的关联日益紧密，现代物流的快速发展充分保证了物流配送服务的专业水平，为电子商务的快速发展提供了有力支持。

3. 信息化

信息技术、互联网技术的发展和应用将对传统的供应链管理模式造成巨大影响，在提升其信息化水平的同时也极大提升了信息传递、共享的效率。因此，信息化将作为供应链管理创新发展的主要特征。各类信息技术的有机融合与科学运用为供应链管理的信息化转型奠定了良好基础，这也为网络零售产业的发展创造了有利环境。

（二）网络零售企业供应链管理存在的问题

1. 对上下游控制不足

基于特定的供应链关系，采购成本既是零售企业经营管理的关键要素，也是零售企业竞争优势的主要来源。对于网络零售企业而言，采购管理更是其运营成本、管理效率、经营绩效的关键影响因素。通常情况下，网络零售业以在线采购为主要经营模式，由于不依赖实体店面和渠道，也无须大规模的库存准备，因此在采购成本方面表现出显著优势。在其经营发展的过程中，日益激烈的行业竞争将导致其采购成本优势不断下降。缺乏科学合理的供应链成本控制策略是导致上述问题的主要原因所在。这主要体现在，面对上游企业时，网络零售企业虽通过大宗采购压缩了成本，但往往忽略了产品质量；面对下游企业时，网络零售企业因缺乏足够的沟通联系无法掌握下游企业的产品需求，容易造成库存积压。因此，若想保持自身采购成本优势，网络零售企业必须构建起科学、稳定的采购管理机制，实现供应链的科学管理与控制。

2. 客户关系管理效率下降

现代企业竞争的核心要素为客户，因此客户忠诚度将成为企业经营发展状况的主要影响因素。与传统零售业相比，已有客户对网络零售业的重要性相对更高。服务质量是客户满意度的决定性影响因素之一，因此也将成为客户忠诚度的重要影响因素。这就要求企业充分保证自身服务质量，为自身持续稳定发展奠定扎实的客户基础。虽然客户关系管理系统的应用能够对客户潜在需求进行科学分析和准确预测，但是仍然无法对客户复杂的购买行为进行科学把握，一定程度限制和制约了客户关系管理策略的良好效果。

3. 配送服务具有一定的区域局限性

配送是网络零售业的关键环节，配送服务质量因此将成为客户关注的热点，与客户满意度息息相关。特别是对于生鲜等特殊产品而言，配送效率和服务质量不仅直接影响产品品质，也会对客户满意度形成更加显著的影响。相较而言，自营物流配送的效率和可靠性要高于第三方物流配送。但是针对自营物流配送的区域局限性问题，客观需要第三方物流配送对其服务盲区进行补充和完善，从而构建起自营物流与第三方物流相结合的配送模式。

（三）零售企业供应链管理存在问题的解决建议

1. 加强对供应链上下游企业的控制

若想实现科学有效的供应链管理控制效果，网络零售企业需要健全完善采购管理计划，在充分满足经营需求的同时避免出现资源闲置浪费的问题。因此，网络零售企业需要对消费市场进行全面系统的分析，对产品需求情况及变动情况进行准确预测，为自身采购计划的制订和实施提供准确依据，进而提升采购计划的科学性增强其竞争优势；此外，网络零售企业还需根据市场环境的变化对自身采购模式进行优化和改进，确保采购合作的长期性与稳定性，结合科学合理的激励机制对供应商结构进行动态调整，以此确保供应服务质量。针对库存压力过大的问题，零售企业需要充分发挥团购等营销策略的积极作用，加快库存消化速度。

2. 加强客户关系管理

在信息技术、互联网技术创新发展的推动下，信息传递、交互、共享水平不断提升，进一步提升了客户关系管理的便捷性和效率性。因此，网络零售企业必须充分发挥现代信息技术的优势作用，提升信息传递和共享水平，为客户关系管理工作提供更加全面、有效、可靠的信息依据，进而提升管理水平，并且为企业经营决策的制定实施提供准确信息。为了实现客户关系管理的最佳效果，企业必须对管理理念进行创新发展，充分认识到客户关系管理对自身发展的重要意义，以客户关系管理为核心管理要素对业务流程进行重组和整合，构建起更加科学、高效的管理体系；此外也需要做好市场细分工作，针对不同目标市场的客户需求提供个性化、差异性的产品和服务，在满足客户需求的基础上提高客户满意度和忠诚度。

3. 提升对更多区域的配送能力

对于网络零售企业而言，提升其物流服务能力的关键环节在于提高区域配送能力，在健全完善自营物流配送体系的同时构建起与第三方物流配送的良好合作关系，以此实现最佳物流配送效率和效果，并且物流服务体系的标准化建设更是重中之重。此外，需要合理规划自营物流、第三方物流的比例关系，确保第三方物流的合理比重。发挥自身监督作用，在满足第三方物流发展的基础上构建起双方良好的合作关系，并且不断提升第三方物流的运营管理水平。专业的物流人才与管理技术是自营物流配送体系发展的关键所在，也是物流服务质量的决定性影响因素。因此，必须做好人才培养、引进以及技术创新工作，才能不断提升物流服务的竞争优势。

第四章

现代宏观物流问题研究

第一节 城市物流

一 城市物流的定义

对于现代商品流通体系而言，城市是最重要的加工、集散中心。城市的科学发展也形成了相对健全完善的基础设施，并且表现出人力资源成本高、消费需求规模大、消费相对集中、交通便利、信息发达等特征，这为城市物流的发展提供特殊的外部环境条件。

城市物流是指基于特定城市行政规划范围内、以城市经济发展过程中所形成的物流需求为服务对象、对城市物流资源进行科学整合与利用的一种区域性的物流组织，城市空间内物流服务的合理化是城市物流关注的重点（钱东人，2015）。

在科技创新发展的推动下，市场经济呈现出日益显著的城市化、国际化发展特征，城市化也因此成为经济发展的主导力量。对于物流业而言，城市化发展水平是其发展基础所在，而物流业的发展也能够形成良好的反哺作用，提升城市化发展水平，构建起更高效、更完善的城市经济体系，为社会提供更好的服务（Anderson et al.，2005）。城市化发展将显著发挥城市的带动作用，提升周边地区乃至更远辐射范围的发展水平，从而构建起一个更大规模、广泛互联的新型商业体系，实现资源的高效配置与合理流通。

二　城市物流的功能

从功能作用来看，城市物流与其他物流并无区别，均以物流作业有关的包装、运输、存储、流通加工、装卸、配送等为主要业务内容。而不同城市特殊的发展环境与需求特征使得城市物流也表现出自身独特的功能作用。相较于一般物流，城市物流的功能需求主要包括：

（一）城市物流系统的储存功能

“零库存”以库存最小化为最终目标，是现代物流中库存管理的理想状态。该目标的实现基于科学严谨的管理理念和制度，发挥先进物流管理机制和工具的积极作用，尽可能降低企业经营发展的库存压力。对于城市物流而言，“零库存”的意义具体表现在：

（1）以配送为主要业务内容的城市物流将充分发挥第三方物流的服务优势，承担起企业内部供应的重要职责，从而避免了企业供应管理的成本和费用，既能够有效降低甚至避免企业库存管理压力和工作量，也能够充分满足自身生产经营需求。

（2）城市物流能够实现集中库存管理，从而无须各生产经营主体自行建设运营库存，告别了传统的分散库存管理模式，发挥了集中库存的成本优势，既充分满足了供应需求，也显著降低了库存成本，为“零库存”目标的实现创造了有利环境。

（二）城市物流系统的运输功能

公路运输作为城市物流的主要运输方式，是城市物流中无法替代的重要组成要素。此外，也有部分城市发挥自身水路、管道运输的特有优势进行补充和完善，进一步提升城市物流水平。

与其他运输方式相比，公路运输具体表现出形式灵活、速度较快、“门到门”等服务优势，能够充分满足客户需求，保证城市物流服务质量。在公路基础设施建设逐渐加快、车辆运载能力不断提升的过程中，公路运输的综合效率与效益将显著提升，安全风险也不断降低，能够提供更好的物流服务。

（三）城市物流系统的配送功能

城市配送的服务区域是城市为主，能够满足城市广大消费者的配送服务需求。而城市配送区域往往不具备铁路、水路等运输条件，却符合车辆运输的经济里程，因此公路运输成为城市配送的主要运输方式，公路运输的优势也与城市配送需求形成了良好契合，实现了货物由配送中心向最终用户的运送。城市配送更多与产品销售进行有机关联，形成了特殊的销售配送一体化服务机制（胡万达和张立，2021）。城市配送更多是满足城市居民批量少、品种繁杂的配送服务需求。

（四）城市物流系统的物流信息功能

城市物流信息系统通常由多个不同的功能子系统所构成，并以物资的实际运动为基础形成紧密关联，某一子系统的结果输出将作为另一子系统的初始数据进行输入。而信息则成为各项子系统之间的关联纽带，在信息传递和交互的过程中构建起系统之间的逻辑关联，并在此基础上实现资源的科学配置与合理调度。在城市物流系统建设和发展的过程中，需要各项数据信息的支持，并及时发现问题进行优化和改进，数据信息的准确性对于信息系统的构建尤为重要，而物流信息系统的建设水平将直接影响城市物流系统的运行效率与服务质量。

物流信息系统的出现和发展以特定的技术条件与社会发展水平为基本前提，针对性地满足特定领域的管理需求。因此，必须以实际需求作为系统建设发展的基础，制定科学的目标，根据需要选择相应的技术构建起信息化的管理系统，为城市物流问题的解决提供一种更加科学的方案。

三　城市物流体系的层级结构

对于现代城市物流体系而言，最常见的构成要素分为物流园区、物流中心、配送中心等不同层级的物流体系，各体系密切配合共同构成了城市物流体系的完整系统。

配送中心是城市物流系统的基本单元，若干个彼此关联的配送中心将构成特定的物流中心，由后者发挥统一协调和配送管理确保配送质量；而若干物流中心的集中建设则将形成规模更大的物流园区，作为城市物流系统的最高运营管理层级承担起货物集散功能职责。该物流体系的具体构成情况详见图 4－1。

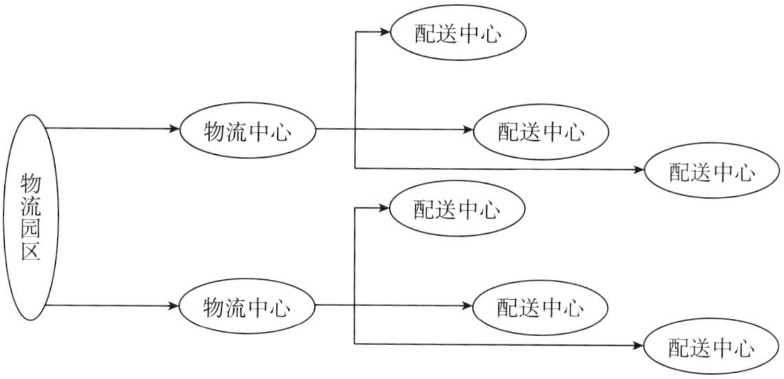

图 4－1　城市物流体系的层级结构

在上述城市物流的构成要素中，不同层级的要素都以物流节点的形式存在。也就是说，城市物流系统以及节点的规划设计必须从城市实际发展情况出发，综合考虑发展规划、土地资源状况、功能分区等要素实现最佳规划结果。

四　城市物流的特征

（一）物流节点多、分布广

城市物流不仅表现出物流量大这一发展特征，同时也表现出物流节点数量众多、功能完善等特点。城市经济体系中已有的各类生产经营主体都将具备作为物流节点的可能性，比如配送站、小商店、学校等。若以最终用户为物流体系的最低一个层次的节点，则城市物流系统表现出末端节点众多、分布广泛等发展特征。而末端节点的数量直接决定了中转节点的数量，分布于城市各个区域的不同层级的物流节点将共同构成城市复杂、庞大的物流体系，能够有效满足城市不同主体的物流服务需求，形成一种复杂、高效、完善的城市物流网络（孙春晓等，2021）。

（二）物流密度大、流量多

在城市不断建设发展的过程中，城市规模不断扩大，对物流服务的需求也不断增加，使城市物流体系的规模也随之扩大。可以说，城市化的快速发展不仅表明了社会经济的整体发展速度和能力，同时也为物流业的发展创造了良好条件，城市发展水平与物流服务水平之间的正相关关系在各个城市的发展中都表现得十分突出。

（三）物流服务对象的繁杂性

对于现代人类文明而言，城市是最重要的生活空间，是生产、消费等活动相对集中的区域。城市物流则是城市社会经济稳定运行的重要保障，在充分满足城市居民、三次产业经营主体的物流需求的同时，也将积极推动城市发展。城市包含了丰富的生产经营主体和庞大的消费者群体，特殊的供需关系使城市物流呈现出特殊的发展特色，以小批量、多样化的物流服务需求为主要特征，对物流体系的服务供给能力也提出了相应要求。如何实现城市物流体系的最佳发展不仅成为城市决策者关注的重点，也成为社会经济发展、城市建设的重要任务。复杂的发展环境也将导致城市物流管理工作的复杂性。

第二节　地区物流

一　地区物流的定义

地区物流的含义是基于核心城市的整体发展状况与特定区域社会经济的整体发展水平、自然环境、资源禀赋等因素，对物流资源进行科学配置与合理利用从而构建起一种特殊的物流运营管理体系，以此满足地区经济发展的物流服务需求。

地区物流的出现和发展是产业集聚发展的内在需要（王之泰，2018）。这种区域性、综合性的物流服务管理模式能够充分满足区域产业发展的需要，能够发挥现代物流的优势作用充分满足地区物流服务需求（高康和王茂春，2019）。地区物流的特征具体表现为：①以地区特定地理环境为发展基础，是相关物流活动的综合体现。②与地区地理环境、社会经济发展特征、物流需求高度匹配。③为地区经济可持续发展提供有力支持和重要服务保障。④表现出良好的发展潜力和卓越的发展水平。⑤健全完善的物流网络体系、信息系统与组织管理机制。

二　地区物流的运行模式

地区物流系统的建设发展必须以地区特定的经济发展战略为依据和出发点，保证物流服务与地区发展需求之间的匹配性与一致性，充分满足地区经济发展的物流服务需求，提供高效、便捷的物流服务，从而形成各自不同的运营管理和发展模式。

（一）基于地区货物中转枢纽的多功能服务型的物流运行模式

此类物流模式具体以地区货物枢纽（如铁路枢纽、航空枢纽、国际港口等）的功能设定为基础，针对地区特殊发展需求提供所需的综合型物流服务，主要以大批量货物的集散物流为核心业务内容，同时兼顾与产品流通有关的各项配套服务，如海关、商检、保险等，充分满足客户不同层次、不同领域、不同类型的物流服务需求。

（二）基于地区交易市场的商贸型物流运行模式

此类物流模式以地区独特的商品交易市场为发展基础，实现了仓储、配送等物流服务与市场交易、商品流通需求的科学统一（戴卓，2016）。

地区交易市场是特定区域内大型、专业性的实物商品流通市场，在特定区域内表现出较大的影响力，以各类农产品市场、建材市场、百货市场等为典型代表，具有交易量大、物流需求集中等特点。

在社会经济快速发展的过程中，市场经济也随之快速发展，市场规模不断扩大。与此同时，城市土地价格也不断上升，交通运输压力也逐渐加大，促使支撑地区经济发展的物流活动逐步由城市中心向具备良好交通运输条件的外环郊区转移，在有效降低物流运营成本费用的同时也缓解了城市发展空间短缺、交通运输不畅等问题，在优化区域交易市场发展模式方面也发挥了积极作用。因此，基于地区交易市场的商贸物流在城市科学发展过程中表现出积极意义。在现代信息技术的支持下，物流业务能够克服空间限制和制约，即使在距离城市中心相对较远的地区也能够保证良好的物流服务。

（三）基于产业聚集区的地区综合型物流运行模式

此类物流模式具体以已有的产业集聚区为发展基础，为相关产业提供针对性、专业性的物流服务，在充分满足产业集群区物流需求的同时实现自身良好发展。此类物流模式在规划发展过程中十分注重现有产业组织的结构以及空间布局，结合现有的交通运输条件为相关物流设施进行科学选址。

在我国，各类经济技术开发区、高新产业园区是产业集群的主要形式。而不同的产业园区在产业关联度方面也表现出显著差异，这就导致了基于产业聚集区的综合型物流模式在具体发展中表现出不同的发展战略。对于关联度相对较高的产业聚集区而言，物流服务多采用供应链一体化的发展模式；而对于关联度相对较低的产业聚集区而言，则多采用综合型发展模式以满足不同经营主体多元化、差异性的物流服务需求。

（四）基于产业链（集群）的地区供应链一体化型物流运行模式

产业链是以特定领域为基础，由地理位置相对集中、存在特定竞争合作关系的不同经营主体相互关联合作所构建起来的专业性产业集群，克服了不同产业之间的天然界限，构建起一种广泛关联、彼此协调的新型合作模式。

以特定产业链为服务对象的物流模式是针对特定产业链的发展特征与物流服务需求开展业务创新，满足其一体化物流服务需求，充分保证产业链物流效率和效益的最大化。基于产业链发展背景，所需物流服务表现出相对稳定的特征，因为产业链内部产品流通的类型、数量、流向均相对固定，使物流服务关注的重点主要集中在服务效率方面。

三　地区物流规划的制定方法

（一）地区物流规划的内涵

地区物流规划的内涵可理解为对地区发展实况进行科学调研分析，明确其物流产业的结构特征与规模特征，在此基础上制定一种与当地社会经济发展目标相协调的物流业发展战略，这个战略要明确物流业的发展目标、发展模式及对策，逐步构建起科学合理的物流服务系统满足现实需求。

地区物流规划将为地区物流发展提供科学指导，充分保证物流业发展的科学性，更好地满足社会经济发展的物流服务需求。在保证物流服务质量的同时实现自身科学发展，提高发展的目的性与针对性，尽量缓解物流业发展与相关领域的矛盾冲突，构建起良好的协同发展机制，发挥物流业的积极作用，促进地区社会经济发展。

（二）地区物流规划的层级结构

地区物流规划的基本结构层级具体如下：

1. 地区物流总体规划

总体规划是从系统的角度出发，以特定地区（一般为一个较大行政区域或多个较小行政区域的联合体）的物流发展为对象，制定一种科学的发展战略，为各项实践工作的开展提供科学指导。对于地方物流而言，地区物流总体规划将成为重要的工作，为物流业务的科学发展提供科学指导，确保物流业与当地社会经济发展的协调一致。

2. 城市物流规划

城市物流规划是从城市这一维度出发，制定一种适合城市现状、满足城市发展需求的物流业发展规划，实现物流业与经济、环境、交通等要素之间的科学匹配，充分保证物流资源利用水平，实现其服务价值。

城市物流规划通常以地区物流总体规划为重要指导和依据，确保城市物流规划与地区总体规划的统一性，对地区总体规划进行科学补充和完善，共同构建起科学有效的物流服务体系。

3. 物流园区规划

物流园区规划实现了对物流园区这一物流经营模式的科学规划与安排部署，将为物流园区的建设发展奠定良好基础。该规划活动需要以地区、城市物流发展规划为基础，结合自身发展实际情况确定最佳发展战略，发挥自身优势作用充分保证城市物流体系的综合发展水平。

（三）地区物流规划的制定步骤

地区物流规划通常包含以下基本工作流程：

1. 组建地区物流规划小组或委员会

这一工作将明确地区物流规划工作的领导主体，为相关工作的开展提供必要的支持。领导主体既可由区域管理部门自行安排部署，也可聘请专业的第三方机构进行科学规划。无论采取何种形式都必须保证领导小组成员的专业性水平，规划人员要具有金融、交通、城市规划等专业背景或者相关工作经验，充分保证规划决策的科学性。

2. 收集基础资料，并进行必要的实地调查

各类基础性资料是决策工作的前提基础。在地区物流规划工作中，必须广泛收集有关资料信息，全面、系统地分析和把握地区社会经济的发展状况，实地勘察大型物流基础设施、物流网点、典型企业（生产企业、流通企业与专业化物流企业），明确物流服务需求及未来发展趋势，在此基础上制定科学的发展战略，既充分满足当前需求，也要保留足够的发展空间，为物流业的可持续发展奠定良好基础。可以说，资料信息的科学性、可靠性将直接影响地区物流规划的科学水平。

3. 数据处理与分析

根据研究分析选择合适的量化分析方法对相关数据进行处理，为具体的决策工作提供更加科学可靠的依据，充分保证决策质量。

4. 进行地区物流发展的战略定位

数据分析结果能够反映地区社会经济的发展的整体状况，通过纵向比较时间序列数据，对物流规划相关要素的变化规律、发展趋势进行科学预测；通过横向比较规划数据与其他区域的相同或者相关数据的差别，可以更准确地制订发展规划，确保各项要素之间的科学协调与有机统一，从而构建起高效率、高质量的物流服务体系。

5. 制定各种发展目标

基于数据分析结果制定科学的发展战略，明确地区物流的科学发展目标与发展流程，为各项工作提供明确具体的依据。

6. 提出措施

以发展目标为核心，制订相应的工作计划与保障机制，为发展目标的顺利实现提供有效保障。

7. 整理、归纳规划内容，形成规划草案

在起草地区物流发展规划草案时，应当尽可能保证相关概念的准

确性，以简单、准确的语言进行表述，充分保证发展规划草案的科学水平。

8. 召开各种形式的研讨会征求意见

在完成规划草案之后，需要积极开展研讨活动，广泛征求相关领域专家学者的意见和建议，在集思广益的基础上不断优化完善发展规划。

9. 完成地区规划方案

根据专家学者的意见对规划草案进行修改和完善，最终获得一个各方广泛认同的方案，以此保证地区物流规划的科学性与合理性，为物流业的科学发展提供明确、科学、可靠的指导和依据。

四　我国物流区域的划分

在对已有工作经验进行梳理总结的基础上，我国于 2009 年 3 月正式颁布《物流业调整和振兴规划》，对未来我国物流产业的具体发展进行了科学规划，将我国物流产业具体划分为：①东北物流区域：主要以沈阳、大连为中心。②华北物流区域：主要以北京、天津为中心。③山东半岛物流区域：主要以青岛为中心。④长江三角洲物流区域：主要以上海、南京、宁波为中心。⑤东南沿海物流区域：主要以厦门为中心。⑥珠江三角洲物流区域：主要以广州、深圳为中心。⑦中部物流区域：主要以武汉、郑州为中心。⑧西南物流区域：主要以重庆、成都、南宁为中心。⑨西北物流区域：主要以西安、兰州、乌鲁木齐为中心。初步确立了我国未来物流产业发展的整体格局，同时也明确了各物流区域的建设发展任务和总体目标。

第三节　国内物流

一　我国物流发展的总体状况

2018 年的统计数据表明，我国物流业的发展态势整体表现为稳中有进的特征。物流业生产总值有所提升，市场环境逐渐改善，表现出良好的回暖态势。

（一）社会物流需求稳中趋缓

据有关统计数据，全国2018年物流总产值达到了283.1万亿元，基于可比价格基准，实现了6.4个百分点的同比增量，与去年同期相比增速有所下降，下降幅度约为0.3个百分点。物流产值在不同季度表现出各自不同的发展特征。第一季度和第二季度的物流营收分别为62.4万亿元、68.7万亿元，同比增幅分别为7.2个百分点和6.9个百分点；前三季度实现物流总营收为204.1万亿元，同比上升了6.7个百分点，增长速度逐渐下降，但是下降幅度相对较小，整体表现出相对稳定的发展状况。

由业务构成可知，物流价值中心逐渐由传统的工业品向上游价值链的方向转移。2018年，全国工业品物流营收达到了256.8万亿元，与去年同期相比增加了6.2个百分点，在社会物流总营收中的比重达到了90.7%，增长速度保持了相对稳定。其中增长速度较快的物流领域为高新技术、汽车、IT、家电等产业领域。物流需求增长速度最快的三个领域分别为交通运输制造业、电气机械制造业、电子通信技术制造业，增长幅度分别达到了13.8%、10.1%和10.5%，超过了工业品物流需求的平均增长速度。

在物流市场发展过程中，消费品物流做出了突出贡献，成为最受物流服务市场关注的领域。同样以2018年的统计数据为例，社会消费品物流总额达到了7万亿元，同比增速达到了22.8%，这一发展速度远远超过了社会物流营收总额的平均增长速度，极大地提升了物流发展水平。其中，电子商务物流仍然表现出高速增长势头，是物流领域发展状况最好的环节，电商物流业务规模显著扩大，扩大服务达到了30%以上。在消费品物流业务快速发展的推动下，消费品物流领域的业务规模不断扩大，营收总额不断提升，继续表现出良好的发展潜力。

受国际金融危机的影响，我国进出口贸易也受到了较大冲击，出口贸易总额下降导致贸易顺差显著下降，进口贸易持续低迷也导致了进口物流的发展水平受到了显著不利影响。以2018年的统计数据为例，全国进口货物的物流总营收达到了14.1万亿元，与全年相比仅上升了3.7个百分点，增速同比下降了约5%。其中农产品、再生资源的物流营收额分别达到了3.9万亿元和1.3万亿元，增长幅度分别为3.5%和15.1%，与去年同期相比略有下降。

（二）社会物流费用逐步回升

据国家统计数据，全国2018年的物流总费用达到了13.3万亿元，增长幅度达到了9.8个百分点，同步上升了0.7个百分点。同时，全国物流总费用在GDP中的比重达到了14.8%，在过去5年中首次出现了正增长，但是仍然表现出增速较低的问题，全国物流业整体发展相对稳定。

与此同时，运输费用的增长速度有所下降。2018年全国运输费用总额达到了6.9万亿元，与去年同期相比上升了6.5个百分点，增长速度下降的趋势比较明确，同比下降了4.3个百分点。同时运输总费用在GDP中的比重也下降了0.3个百分点，仅为7.7%。

在物流运输总费用中，增长较为明显的费用项目为保管费用、管理费用。具体来看，2018年全国物流保管费用、管理费用分别达到了4.6万亿元和1.8万亿元，分别实现了13.8%和13.5%的同比涨幅，同比增长幅度分别提升了7.1%和5.1%，在全国GDP中的比重分别达到了5.1%和2%，增长速度分别提升了0.4个百分点和0.1个百分点。由此可知，在物流成本增加的过程中，保管费用及管理费用的影响更加显著。

（三）物流业总收入保持较快增长，货运规模增速放缓

统计数据表明，全国2018年实现了10.1万亿元的物流业总收入，与全年同期相比提升了14.5个百分点，增速提升了3个百分点。从物流运输总量来看，2018年国内货运总量达到了515亿吨，同比增加7.1%，同比增速下降了2.2%；货运周转总量达到了205452亿吨公里，同比增加了4.1%，增速有所下降，下降幅度达到了1%。规模以上港口的货物吞吐量实现了133亿吨，同比增幅为2.7%，而增长速度最快的领域为外贸货运，实现了42亿吨的总吞吐量，增长幅度达到了20%。全国规模以上港口的集装箱总吞吐量达到24955万标准箱，实现了5.2%的增长幅度。

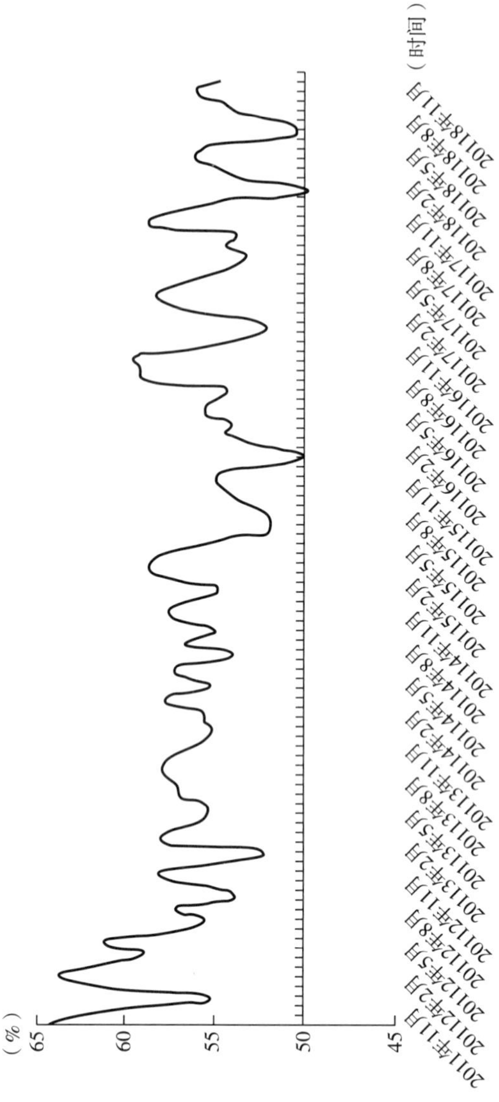

图 4－2　2012—2018 年物流景气指数趋势

（四）物流市场基本处于景气区间

据相关统计分析数据，全国2018年物流景气指数达到了53.8%的均值水平，与去年同期相比出现了轻微的下降情况。但是相关企业表现出良好的市场预期，受此影响物流业将继续保持良好的发展势头。

由上图分析结果可知，2012—2018年，我国物流景气指数整体表现出比较显著的波动情况。以2018年为例，全年物流景气指数最低的时点为2月，景气指数跌落至50%，同比下降3.2个百分点；全年第二个景气指数谷底为8月，景气指数约为50.7%，同比下降2.8个百分点。全年物流景气指数最大值为56.1%，出现于5月，但是同比仍下降1.6个百分点；全年第二高景气指数为55.9%，出现在11月，同比下降了2.7个百分点。虽然物流市场整体表现出较好的景气指数，但是面临更大的下行压力。

（五）智慧物流创新迎来变革

在传统物流业市场逐渐低迷的同时，基于电子商务的互联网物流业呈现出快速发展势头。以菜鸟网络、京东物流为代表的电商物流在2018年取得了巨大发展成果。以菜鸟网络为例，在IOT战略的指导下，菜鸟网络的发展速度迅速提升，发展规模也不断扩大，达到了570万辆货运车辆的动态监控能力；顺丰快递则积极联合国内其他快递公司构建大数据平台，提升了物流数据信息的传递效率和共享水平，积极发挥了大数据技术的优势，极大地提升了物流效率和服务水平，并积极推进自动化、无人物流业务的发展，“无人机、无人仓、无人配送”等创新技术陆续登场。在区块链技术、人工智能技术创新发展和积极应用的推动下，我国物流业特别是互联网物流呈现出显著的数字化、信息化发展趋势，成为物流业创新发展的主要方向。

二 物流基础设施建设

（一）交通基础设施

1. 铁路

全国2018年铁路营业总里程约为13.1万公里，与去年同期相比增加了3.1个百分点。高速铁路成为增速最快的铁路运输模式。全国铁路路网密度同比提升了 3.7 公里/万平方公里，达到了 136.0 公里/万平方公里。

2. 公路

全国 2018 年公路运输总里程达到 484.65 万公里，同比增量约为 7.31 万公里，公路密度由 49.72 公里/百平方公里上升至 50.48 公里/百平方公里。同时公路养护里程总数实现 475.78 万公里，在全国公路总里程中的比重达到了 98.2%。

与此同时，全国四级及以上、二级及以上等级公路的总里程数分别达到了 446.59 万公里和 64.78 万公里，同比增量分别为 12.73 万公里与 2.56 万公里，在全国公路总里程中的比重分别达到了 92.1%和 13.4%，增长幅度分别达到了 1.3%和 0.3%。全国高速公路、国家级高速公路、高速公路车道里程分别达到了 14.26 万公里、10.55 万公里和 63.33 万公里，分别增加了 0.61 万公里、0.33 万公里和 2.90 万公里。

同时全国国道、省道、农村公路的里程总数分别达到了 36.30 万公里、37.22 万公里和 403.97 万公里。农村公路中县道、乡道、村道的里程数分别为 54.97 万公里，117.38 万公里和 231.62 万公里。

在公路桥梁建设使用方面，全国 2018 年总计公路桥梁数达到了 85.15 万座，总长度达到了 5568.59 万米，与去年同期相比分别增加了 1.90 万座和 342.97 万米，包含大桥、特大桥梁数分别为 98869 座和 5053 座，总长度分别为 2637.04 万米和 902.69 万米。公路隧道总数达到了 17738 处，总长度达到了 1723.61 万米，包含 4315 处长隧道和 1058 处特长隧道，累计长度分别达到了 742.18 万米和 470.66 万米。公路隧道的全年增量分别达到了 1509 处和 195.10 万米。

3. 水路

（1）内河航道。在内河航道方面，全国 2018 年内河航道总同行里程达到了 12.71 万公里，与去年同期相比实现了 108 公里的增量。其中，等级航道、三级及以上航道的里程数分别为 6.64 万公里和 1.35 万公里，在全国内河航道总里程中的比重分别为 52.3%和 10.6%，分别实现了 0.2%和 0.8%的同比增幅。

在等级航道中，从一级航道到七级航道的里程数依次为 1828 公里、3947 公里、7686 公里、10732 公里、7613 公里、17522 公里、17114 公里，等外航道里程为 6.07 万公里。

在内河航道中，长江、珠江、黄河、黑龙江、京杭运河、闽江、淮河等水系的通航里程分别达到了 64848 公里、16477 公里、3533 公里、8211 公里、1438 公里、1973 公里和 17504 公里。

（2）港口。统计数据表明，截至 2018 年年底，全国生产码头的泊位数达到了 23919 个，同比减少了 3659 个泊位，其中包括 5734 个沿海港口泊位和 18185 个内河港口泊位，同比分别减少了 96 个和 3563 个。

万吨级及以上港口泊位的数量达到了 2444 个，同比增加了 78 个泊位，其中沿海港口、内河港口的万吨级及以上泊位数分别为 2007 个和 437 个，与去年同期相比分别增加了 59 个和 19 个。

以万吨级及以上泊位为例，专业化泊位、通用散货泊位、通用杂货泊位的数量分别为 1297 个、531 个和 396 个，同比分别增加了 43 个、18 个和 8 个。

4. 民航

民用航空领域，全国 2018 年累计共有 235 个民航机场，与去年同期相比新增 6 个。定期航班通航机场的数量达到了 233 个，定期航班的通航城市总数达到了 230 个。

在现有的民用航空机场中，年均旅客吞吐量超过 100 万人次的机场达到了 95 个，与去年同期相比增加了 11 个。而有 37 个民航机场的年均旅客吞吐量突破了 1000 万人次，与去年同期相比增加了 5 个；全年累计有 53 个货邮实现了 10000 吨以上的年吞吐量，与去年同期相比增加了 1 个。

（二）物流基础设施

1. 物流园区

在物流园区建设方面，我国也实现了较显著的成就。统计数据表明，2018 年全国物理园区总数达到了 1638 家，较 2015 年 1210 家增加了 428 家。在短短 3 年的时间，我国规模化物流园区的年均增速达到了10.7%。全国物流园区建设状态可划分为3种，即规划（已纳入规划尚未开工建设）共有200家，占总数的12.2%；在建（开工建设未开业运营）共有325家，占总数的19.8%；运营（已开展物流业务）共有1113家，占总数的67.9%。

综合分析园区业务类型后发现，园区服务以存储、运输、配送等为主，转运、贸易、信息、货代等也有很好的发展空间，有50%以上园区已开展此类服务；但物流园区在流通加工、金融物流业务等方面发展相对薄弱，开展此类服务的园区只有30%。另外，园区基础配套服务发展较快，主要包括停车、办公服务、餐饮、物业、住宿、修理等方面。

2. 多式联运枢纽

在《推进运输结构调整三年行动计划（2018—2020年）》中，我国正式将多式联运确立为物流业创新发展的核心内容之一，对多式联运货运量、集装箱联运的年均增长速度提出了明确规定，重点打造示范工程，充分发挥多式联运的优势作用提高我国物流发展水平。同时也明确提出了全国信息平台的建设发展任务目标，为多式联运及其他物流运输业务的快速发展提供有力支持。

发展至今，我国共确立了两批多式联运试点项目，共涉及46个样板工程。在各级政府的共同关注和支持下，试点工作取得了巨大成就，累计实现了超过80亿元的物流成本节约，大约实现了108万吨标准煤的节能效果，完成了250条以上运输线路的开通任务，为全国28个省份提供了多式联运服务，获得了1000家以上企业的认可和参与，累计完成了270万标箱的集装箱运输任务。在总结工作经验的基础上，我国不断扩大多式联运试点单位、示范项目的规模，不断提升多式联运发展速度和发展水平，极大地推动了多式联运的创新发展。

3. 自由贸易区及保税区

至2018年年底，全国自贸区总数为12个，海关特殊监管区域总数则达到了140个，而综合保税区的总数则达到了96个，并且保持着良好的发展势头，自贸区、综合保税区的数量将不断增加，影响作用也将不断提升。

保税进出口数据方面，2018 年，特殊监管区经济在设立 28 年以后，取得外贸进出口总额历史新纪录。2018 年 1—11 月，全国有 127 个进出口统计海关特殊监管区域、55 个有进出口统计保税场所，进出口总值达到 4.7 万亿元，折合 7124.34 亿美元，同比增长 12.3%。上海外高桥、深圳福田保税区，成都高新、昆山和郑州新郑综合保税区，进出口总额分别为：1148.62 亿美元、518.73 亿美元、481.22 亿美元、467.08 亿美元、465.29 亿美元，合计 3080.94 亿美元，占全国特殊区域同期进出口总额的 43.25%，是中国保税物流龙头老大。

三 物流装备与技术

（一）物流装备

1. 载货汽车

2018 年，全国货运汽车的年产量和年销量分别达到了 379.1 万辆和 388.6 万辆，与上年同期相比分别实现了 2.9 个百分点和 6.9 个百分点的增幅。在基础设施建设周期性变化及投资环境变化的共同影响下，我国货运汽车市场的产销情况表现出比较显著的波动问题。

受国家宏观政策特别是环保政策的影响，不同类型货运汽车的发展呈现出显著差异。其中，微型及轻型货车保持着良好的增长速度，年均增幅都超过了 10%；而以柴油车为主的中型和重型货车的增长速度则相对不足，车辆产销水平也有所下降。

在传统能源货车产销疲软的同时，新能源载货车辆的产销水平则得到了显著提升，同比增幅达到了 37.19% 的高水平。全国新能源物流车的社会保有量约为 24 万辆，与 2016 年相比增长幅度达到了 155%，微型、轻型新能源物流车所占比重相对较高。但是与全国 600 万辆左右的物流车总量相比，新能源物流车所占比重仅为 4% 左右，存在巨大的发展提升空间。在我国日益重视环境保护工作的大环境中，新能源汽车的比重也将不断提升。

2. 叉车

相关统计数据表明，2018 年全国工业车辆的销售总量达到了 597152 台，与 2017 年相比增长幅度达到了 20.21%。国内自销与出口量分别为 430229 台和 166923 台，同比增幅分别为 15.96 个百分点和 32.77 个百分点。这一数据首次登顶国际叉车销售榜，标志着我国正式成为叉车生产销售的超级大国。而出口销量的增长速度超过了本土销售。叉车产销能力将持续保持良好的上升势头，既表明了物流业务需求的持续增加，也表明了我国叉车产品的生产、销售能力不断提升，行业整体发展良好。

3. 货架

2018 年的统计数据表明，全国货架市场呈现出旺盛的产品需求，货架本土销售水平和出口水平不断提升，产业发展格局也不断创新，逐渐形成了系列化、标准化的产品研发和供应模式，积极满足了市场不同的产品需求，也充分保证了仓储物流等业务的发展水平。

具体到需求结构情况，电商、服装、医药、快消品、高端制造等物流领域表现出最为显著的货架产品需求，上述领域市场需求的快速增加带动了货架市场的整体发展，实现了货架市场的快速与稳定发展。

4. 托盘

在物流产业标准化建设工作中，国家也对各项工作给予了高度关注，并先后制定实施了以《关于推广标准托盘发展单元化物流的意见》《商务部等 8 部门关于开展供应链创新与应用试点的通知》为代表的国家政策，以及《联运通用平托盘钢质平托盘》《木质箱式托盘》《钢质箱式托盘》为代表的行业标准，为托盘业的标准化发展提供了科学指导，也明确了其发展方向。统计数据表明，我国托盘业贡献指数表现出显著的上升势头，充分肯定了托盘业的发展潜力和发展速度。

5. 输送分拣设备

2018 年，输送分拣设备向着模块化方向继续升级，设备的高效生产、快速安装调试成为现实，而设备安装和生产过程的标准化，为设备运行过程实现低成本、低维修目标铺平了道路。以监测结果来说，整个行业都有输送分拣市场需求量持续上升的现象。2018 年，全年设备需求量增长 35%，市场规模 95 亿元。输送分拣设备在仓储、快递等行业依旧保持良好发展势头，在新零售、智能制造等新热点行业需求量增长趋势明显。总的来说，输送分拣设备的竞争方向朝着系统效率、分拣速度、准确率、货物破损率、灵活性等方面发展，其中灵活性高并具有柔性设计的设备更是受到广大中小企业的青睐，因为其对复杂环境的适应度较高。

6. 系统集成

智慧物流成为我国2018年物流业的新关键词。为了满足客户不断增长的物流服务需求，特别是保证物流业务效率，各物流中心积极推进自身自动化转型发展，发挥现代无人机、自动化技术的优势不断提升物流效率，更好地满足社会各界对高效率、高水平物流服务的需求，极大地提升了物流管理服务的自动化水平。与此同时，智能软件工具的出现和应用也为物流自动化管理提供了更加可靠、有效的解决方案，使WMS（仓储管理系统）、WCS（仓储控制系统）、AGV（自动导引运输车）等技术的应用水平不断提升，充分保证了物流管理的效率水平和综合能力。

调研结果表明，2018年，物流系统集成商重点企业市场持续扩张规模，增长速度25%—35%，市场销售额增长率27%，截至2018年底，全国自动化立体库保有量达到5000座以上，年立体库建设达到800座以上。

7. 物流机器人

物流机器人行业呈现出多元发展趋势，产品及新行业应用展示主要集中在物流系统集成商、传统机器人企业、新兴物流机器人企业，且能清晰地看到技术持续升级的趋势。2018年，应用于智能导航技术领域的机器人技术获得重大突破，催生出新型的导航技术，同时新型机器人种类大幅度增加，大体可分为新型拣选机器人、重载型搬运机器人、抓取机器人、仓库盘点机器人等类型。另外，机器人视觉、环境能知、传感器、通信等技术持续提升，发展方向以自动化、低功耗等为主。2018年，中国各类物流机器人销售量保守估计是2万台。

（二）物流技术

智慧物流具体以物联网（Intemet of Things）、大数据（Big Data）、云计算（Cloud Computing）、人工智能（Artificial Intelligence）、区块

链（Blockchain）等现代技术为发展基础。

1. 物联网

物联网技术实现了物与物、人与物之间广泛的数字信息互联，极大地提升了相关领域的自动化管理水平。目前，物联网技术整体表现出快速发展势头，其应用范围不断扩大、应用水平也不断提升。特别是在移动互联网技术创新发展的推动下，物联网在物流业的应用水平不断提升，逐渐形成了智能化、自动化的物流运营管理模式，为智慧物流的发展创造了良好环境。

目前，物联网在多个领域取得了良好的发展成果，极大地提升了各个领域生产管理的科学水平。同时北斗导航定位系统在物流车辆中的普及和推广，更是进一步提升了物流车辆的动态监控和管理水平，在充分保证运输业务质量的同时也积极推动了物流信息化、数字化的转型发展。

菜鸟网络于2018年正式提出IOT战略，该战略以物联网为核心内容，通过“未来园区”这一项目推进物联网与物流的深度融合，从而构建起一种全新的物流管理模式，为传统物流园区的转型发展提供一种更加科学的解决方案，以此克服传统建设发展模式的缺陷和不足，提升物流园区科学发展水平。

2. 大数据

物流产业的信息化发展将形成大规模、复杂的业务数据，这一数据规模将伴随物流业务的开展而呈现出指数式的高速发展势头。为了保证数据信息的处理能力和应用水平，大数据技术成为最佳的解决方案，也为智慧物流的发展提供有效技术支持。

大数据技术的出现，为物流云、云化TMS运输管理系统、云化WMS、市场需求分析、市场风险识别等工作提供了有效的技术工具，极大提升了各个领域的数据分析和管理水平，为物流供应链信息处理与共享水平的提升提供了有效工具，在减少供应链成本的同时也将积极推动物流业的数据化、信息化发展。

在顺丰快递公司的主导下，超级大数据合资公司于2018年正式组建。该公司以顺丰旗下投资公司及国内其他8家供应链企业为投资主体，注册资金规模将达到上亿元，积极推进中国供应链大数据平台的建设和发展工作，充分发挥各参与主体在供应链管理方面的优势经验和技术水平，共同打造基于大数据技术的开放型数据信息共享平台，为更大规模供应链的形成与发展创造便利条件，积极提升智慧供应链的建设发展水平，提供更高质量和效率的综合物流服务，为实体经济的发展提供更有力的支持。

3. 云计算

云计算这一现代数据处理技术能够充分发挥网络中丰富运算资源的优势，实现了更强大的数据处理能力，从而为物联网、大数据等技术的发展和应用提供更加有效的支持。目前，以阿里云、腾讯云为代表的云计算得到了阿里巴巴、腾讯等国内领军互联网企业的大力支持，在自身技术水平不断完善和提升的同时，也为社会各界特别是物流企业提供了更加稳定、更加可靠、更加安全的数据服务平台，能够显著提升各经营主体的数据信息处理能力，为智慧物流的进一步发展提供了有力支持。

以韵达的发展为例，韵达快递完成了专用服务软件的设计与开发工作，进一步提升了物流信息的处理能力和管理水平，在有效降低投入水平的同时实现了更好的管理效率，极大地提升了物流信息与电商平台的交互与共享能力。

4. 人工智能

人工智能技术的出现和发展也为智慧物流注入了新的发展动力，极大地提升了智慧物流的发展水平。目前，人工智能技术已经在许多领域得到了良好应用，在无人驾驶技术、自动仓储技术、无人物流技术等领域表现出显著的应用价值。实现了一种更加智能化、更加高效率的管理模式，极大地提升了相关领域的管理效率。

而智能网联汽车2018年被国家确立为汽车工业重要创新发展目标之一，该产业的发展将积极推进自动驾驶技术在我国的应用发展，同时这也是一个重要的产业信号，将引导各汽车企业、物流企业、科技企业积极参与智能网联汽车技术的研究和应用工作。

5. 区块链

作为目前科技领域最受关注的创新技术之一，区块链技术将以其显著的安全、开放、可靠等优势特性成为许多领域技术缺陷的有效解决方案。目前，金融系统成为区块链技术的重要应用领域，为金融安全、信用评估等问题提供了一种更科学有效的解决方案，推动了金融系统的创新和发展，并为全新金融服务模式的出现和发展奠定了良好基础。而区块链技术在克服物流供应链信息不对称、不透明等问题时也表现出积极的作用，能够发挥区块链技术的优势降低物流供应链的成本并提升其运营效率。

区块链技术也受到了电子商务、物流等行业的广泛关注。天猫国际、菜鸟网络等于 2018 年共同提出区块链技术试点项目，将其作为物流信息全过程跟踪、供应链信息充分共享的重要工具，实现了对生产流通全过程的跟踪监控，也为跨境贸易的产品质量提供了有效保障。目前，该试点项目已经在 50 余个国家的 3 万多种商品中得到了有效应用，成为进口商品信息追溯的有效工具。

四　我国物流业发展的主要特征

1. 公路货运市场发展放缓

在国内外市场环境变动的共同影响下，我国公路货运的发展速度有所下降。全国公路货运量在 2018 年达到了 395.9 亿吨，相较于 2017 年增加了 7.6 个百分点，增长速度下降了 2.4%。加之我国环境保护政策的调整变化对柴油车的发展造成了不利影响，在导致货运车结构发生变化的同时也使得公路货运量呈现出短期下滑的现象。统计数据表明，全国货运总量中公路运输的比重于 2018 年年底达到 76.9%，这一数据稍低于 2017 年的 78%。公路货运周转量则实现了 6.6% 的同比增速，增长速度下降了 2.6%，总量实现了 71202.5 亿吨公里。在全国货运总周转量中公路货运所占比重约为 34.7%，同比变化相对不大。公路通车里程数近 490 万公里，公路货物运输在全国运输中的比重仍然相对较大。

公路货运价格下降趋势明显。2018 年，中国公路物流运价指数年平均 97.7，同比降低 8.7。2018 年 12 月，指数 96.6，相比于 2018

年1月102.5下降5.9点，全年指数继续保持小幅下滑发展状态。

在运输效率方面，公路货运效率呈现出一定的下降趋势。月均货运效率指数约为93.34，稍低于基准数（100），与去年同期相比约减少了2.6个百分点。导致上述行业不景气的原因在于需求端持续疲软，行业运力过剩问题比较突出，呈现出显著的买方市场特征，货运资源利用率不足的问题相对显著。

在我国产业结构优化调整的过程中，公路货运的需求运输距离一般不超过400公里，在总需求中的比重约为70%。而城市配送运输需求所占比重则约为50%。运输距离超过400公里的业务比重在30%以内。公路运输增长最快的环节为城市配送。但是干线运输的业务量仍然居于主导地位。差异性的运输服务需求使得运输方式的效率也呈现出显著差异，但运输里程、时效等问题仍然是货运服务质量关注的焦点。整体呈现出以下市场特征：①零担快运业务成竞争热点，表现出日益显著的集中化、网络化、专业化发展优势，具备良好的投资发展前景，吸引大量经营主体参与市场活动从而加剧市场竞争；②整车运输呈现出更快的整合速度，但是尚未形成典型的层次性发展格局，整合速度有待提升；③零担专线表现出更加显著的合作发展特征。虽然其规模效应低于零担快运但是整体呈现出良好发展势头，业务规模不断扩大，合作水平也不断提升，产生了更加显著的综合效益。

2. 铁路货运市场持续向好

我国铁路货运继续保持良好的增长势头。2018年全国铁路货运周转量及发送量分别为28821亿吨公里和40.3亿吨，与2017年相比分别实现了6.9%和9.2%的增长幅度。在货物发送量中，国家铁路实现了31.9亿吨的发送量，相比2017年增加了2.72亿吨，增长幅度达到了9.3%，铁路运输总收入同比上升了10.9个百分点，以7720亿元的水平成为史上最高水平。具体情况详见图4-3、图4-4。

在国家发展战略的指导之下，我国运输系统的“公转铁”调整步伐进一步加快。2018年9月，国务院办公厅《推进运输结构调整三年行动计划（2018—2020年）》要求大宗货物运输“公转铁、公转水”，这是缓解公路运输压力，推进铁路运输的重要指导纲领。中国铁

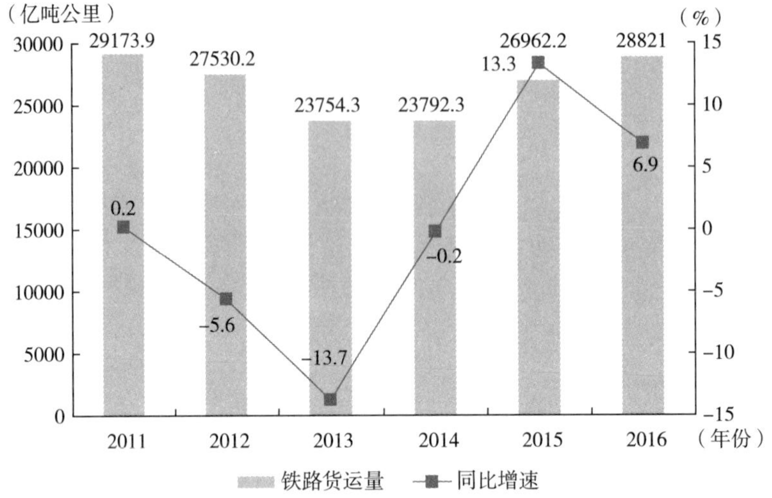

图 4－3　2013—2018 年铁路货物周转量及其增长速度

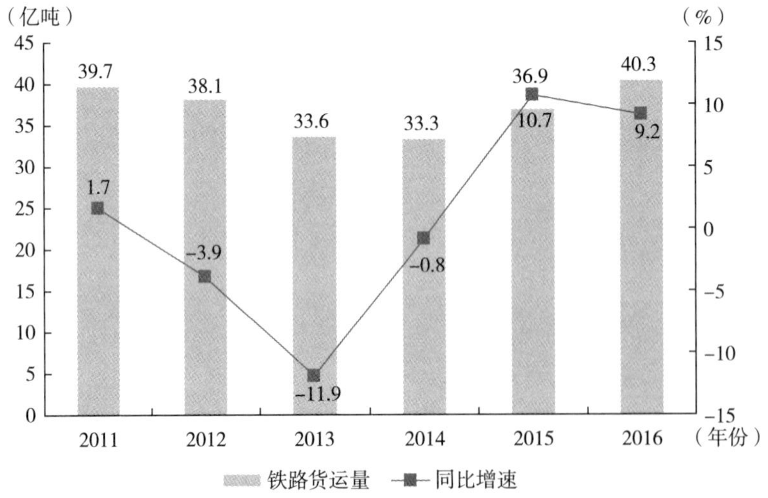

图 4－4　2013—2018 年铁路货运量及其增长速度

路总公司启动环渤海及山东地区 15 个港口大宗货物公路汽车运输转向铁路运输三年货运增量行动方案研究，重点在于环渤海及山东、江苏北部沿海港口，将 17 个港口 5 亿吨公路矿石运量作为研究重心，在“一港一策”制度要求下，结合每个港口实际情况，出台疏港矿石铁路运输方案。

多式联运保持良好发展势头，实现了较好的发展成果。在铁路部门创新发展的推动下，我国多式联运业务的发展水平不断提升，运输效率也显著提高，为广大客户提供了更加稳定、便捷与可靠的多式联运服务。2018 年，多式联运模式成为铁路部门推进发展的运输方式，重点开展集装箱海铁联运、江铁联运、国际联运，深度开发物流项目总包、白货运输班列等模式，对接取送达进一步优化，坚持打造全程物流运输。多家铁路运输龙头企业纷纷开展深度合作，积极探索多式联运的科学发展模式，推进多式联运的创新发展，取得了良好的发展成就。中铁快运、中国铁路成都局集团联合推进“一次报价、一次收费、一次承运、一票到底、一份合同、一次赔付”的“六个一”多式联运模式，白货物流市场得到新的开拓；招商局集团、中国铁路总公司签署战略合作框架协议，多式联运作为主要协商核心，多式联运体系建设、园区综合开发、金融资本运作等成为双方深度合作重点。

高铁快运保持良好发展势头。在我国高速铁路建设事业快速发展的过程中，高铁里程数不断增加，综合运力也不断提升，为高铁快运的发展创造了良好的外部环境。以中铁快运为代表的物流服务主体积极把握高铁事业发展的良好契机，积极推进高铁快运业务，提高运输资源的整合水平和服务质量，不断提升运力资源的综合利用率，实现了良好的工作成效。为电子商务等商业模式的快速发展提供了有力支持。而以“高铁极速达”“高铁顺手寄”“高铁京尊达”“高铁生鲜递”等为代表的创新型服务也保持着良好的发展势头，逐渐构建起各大物流企业广泛合作的发展格局，极大地提升了货物运输周转效率，提供了更加完善、合理、高效的物流服务。

继续保持混合所有制改革发展速度。在物流业转型发展过程中，我国体制改革工作也持续深入，不断完善物流市场发展格局，积极发挥非公经济的优势作用，提升物流业整体管理水平和发展水平。在这一过程中，中国铁路总公司、中铁快运等国有企业纷纷开展社会性合作工作，积极寻求外部合作机会，与腾讯、吉利控股、顺丰控股等企业开展深度合作，不断丰富物流服务内容，实现优势资源的有效互补，以此提升铁路运输整体水平，在服务体系优化的同时提升服务质量和服务效率，充分满足客户对高水平运输服务的需求。

不断提升物流服务专业化水平。我国铁路运输确定了以集装箱运输为中心的创新发展战略，积极开展多式联运、国际联运事业，为铁路运输模式创新、铁路运输产业结构优化调整提供了一种更科学的思路。双层集装箱运输模式得到初步探索，2018 年 12 月，铁路部门宁波—绍兴段路，第一次开展双层集装箱班列运行，多式联运效率、质量等得以全面提升。在积极发挥自身资源优势与规模优势的基础上加强外部合作，先后与上汽、一汽、东风汽车等客户构建起良好的战略合作关系，积极提升物流基地和节点的建设发展水平，着力发展商品汽车铁路运输，使商品汽车铁路运输比例得到快速发展。在铁路运输中，冷链运输线路的建设也得到快速推进，通过加大开发力度，已经见到冷链运输的显著成效，冷链班列、整列冷链运输已经具有一定发展规模。

加强中欧铁路运输合作，为“一带一路”事业发展提供有力支持。中欧班列 2018 年共开行 6300 列、同比增长 72%，根据《中欧班列建设发展规划 2016—2020》的战略安排，中国铁路总公司积极拓展中欧铁路运输市场，不断完善运输格局。返程班列 2690 列、同比增长 111%。返程班列占去程班列比例，从 2017 年 53% 提高到 72%。截至 2018 年 12 月，中欧班列在过去 8 年时间累计运行 12937 列，国内开行城市 56 个，开设 65 条中欧班列线，到达欧洲 15 个国家、49 个城市，逐步形成了西中东三条主要线路。

3. 水路货运市场增长缓慢

水路货运保持稳定发展。2018 年全国累计完成 69.9 亿吨货运任务，与 2017 年相比上升了 4.7 个百分点，同时货运规模有所上升，实现了 99303.6 亿吨公里的发展成果。

港口运输呈现出增速下降的问题。各项影响因素总结有：中美贸易摩擦、环保治理、大宗商品需求减弱等。全国港口生产增速呈现出稳定趋平现象，2015 年以来增速持续递增现象终止。全年规模以上港口货物吞吐量133亿吨，同比增长5.0%，外贸货物吞吐量42亿吨，增长2.7%。规模以上港口集装箱吞吐量24955万标准箱，增长4.2%。但是受到中美贸易战关税增加这一预期影响，贸易商会提前抢在关税提升以前实现大增量贸易运输，这种情况下看到中美贸易货量不降反增，中美贸易运输需求被严重透支。进口铁矿石出现连续数年内首次下跌（1%），进口量依旧处于高位状态，但这些变化都说明，中国工业、建筑业对铁矿石等大宗商品需求降低，港口货量降低受到此因素影响非常明显。

集装箱运输呈现出良好发展势头。在国家发展战略的支持和鼓励下，我国集装箱运输事业迎来了黄金发展时期，运输规模和综合效益水平不断提升，港口集装箱运输的吞吐能力也得到了显著提升，在国际集装箱运输领域的影响力不断拓展，在国际集装箱运输市场中的话语权也不断增强，先后与2M、OCEAN、THE等全球性航运联盟达成了合作意向，积极参与国际集装箱运输活动，不断提升我国集装箱运输的发展水平。

受产业结构优化调整、市场需求变化等因素的共同影响，我国水路货运市场呈现出更加显著的细分发展特征，以国际集装性运输、干散货运输为代表的市场整体表现出增速放缓的趋势。其中，干散货运输市场呈现出比较显著的增速下降现象。受大宗商品（煤炭、粮食、矿石）需求下降的影响，我国沿海干散货的运输规模增长速度呈现出一定的下降情况。但是市场整体发展保持良好状态，市场发展前景依然乐观，全国干散货船的数量、载重量有所增加，现有干散货船1832艘、6247.56万载重吨，同比增加161艘、725.68万载重吨。水路运输保持着不断增强的发展趋势，以煤炭为例，2018年国内北方港口的下水量为8.12亿吨，同比增长9.1%。

整体来看，在2018年，我国沿海干散货运输市场价格呈显著的波动特征，运价指数的发展特征表现出特殊的“W”形走势。运价指数最高点达到了1477.53点，出现在1月；此后运输价格呈现出下降趋势，全年最低点为4月中旬。在相关政策调整变动的影响下，运输价格略有提升。在台风等不利气候影响下，干散货运力出现了短期紧张问题，2018 年第三季度运价相对上升；此后再次出现下降情况。

沿海集装箱运输增速较快。2018 年，沿海港口内贸集装箱运量同比增长 7.9%，增速同比增加 1.4%。截至 2018 年 12 月，国内沿海省际运输 700 标准箱以上集装箱船 252 艘、71.6 万标准箱，同比增加 57 艘、11.06 万标准箱，载箱量增幅 18.27%。全年新增运力 62 艘、12.34 万标准箱。

沿海煤炭、粮食“散改集”等因素影响下，内贸集装箱运输需求相对稳定，新造船投放量增加问题导致运力过剩，出现运价成本明显降低现象，甚至有企业暂停航线经营，这反而促进市场集中度提高。市场供需关系平衡实现运价回调，2018 年运价走势为“U”形。全年内贸集装箱运价指数接连下滑，只有第三季处于相对回升状态。沿海集装箱运价指数平均值 1126.33 点，同比下降 8.3%。

4. 航空货运市场略显低迷

航空运输表现出稳定发展趋势。2018 年航空货运总量实现 738.5 亿吨，与 2017 年相比增长幅度达到了 4.6%，但增长速度有所下降。货物周转量则实现了 262.4 亿吨，与 2017 年相比增长了 7.7%，但是增速下降了 1.8%。虽然平均增速有所下降，但是增长速度仍然高于国际平均水平，航空货运整体表现出良好的发展状况。

中美贸易摩擦导致我国国际航线货运市场增速降低，我国国际航线货邮运输量同比增长 9.3%，增速同比下降 6%。但是与国内航线货运增速相比，国际航线货运增速仍相对较高。

市场集中度略有减弱。在新兴航运市场快速发展的冲击下，航运市场格局发生了一定变化，浦东国际机场、首都国际机场、白云国际机场等为代表的热点机场的航运吞吐量分别是 376.86 万吨、207.40 万吨、189.06 万吨。北京、上海、广州机场货邮吞吐量，占全部境内机场货邮吞吐量的 48.8%，同比下降 1.1%。

以中西部城市为代表的二线城市呈现出货邮比重快速上升的发展势头。其中以西安机场的货运需求增长速度最快，成为全国枢纽机场需求增速最大的机场，达到 20.3%。同时，武汉、济南等机场的货运需求增速也十分突出，均接近 20% 左右。

市场竞争不断加剧。虽然目前我国航运市场仍然表现出以三大航为核心的发展格局，但是以顺丰航运为代表的新兴力量表现出快速发展势头，对航运体系的传统格局造成了显著影响。据有关统计数据，我国专用航空货机的数量不断增加，航空运输能力也不断提升。截至2018年8月7日，中国境内航空公司累计拥有货机225架，专属快递行业的航空货运公司有3家，自有全货机113架。截至2019年2月12日，顺丰航空公司中国境内全货机52架。圆通正式投入运营第10架自有全货机。2018年11月6日，京东物流首架全货机天津—广州航线成功首航。普洛斯、海航集团战略合作伙伴关系确立，全面合作领域包括：基金管理、金融服务、整合现代物流上下游生态体系等，现代物流生态链由此创建。

电子商务特别是跨境电商的快速发展为航空货运的发展创造了有利环境。在跨境电商快速发展的推动下，航空货运成为满足客户物流服务需求的重要工具，成为跨境电商的首选物流模式，这就为航运市场的发展创造了良好的市场条件，需求的增多将显著提升航运业务量，成为航运市场的新增长点，一定程度上缓解了航运市场增速下降问题，有效弥补了行业发展的业务需求。

5. 仓储市场平稳增长

仓储指数在2018年实现了51.3%的平均水平。与2017年相比，这一指数下降了1.1%。在指数分布情况，低于50%的情形仅有3个月，与2017年的7个月相比，收缩区间显著减少，表现出相对较好的整体发展状况。

业务需求则整体表现出稳中有升的发展状况。全年业务量指数平均水平达到了52.7%，虽然稍低于2017年的平均水平，但是下半年的平均水平显著提升，整体发展状况较上半年表现出显著改善。

运行效率具体可从盈利能力、周转效率等指标出发进行评估分析。盈利能力通常以业务利润指数、主营业务成本指数为评价指标，这两项指数的全年平均水平分别为49.7%和53.5%，与2017年相比成本指数的增长幅度显著高于利润指数，运营成本较高的问题仍然比较突出；而周转效率则具体通过库存指数、库存周转次数指数进行评价，两项指数的年均水平分别为 51.2% 和 52.1%，基本保持着与2017 年同等的水平，周转效率略有提升，库存水平的增速则有所放缓。

市场供给的增长速度有所下降。统计数据表明，2018 年我国仓储物流业务的固定资产投资表现出比较显著的下降态势，仅为 6766.7 亿元，同比下降 1.3%，并且在 2017 年、2018 年连续两年均出现了负增长。仓储供给增速根本不能达到市场需求标准，导致供需矛盾进一步加剧。高标准仓库匮乏现象愈发明显，供应量区间仅有 5000 万—6000 万平方米，供应缺口 1 亿平方米，成为影响我国仓储物流良性发展的主要制约因素。

仓储物流成本不断增加。受市场供需结构失衡问题的影响，我国各城市的仓储物流成本呈现出不断上升的变化趋势，各类基础设施的租赁使用成本不断增加，导致仓储物流经营主体的成本压力不断增加，也对仓储物流服务的综合质量水平产生了不利影响。以北京、上海、广州、深圳等为代表的大型城市的仓储物流成本显著上升，物流资源利用率则出现了不同程度的下降问题，导致了仓储资源闲置浪费与租金成本上升问题同时存在，严重影响了仓储物流的良性发展，也对我国物流业的稳定发展产生了不利影响。

市场格局不断优化，集中度水平显著提升。在仓储物流业发展过程中，以京东物流、菜鸟网络为代表的大型电商企业、物流企业纷纷开展仓储自建运营工作，使大型电商、物流公司的仓储物流资源不断增加，管理及服务水平也不断提升，在行业仓储物流结构中的比重也不断增加，使行业集中度进一步加强。除传统电商、物流企业以外，以万科等为代表的新参与者也积极开展物流基础设施建设工作，进一步提升了仓储物流市场的发展水平，为仓储物流市场的发展注入了更多活力，在实现新进入者多元化发展目标的同时也不断丰富仓储物流市场资源，充分表明了仓储物流市场的良好发展前景，使仓储物流成为最受关注的投资领域之一，为产业的快速发展提供了充足的资金和资源。

仓储物流智能化管理趋势明显。在现代信息技术创新发展的推动下，物流业的信息化水平不断提升，管理效率和服务质量也显著提升，使得低端仓库的比重下降，基于现代信息技术的高端仓储则呈现出快速发展势头。仓储技术日渐以信息化、高科技、机器人为发展方向，高效率仓储集成体系、物理传输传感设备、自动分拣设备、自动包装设备，托盘标准化、循环利用等领域成为重点项目。在国家的支持和鼓励下，以菜鸟网络为代表的物流巨头纷纷推进仓储物流智能化转型发展，不断提升仓储物流管理的信息化与智能化水平。菜鸟网络全国首个物联网（IOT）机器人分拨中心在南京启用。IOT 技术可实现多达百台机器人于分拨中心高效率移动，实现南京方向超过 60 个配送网点包裹有序分类，物流全面数字化、智能化由此成为可能，高效配送成为行业发展趋势。2017 年 12 月，国家发改委、商务部联合认定菜鸟、京东、顺丰、苏宁等 10 家企业，作为“国家智能化仓储物流示范基地”，10 家企业信息化和设备投资占比均值都超过 25%。

6. 快递市场高速增长

在物流业快速发展的过程中，快递服务呈现出更快的发展速度。全年累计业务量达到了 507.1 亿件，与 2017 年相比实现了 26.6% 的增长速度，但是增速同比下降了 1.4%。与此同时，快递业务的总收入达到了 6038.4 亿元，与 2017 年相比增加了 21.8 个百分点，整体增速则下降了 2.9%。

从快递业务类型来看，同城业务、异地业务、国际业务所占比重分别为 22.5%、75.3% 和 2.2%，主要业务为异地快递业务。三大业务的全年业务量分别为 114.1 亿件、381.9 亿件和 11.1 亿件，与 2017 年相比同城业务所占比重有所下降，其他业务所占比重则呈现出不同程度的上升态势，但是三大业务量均表现出增长势头。

以区域分布来说，2018 年，东部、中部、西部地区快递业务量比重分别为 79.9%、12.3%、7.8%，业务收入比重分别为 80%、11.2%、8.8%。同比结果显示，东部地区快递业务量比重降低 1.2%，快递业务收入比重降低 0.9%；中部地区快递业务量比重提高 0.7%，快递业务收入比重提高 0.4%；西部地区快递业务量比重、快递业务收入比重均提高 0.5%。

服务效率和服务水平有所提升。根据客户服务满意度的调研分析结果，2018 年消费者对快递服务的满意度水平有所提升，综合得分结果达到了 75. 9 分，略高于 2017 年的评价结果。调研结果表明，运送质量、服务范围、服务水平等指标的评价结构均实现了不同程度的上升，充分表明了快递服务质量的良好上升势头，能够更好地满足消费者对高质量、高效率快递服务的需求。

在快递行业快速发展的同时，行业集中度水平有所提升。以顺丰为代表的现代大型快递企业的市场份额不断提升，市场影响力也不断增加，使快递市场表现出日益显著的行业集中情形。与此同时，顺丰快递的业务规模首次超越了佐川急便，正式成为全球前五的快递企业之一。

在快递业务量不断增加的同时，单件收入则呈现出下降趋势。收入增速的下降程度也超过了业务量增速的下降程度。统计数据表明，2018 年全国快递件的平均收入水平约为 11. 9 元，与 2017 年 12. 36 元的件均收入相比有所下降。其中下降幅度较大的快递企业为韵达、圆通等，其单票收入的下降幅度分别达到了 7. 34% 和 10. 81% 。导致上述问题的主要原因在于日益激烈的市场竞争。快递公司为了保证市场占有率，频繁推出各类优惠活动以吸引客户，这就使得快递单件平均收入水平有所下降。

快递配送体系日趋完善，末端网点数量不断增加。在国家政策的积极推动下，我国快递行业的发展水平不断提升，逐渐形成了更加高效、便捷的快递投送体系，公共服务站点、智能快件箱的数量不断增加，创造了更好的快递末端投递环境，更好地满足了终端消费者的快递服务需求。统计数据表明，截至 2018 年，全国乡镇快递网点建设达到了 92. 4% 的覆盖率，充分保证了快递末端投送的质量水平和服务能力，创造了日趋完善、高效的末端服务体系，为快递市场的快速与稳定发展创造了良好条件，也极大地提升了快递业的整体发展水平。

快递市场呈现出综合化的发展特征。受客户需求多样化、个性化的影响，快递企业的产品服务也逐渐细化，诞生了日益丰富的产品类型和服务模式，在积极满足客户需求的同时也实现了自身服务模式的转型，逐渐由传统的规模化发展模式转变为即时配送、零担快运等服务模式，极大地提升了快递服务的专业化水平和综合化水平，加快了快递企业的转型发展速度，使其逐渐发展成为综合物流服务供应商。

先进技术的应用也不断降低快递行业的劳动力需求。以大数据、人工智能、云计算为代表的现代信息技术在发展过程中极大提升了物流管理的信息化、自动化水平，在有效提升管理水平和业务效率的同时也降低了对人工作业的需求，在有效缓解快递企业人力成本压力、用工难等问题的同时也提升了企业的综合经营效益。先进技术的应用使得快递业对人员的需求显著降低，快递业减人化的发展趋势日益明显。

第四节 现代宏观物流管理问题和解决措施

一 现代城市物流的发展

社会经济的发展在不同发展阶段形成了各自不同的经济结构。对于现代社会而言，第三产业在产业结构中的比重不断提升，成为目前发展速度最快、最具活力的产业。与人口增长速度相比，城市物流发展速度明显滞后，特别是交通运输等基础设施建设领域表现得尤为突出，成为制约社会经济发展的主要因素（王哲，2016；Anderson et al.，2005；Schliwa et al.，2015）。

（一）现代城市物流发展存在的问题

1. 基础设施建设有待完善

基础设施是物流产业发展的前提基础。虽然目前我国已经在社会建设方面取得了巨大成就，逐渐构建起相对完善、可靠的交通运输网络，但是与发达国家相比仍然存在较大差距，交通运输能力仍然无法充分满足社会经济发展的需求，限制和制约了物流业的发展壮大。这一问题不仅导致了物流效率较低的问题，同时也造成了物流成本居高不下的结果。

2. 产业布局分散

受地区发展差异的影响，不同城市在产业布局方面存在相对分散的问题，尚未形成显著的集群效应，导致不少企业在配套设施建设方面缺乏充分资源，在资源整合方面也存在较大问题，难以满足物流规模化发展的需求。不少物流企业都未形成完善的服务体系，仅具备基础的仓储、运输条件，并不具备流通加工、信息管理等能力，难以满足客户对高水平物流服务的需求，制约了自身的良性发展。

3. 相关法律法规不健全

外部监管是行业良性发展的必要条件。政府职能部门的监督与管理将充分保证物流业的科学发展。在监管缺失的情况下，物流市场及行业的发展必然陷入混乱。因此，政府职能部门的监督管理将有效避免市场混乱问题的发生，引导行业良性发展。目前，我国不少地区尚未形成完善的市场监督机制，政府职能部门未能履行其监管职责，对物流业的发展造成了不利影响。

4. 信息化程度较低

在运营管理模式方面，目前我国大多数物流企业仍以传统的人工管理为主要方式，存在效率低、质量差的问题。在物流运营管理环节，虽然条形码、物联网等现代技术得到了一定应用，但是整体应用水平仍然比较低，导致我国物流企业的综合运营管理水平与发达国家先进企业之间仍存在较大差距，极大地制约了我国物流企业的发展，难以满足广大客户对物流服务的需求。

5. 交通运输管理体系有待完善

从物流运输工具的层面来看，目前国内物流企业也存在工具落后的问题，无法保证物流运输的效率，造成物流企业运营成本高、效益差等问题，也影响了物流服务质量。在基础设施建设方面，我国交通运输网络也不够健全完善，在规划建设方面也不够科学合理，既导致了资源浪费也难以满足物流需求。

6. 从业人员素质有待提高

虽然物流企业部分高层管理人员具备比较丰富的行业经验，但是受自身能力的影响，不具备战略分析和管理的能力，难以准确把握市场变动和行业变化，无法针对性地调整经营策略，导致企业经营发展与市场需求的脱节。也有一些管理人员观念落后，仍然停留在传统的管理理念和管理模式，难以满足物流业现代化、信息化发展的需求。此外，基层从业人员大多数学历水平较低，缺乏提供高质量物流服务的能力，无法满足物流企业快速发展的需要。

（二）现代城市物流发展问题的成因

1. 对物流产业重要性缺乏认知

一些政府部门并未认识到物流业对城市发展的重要意义，在城市管理工作中缺乏对物流法律、行业规章的充分重视，导致相关行政管理工作滞后，难以满足物流业高速发展的需求，也无法保证物流业的良性与稳定发展。因此，当务之急是帮助有关部门树立科学认知，充分认识到物流业对城市发展的重要性。

2. 城市物流管理方式落后

管理方式的落后也是影响物流业发展的主要因素。由于缺乏科学的、先进的管理方式，使物流企业无法对物流活动进行系统、科学的经营管理，导致物流流程出现了协调不利的问题，严重制约了物流效率。整体来看，目前我国不少物流企业的管理模式仍停留在传统的方式，在各项物流活动环节（如采购、生产、销售、运输、仓储、配送等）缺乏科学规划与有效管理，不利于物流业的健康发展。

3. 城市物流管理体系不完善

一些地区在物流产业整体发展过程中缺乏统筹和协调，导致物流业的各个环节、领域之间相互割裂，未能形成完整、通畅的物流体系。政府职能部门在监管工作中存在权责模糊、效率低下、本位主义等问题，导致物流业发展混乱，难以形成协同效应实现良性发展。

4. 城市物流服务体系不健全

无论是从硬件建设还是服务模式来看，国内物流业均存在较大问题，如物流相关设施建设缓慢、从业人员素质较低等，尚未形成健全完善的物流服务体系，难以满足社会经济快速发展对高质量物流服务的需求，限制了物流业的发展能力。

（三）解决现代城市物流发展问题的措施

1. 优化资源配置，加快基础设施建设

要做好资源整合工作，提高物流资源分配质量和利用水平。在仓库、交通线路等基础设施建设工作中需要做好统筹规划工作，综合考虑城市的人、钱、物等各项因素确保建设工作质量，在保证相关资源利用水平的同时实现最佳建设效果，对公路、铁路、航空、港口等进行科学的规划和建设，及时更新落后的设备。

2. 加强共同配送体系建设

共同配送机制能够充分发挥不同物流体系的优势作用，基于物流中心、中转站等枢纽节点统筹物流服务，在尽可能降低资源耗用的同时提升物流效率，构建建筑物内、城市内以及两者结合形式的共同配送体系，发挥共同配送体系的效率优势和效益优势。

3. 强化政府的领导和协调作用

在物流业发展过程中，政府需要充分发挥其领导与协调作用，根据物流业的发展需要对相关资源、要素进行科学分配，提供必要的资金扶持，以专项工作小组的形式监督、引导物流业健康发展，发挥政府监督的积极作用确保市场稳定发展，有效降低行业风险。

4. 加快信息化建设的进程

重点做好物流信息系统建设工作，为物流业信息化转型奠定良好基础。在做好网络、交通等基础设施建设工作的基础上，进一步健全完善信息交互体系，以此提升物流信息采集、处理、传递、整合及利用的质量水平，构建高效、可靠的信息交互平台，充分保证物流信息的利用水平，提升物流综合服务质量。

5. 加强对物流交通运输的管理

加快运输方式的创新发展速度，提高资源整合水平扭转运输方式单一的局面。针对现有的公路、铁路、航空等运输方式进行科学统筹，在协调不同运输资源的基础上构建起更加高效、更加全面、更加可靠的运输网络，在降低运输成本、提高运输效率的基础上提升物流发展水平，全面推动城市物流的现代化、信息化转型发展。

6. 加快从业人员的培养和引进

做好人员职业培养工作，积极开展岗位培训和业务培训工作，不断提升物流从业人员的专业水平和职业能力。此外，也要做好团队建设工作，提高人才引进能力，提升物流团队综合素质水平，以此保证物流服务质量并满足社会发展对高水平物流服务的需求。

二　现代地区物流的发展——以中原经济区为例

中原经济区是我国重要的经济区域。突出的区位优势为其发展创造了良好条件，但也存在较多问题，制约了地区社会经济的快速发展，对区域内现代物流业的发展也产生了不利影响（赵金中，2013；周广亮和吴明，2021；Heuvel et al.，2013）。

（一）中原经济区地区物流发展存在的问题

1. 物流观念相对落后

从行业发展特征来看，物流业表现出显著的投入高、周期长等特征。但是，一些政府的决策者并未能科学认知物流业的发展特征，缺乏长远的发展规划，无法保证物流业的持续稳定发展。一些企业在经营管理过程中缺乏对成本管理控制工作的充分重视，也有物流企业对自身发展缺乏科学准确的定位和长远规划，不同程度影响了物流企业的健康与稳定发展。

2. 物流信息化程度较低

目前，我国不少物流企业仍然采取传统的人工管理模式，尚未构建起现代化、信息化的新型物流管理体系。导致上述问题的主要原因在于我国相对落后的信息技术，在相关技术推广应用方面也存在滞后问题，难以保证现代信息技术的应用水平，限制和制约了物流企业的信息化发展。在信息管理系统建设工作中，不少企业缺乏科学理念和长远规划，导致物流企业信息化发展速度缓慢，不具备良好的信息共享能力。

3. 第三方物流行业规模不足

通过梳理和总结国外物流业的发展历史可知，现代物流产业的形成标志之一就是物流服务中第三方物流所占比重不低于50%。这一明确的第三方物流发展标准可用于衡量一国物流业整体发展水平。据有关统计数据，日本、美国等发达国家的物流市场中第三方物流所占比重分别达到了80%和57%，而我国第三方物流所占市场比重仅在18%左右，与发达国家之间存在十分显著的差距。上述数据不仅反映了我国第三方物流发展水平的落后，也间接表明了第三方物流巨大的发展潜力。如何提升第三方物流的发展速度和市场比重已经成为目前我国地区物流业发展的重要任务。

4. 整体物流成本较高

从成本结构来看，物流成本居高不下的问题比较突出。在现有的GDP构成中，物流成本所占比重相对偏高的问题比较突出，对地区社会经济发展产生了不利影响。目前，我国不少地区在物流业发展的过程中存在企业数量多、规模小、资源分散等问题，难以保证物流资源的利用水平，造成资源浪费、物流效率低下的困境。

5. 相关物流标准有待完善

我国物流业的整体发展时间还比较短，因此尚未形成健全完善的行业标准，难以保证物流服务的规范性。物流企业在建设使用EDI等管理系统时也缺乏协调，导致各系统之间不具备信息交互、共享的条件，难以保证物流业的协调统一发展，主要表现为既无法保证物流资源利用率，也无法保证良好的经营效益。

6. 专业物流人才匮乏

人才将成为各行各业发展的关键所在。虽然地区物流业正处于快速发展的黄金时期，但是专业性物流人才短缺的问题还比较突出，特别是缺乏高素质、复合型、经验丰富的管理人才。人才短缺问题已经成为限制和制约地区物流业发展的主要因素，人才培养问题亟待解决。

（二）中原经济区地区物流发展的对策

1. 转变思想观念，加快物流整合速度

社会经济的快速发展将为物流业发展创造有利环境，而物流业的良性发展也能满足社会经济发展的需求，二者相辅相成彼此促进。由于缺乏充分重视，我国物流业发展速度严重滞后，难以满足社会发展的需求。因此，当务之急需要树立科学理念，提高对物流业的重视程度，加快中小物流企业整合速度（Heuvel et al.，2013），充分认识到物流业对社会经济发展的积极作用。发挥政府职能部门的作用，引导、推动物流业科学发展，不断提升物流业发展水平，满足地区经济发展需求。

2. 加快提升物流信息化水平

充分发挥现代信息技术的优势作用，不断提升物流管理信息化水平，积极提升物流效率，降低物流成本。政府需要重点做好地区性物流信息平台建设应用工作，提高物流企业对信息交流共享平台的重视程度，为信息共享奠定良好基础。与此同时，要加快现代信息技术的推广应用速度，提高物流运营管理的综合效率。

3. 扩大地区第三方物流产业规模

服务效率是物流业整体发展水平的重要评价指标之一。因此，若想提升物流业发展水平，最核心的任务就是提高物流配送效率，在降低物流成本的基础上提高综合效益。对于第三方物流企业而言，需要明确自身核心业务和经营优势，提供高质量的物流服务满足客户服务需求，在赢得客户认可的基础上实现自身持续发展。这就对第三方物流企业的经营管理能力、资源配置能力和信息处理能力提出了较高要求。在参考和借鉴国外物流业发展经验的基础上，我国第三方物流需要重点做好以下工作：一是扩大自身规模，在总结经验、学习先进的基础上健全完善现代化的运营管理机制，不断提升自身物流服务质量。二是发挥合并重组的积极作用，实现资源的优化重组与科学整合，加快业务转型速度，不断提升物流服务专业化水平。

4. 加快物流管理体制改革，降低企业成本

根据物流业的发展特征和规律，针对性地制定实施科学合理的行业政策，为物流业发展创造良好的外部环境。健全完善协调机制，实现相关资源的合理配置与科学协调，加快物流业创新发展速度，推动物流业科学转型与稳定发展。加强地方政府的公共服务能力，规范地区运输市场，落实各项扶持政策，解决地区物流企业的融资、土地、税收等一系列问题，切实降低企业运营成本。

5. 推动物流标准体系完善

物流业的健康发展离不开行业标准的约束和监督。政府职能部门需要从物流业的发展需要出发，制定科学合理的行业标准和发展规范，为物流业良性发展提供有效保障。物流标准的制定过程要强调企业的主体作用，要让物流企业充分参与相关物流标准的制定，使物流标准更符合地区物流企业的发展现状，在地区物流业的发展过程中发挥更积极的作用。

6. 创新物流人才培养机制

针对物流人才短缺的实际问题对原有的人才培养机制进行优化和改进，切实有效地提升物流人才培养能力，更好地满足物流业科学发展的人才需求。一是鼓励高等院校开设物流专业，提升高水平、专业性物流人才的培养能力。二是鼓励物流企业积极开展在职教育培训工作，针对性地提供物流相关理论知识和技能知识，不断提升物流从业人员的综合素质水平。三是发挥社会力量的优势作用开展职业教育工作，共同提升物流业的科学发展水平。

第五章

现代国际物流管理问题研究

第一节　国际物流概述

一　国际物流的内涵

中华人民共和国国家标准《物流术语》（GB/T18354—2006）将国际物流（international logistics）定义为“跨越不同国家（地区）之间的物流”。具体表现为产品的供应方与需求方并不属于同一个国家或地区，在发生产品交易时需要实现相关产品跨越国境的实体流动从而克服产品供需在时间、空间方面的矛盾问题（张亮和李彩凤，2018）。

国际物流以现代国际分工为发展基础，以国际惯例为重要依据，发挥国际物流网络的职能作用，充分保证物流技术、设施的利用水平，满足货物在不同国家或地区之间的流动与交互需求（Liedtke and Friedrich，2012），实现货物跨国运输的同时使资源得到科学配置，并提升区域社会经济的发展水平。

从业务结构来看，国际物流可以理解为国内物流在国际市场上的延伸与发展。国际物流的形成基础为国际贸易，但国际物流并非简单的国际贸易支持工具，同时也是国际产业价值链的核心构成要素（刘新楼，2019；吴可，2020）。这一重要地位肯定了国际物流在国家经济往来中的重要地位，也肯定了国际物流在提升跨国企业经营发展水平和效益水平方面的重要价值。因此，许多学者都将国际物流界定为全球经济一体化发展环境下新的利润增长点，即“第三利润源”。

国际物流最基本的功能作用是满足国际贸易需求和经营过程中的跨国物资运输需求，以最佳的运输方案、最低成本、最低风险实现货物跨国运输流通的最佳效率和最大效益。

根据其具体的发展结构，国际物流体系的基本构成要素为产品收发终端节点、流通路径以及相应的信息流。其中，收发终端节点是产品跨国流通运输过程中所涉及的各类服务节点和管理节点，以仓储服务系统、贸易区域、管理口岸等为典型代表。上述节点也是商品在国际物流过程中进行停留、收发管理的场所，借助其功能作用克服产品供需在时间、空间等因素上的不统一问题，为国际商业往来目标的实现提供必要保障；流通路径则是不同节点之间的具体连线，是产品运输流通的具体途径，主要表现为铁路、公路、航海、航空等运输方式的线路和管理机制。连线的广义内涵具体由国内连线、国际连线等不同要素构成。连线是货物运动、流通所表现出来的具体渠道和途径。信息流则表现为基于邮件、电话、传真、互联网等不同载体为基础的信息交流活动，具体形式包括大量出口单证、库存记录表、国际订货单据等。

对于国际物流而言，影响产品流通速度与质量的因素不仅表现为供需双方所约定的物流模式和管理机制，同时还包含产品跨境流通过程中各相关管理、监督部门的运作机制和管理策略。其一般流程概括如图 5－1 所示。

二　国际物流与国际贸易

（一）国际贸易的概念

国际贸易的含义是发生于不同国家或地区之间的资源要素的交换活动，具体表现为出口、进口两种不同的形式，交换活动的对象以各类实物商品、无形技术及服务等为主。国际贸易这一经济活动表现出显著的涉外特征，在国家体制、经济环境等方面与国内贸易相比存在较大差异，在交易环境、流程、标准等方面各有不同，贸易过程和内

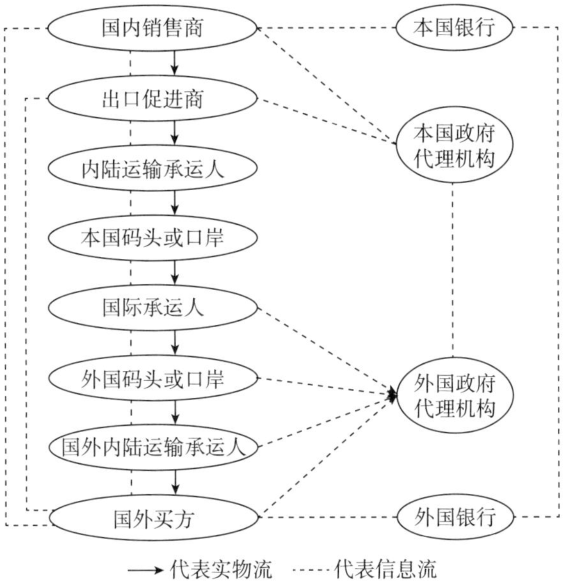

图 5-1　国际物流业务的一般流程

容也相对复杂，因此在贸易管理方面也将存在更大的难度。在社会经济不断发展特别是全球经济一体化发展的过程中，国际贸易的内涵不断丰富和发展，逐渐由最早的实体物品交换发展至包含技术、服务等无形商品的交换流通（林俊，2017；张亮和李彩凤，2018）。实物商品具体为原材料、半成品、产成品等产品；而以技术和人力资源为核心的服务贸易也保持着良好发展。基于世界贸易组织（WTO）的相关标准，国际服务贸易具体包含商业服务、通信服务、建筑服务、销售服务、教育服务、环境服务、金融服务、健康服务、旅游服务、文化服务、运输服务、其他服务 12 类贸易内容。

（二）国际物流与国际贸易的关系

国际物流的出现和发展是以生产的国际分工、商品的国际贸易为前提条件的。发展至今，国际物流对国际贸易表现出巨大影响，两者之间的关系日益紧密。

1. 国际物流是国际贸易的基础

社会生产的国际分工将成为国际合作的形成基础，而国际合作的科学发展也将进一步提升国际分工的发展水平。

国际贸易关系中的资源流动具体表现为物流、商流等内容。物流属于物品的流转和运输，而商流则是基于国际惯例的商业活动。从出口企业的角度来看，国际物流是其经营服务质量的重要保证。只有充分保证了国际物流的便捷性与效率性才能获得国外客户的满意和认可，才能为自身发展奠定良好的客户基础。

2. 国际贸易推动了国际物流的发展进程

自“二战”结束以来，经济建设成为世界各国的共同发展目标，技术创新和应用也成为各国共同关注的重点。受此影响，全球生产力水平得到了显著提升，国际经济环境也日趋向好。这就为国际贸易的快速发展创造了良好的外部环境。与此同时，部分发达国家和地区已经完成了资本的原始积累，对投资收益产生了浓厚的兴趣。而相对有限的国内市场无法满足其利益需求，在信息处理技术、交通运输条件等的支持下，跨国公司出现并迅速成为国际经济往来的主要力量。在国际贸易快速发展的同时，货物、信息的跨国流动效率也不断提升，形成了更大规模的资源交换和流通。

3. 国际贸易对国际物流提出新要求

在科技创新发展以及国际政治、经济环境不断变化的共同影响下，国际贸易的内容也随之发展变化，客观上要求国际物流随之转变和发展才能确保两者的协调一致（戴维，2014）。

（1）经济要求。与国内贸易相比，国际贸易的内容和过程更加复杂，使得国际物流的复杂性也相对较高，呈现出环节多、时间长等特征。在全球经济一体化发展的影响下，国际物流的竞争也不断加剧，通过物流成本的科学控制实现价格优势成为物流企业最基本的竞争方式。而以大数据、物联网、云计算为代表的现代信息技术的出现为国际物流管理提供了更加科学有效的工具，在减少物流成本、提升物流效率方面发挥了积极作用，为国际物流运营管理提供了一种更科学合理的解决方案。这就为国际物流的生产经营开创了一种新的模式，成为物流企业增强自身竞争力、提高自身发展能力的有效工具。

（2）效率要求。订立与履行贸易合约是国际贸易的重要环节。为了履行贸易合约，国际物流是不可或缺的基本工具之一。而国际物流效率则很大程度上决定了贸易合约的履行质量。因此，保证物流效率成为国际贸易管理的重要目标，优化和改进国际物流的各个作业环节将成为提升物流效率的最基本操作。

（3）运作要求。在社会经济发展变化的过程中，国际贸易结构也不断发展变化。表现在贸易对象方面，则逐渐由传统的原材料、初级产品向高附加价值的高级产品方向转换。这种变化也要求物流运作的效率和质量达到更高的水平，才能确保高价值产品的流通安全性与可靠性。而国际贸易多元化的发展出现了多样化的物流需求，客观上要求国际物流具备加快自身个性化、灵活性转型发展的速度。

（4）安全要求。在日益复杂的社会环境和经济环境中，贸易的安全风险不断提升。基于全球生产分工的国际贸易将表现出产品生产、分配的跨国流通现象，从而使国际贸易的安全风险更大。为了有效克服自然环境、社会环境和政治环境所导致的贸易风险，必须充分保证国际物流策略的科学水平，根据沿途的气候和地理条件，结合当地政治局势制定科学合理的运输方式与路线，充分保证产品流通过程的安全性和可靠性，有效克服不利因素对产品流通安全的影响，确保货物流通的安全水平。

由以上论述可知，国际物流的发展必须以国际贸易的发展和内在需求为前提基础。根据国际贸易的实际需求进行优化和改进，以此确保自身服务的科学性与有效性。国际贸易的发展对国际物流的专业性、国际性提出了新的要求，客观上加快了国际物流的创新发展速度，不断降低物流成本提升物流效率，从而提供更高效、安全的物流服务，确保国际贸易顺利发展。

（三）现代国际物流的发展历程

（1）自 20 世纪 50 年代至 80 年代初，此时世界各国的物流设施与技术表现出良好的发展态势，基于电子计算机管理工具的现代配送中心不断涌现，自动化仓库、标准化物流管理机制的出现和发展极大地提升了物流服务质量。而物流系统的不断完善也为国际贸易的快速发展提供了更加积极有效的保障，但是此时国际物流的重要性还未得到世界各国的广泛认可。

（2）自20世纪80年代初至90年代初，在国际经济往来日益频繁的过程中，物流技术和物流设施设备也呈现快速发展的势头，为物流全球化发展创造了有利环境。世界各国开始对国际物流形成了广泛关注。唐纳德·鲍尔索克斯指出，20世纪80年代的美国在经济发展方面出现了速度下降、持续低迷等问题，迫切需要一种新的经济发展模式实现自身稳定发展。而国际贸易、国际物流的发展则成为美国经济发展的重点环节，如何提升国际物流管理水平，提高产品贸易国际竞争力成为解决美国经济发展危机的重要举措，也使美国国际贸易进入了高速发展时期，跨国公司的数量不断增加、规模也不断扩大。日本此时在社会经济发展方面表现出一定的优势。国际贸易成为日本经济发展的核心，对国际物流的发展水平和服务质量也提出了更高要求，积极有效地推动了国际物流的创新发展，逐渐构建起基于现代信息技术、网络技术的国际物流运营管理模式，极大地提升了国际物流运营管理水平和服务质量。在这一时期，国际物流发展速度相对较快的国家主要以欧美、日本等发达国家为主。

（3）自20世纪90年代初至今，国际物流已经成为世界各国共同关注的重点。提升国际物流发展水平更好地服务于国际贸易成为世界各国的共同认知。在国际贸易不断发展的过程中，贸易范围不断扩大，贸易复杂性也不断提升，对国际物流的管理和服务水平也提出了更高要求，此时物流设施国际化、物流技术国际化、物流服务国际化、货物运输国际化、包装国际化和流通加工国际化等发展趋势日益明显，进一步推动了国际物流管理的创新和发展，而跨国合作也成为国际物流发展的关键所在。

三　国际物流的特点

（一）国际物流对国际化信息系统的依赖程度较高

物流信息系统的建设和发展为国际物流的发展提供了有力支持，特别是有效地满足了国际多式联运的发展需要。对于现代国际物流而言，信息管理系统的建设成为最重要的发展任务。基于信息管理系统的优势功能，实现了物流信息的高效传递与充分共享，极大地提升了国际物流的运营管理水平。信息技术的应用不仅提升了物流管理水平，还能够积极克服国际物流发展面临的各种问题，改善了国际物流的管理结构，实现了一种更加高效、更加可靠、更加便捷的管理模式，充分保证了国际物流的综合服务水平。

在国际信息化系统建设发展过程中，主要面临以下困难：一是管理的难度较大；二是投资需求较高。此外，各国发展水平的差异特别是物流信息发展水平的差异将导致物流信息系统的标准化发展存在较大困难，难以保证信息系统的统一性，从而使物流信息的跨国流动受到了巨大限制。为了克服以上问题，需要发挥各国公共信息管理系统的优势作用，在广泛的跨国合作基础上实现信息充分共享，为国际物流的决策与管理提供更加有效的信息依据，具体方式是实现参与国际贸易的各国海关的公共信息系统互联，实时监控所有线路、站场、港口的动态，为贸易各方的供需决策提供信息依据。

（二）国际物流的经营环境复杂

在国际物流发展过程中，同时也要面对各国在物流环境方面的显著差异问题。这种差异问题在软环境中表现得尤为突出：

（1）国家之间法律法规的差异导致国际物流面临更加复杂的外部环境，这种差异不仅会加大国际物流的管理难度，甚至可能影响国际物流的顺利发展。

（2）国家之间在经济发展水平、技术水平的差异也将导致物流管理系统运行环境的显著差异，影响了管理的统一性与规范性，导致了国际物流管理的巨大风险。

（3）不同国家和地区使用不同的物流技术标准、不同的物流操作规程，这也造成国际间“接轨”的困难。

（4）国家之间在历史文化、发展观念、社会环境方面的差异也将影响物流管理的科学水平，导致更大的管理风险。

（三）国际物流的经营过程烦琐

国际市场关联主体之多、影响因素之复杂是任何一个国家的国内市场都无法比拟的。不同国家之间在发展水平、贸易结构、社会经济状况等方面的差异使国际贸易表现出突出的复杂性、多样性、层次性特征，客观上要求国际物流针对性地优化和调整其服务内容，充分满足国际贸易的发展需要，这必然会提高国际物流管理的难度和复杂程度。

与国内物流相比，国际物流表现出更广的影响范围、更长的物流流程以及更大的内外部风险，客观上对国际物流的运营管理提出了更高要求。虽然标准化的国际物流管理机制能够有效降低国际物流的风险，提高物流活动的规范性与安全性，但是这种标准化管理机制的制定就是一项高度复杂的工作，是国际物流管理的重点和难点所在。

（四）国际物流的标准化程度要求严格

标准化管理制度的制定和实施能够有效降低国际物流面临的风险，为国际物流的顺利开展提供保障。目前，以货运单证为代表的国际通用准则在国际物流发展中发挥了积极的保障作用，但是仍然无法充分满足国际物流管理的实际需要，难以避免地存在不同程度的矛盾和冲突，影响和制约了国际物流的良性发展。因此，标准化制度的制定和实施仍将作为国际物流管理的重要任务之一。只有标准化体系的完善才能为国际物流发展创造良好环境，具体需要在贸易标准、国际基础标准、环保标准、安全标准、卫生标准等方面下功夫，进一步健全完善国际物流标准体系（杨清，2019）。

（五）国际物流以远洋运输为主，多种运输方式辅助

从运输方式来看，目前国际物流最常见的运输方式主要包括远洋运输、铁路运输、航空运输及公路运输等。不同运输方式还可通过协调合作构建起国际多式联运运输网络。而国际多式联运体系的出现和发展需要综合考虑各项影响因素，兼顾不同国家物流系统的实际情况，通过均衡成本费用实现最佳效益。多元化的运输方式是国际物流的典型特征之一，不同运输方式的科学组合也是国际物流的核心管理内容之一。以远洋运输为例，作为国际物流最基本的运输方式之一，远洋运输效率和质量将直接影响国际物流的综合服务水平，因此远洋运输成本的管理控制将成为国际物流管理的关键环节之一，也将成为国际物流竞争力的重要保证。门到门这种国际物流运输方式能够更好地满足客户的物流服务需求，因此受到了大多数货主的青睐，为门到

门综合物流方式的发展奠定了良好基础，在提升物流效率、提高服务质量方面发挥了积极作用。

第二节　报关与检验检疫

一　进出口相关场所

（一）口岸

1. 口岸的内涵

口岸的一般定义是国家明确规定的、以对外贸易往来为主要任务的沿海港口。随着社会经济与国际贸易的发展，口岸的内涵逐渐丰富，不再局限于对外通商的场所，同时还兼顾科技交流、政治交往、文化交流等诸多功能服务。随着改革开放事业的深入发展，我国经济发展的开放程度不断提升，口岸的范围也不再局限于传统的沿海城市和港口，而是呈现向内陆转移的发展特征，逐渐出现了越来越多的内陆口岸型城市（崔介何，2015）。目前，口岸不仅仅是指沿海港口，同时也包含了国际航线节点（如机场）、陆路运输节点（国境上山口、国际铁路上的火车站、国际公路上的汽车站）以及其他对外开放型的港口（跨境河流上的港口）。

2. 口岸的分类

（1）按批准开放的权限划分。①一类口岸要通过国务院进行审核批准设立的各类口岸。主要有中央直接管辖的口岸及部分省、自治区、直辖市直属口岸。②二类口岸具体包含由省政府审核批准设立和管理的各类口岸。

（2）基于出入国境交通运输方式的差异。①港口口岸是指国家在江河湖海沿岸开设的供人员和货物出入国境及船舶往来停靠的通道。主要辐射范围为相关水域及周边陆域。②陆地口岸是指国家在陆地上开设的供人员和货物出入国境及陆上交通运输工具停站的通道。主要以各类公路口岸、铁路口岸为主，承担着国际贸易往来人员和事务的管理职责。③航空口岸又称空港口岸，是指国家在开辟有国际航线的机场上开设的供人员和货物出入国境及航空器起降的通道。

除上述类型的口岸之外，在具体实践中还根据实际需求和具体情况因地制宜地完成其他类型口岸的建设和运营管理工作。而不同的分类标准也将得到不同的分类结果，因此使口岸的类型极为丰富，出现了沿海口岸、边境口岸、特区口岸等不同的说法。

3. 自由港和保税区

（1）自由港。自由港也叫作自由贸易区、自由口岸，其所在区域被划定为一国关境以外，其中流通的商品大多实行免征关税的优惠政策，并且在港区内设立了专门的功能区域满足进出口商品的存储、展示、包装、流通加工等活动的需求。目前，不少自由贸易区都将转口贸易作为主要经营内容，发挥自身地理和政策扶持优势发展对外贸易。除关税等税收政策外，自由贸易区还享有土地、劳动力等生产资源的供给优势，对国际贸易往来形成了巨大吸引力。而自由贸易区的出现和发展也将极大提升国家对外贸易的发展水平。

目前，不同国家在自由贸易区的管理规定方面表现出一定的共性特征。主要表现在：①业务活动的规定。明确规定进入自由贸易区国外商品的条件，以及与贸易有关的物流服务，包括对商品实施的储存、展览、拆散、分类、分级、整理、改装、重新包装、重新贴标签、清洗、整理、加工和制造、销毁、与外国的原材料或所在国的原材料混合、再出口或向所在国国内市场出售。②关税方面的规定。符合条件的国外商品可获得减免关税、简化报关流程的优惠待遇。对于部分征收关税的商品提供进口退税服务。若国外商品在自由贸易区完成中转并在进口国市场进行销售，则需要依法办理报关手续并征收相应关税。③禁止和特别限制规定。不同国家对可流通商品的范围提出了不同的规定，部分商品必须持特许的进口许可证方可进入市场销售，比如武器、弹药、爆炸品、毒品和其他危险品及国家专卖品（如烟草、酒等）。有些国家甚至对部分用于自由港内加工贸易的生产资料也要征税。

（2）保税区。保税区也叫保税仓库区。是由海关自行设置或者在海关批准的基础上建设的仓库或者特定地区，该仓库或特定地区将在海关的监督管理下开展各项业务。储存于保税区内的国外商品可暂时不缴纳进口关税；其出口活动也无须缴纳出口关税。在保税区内具备完善的物流基础设施，能够满足货物物流运输的各项服务需求，如货物的储存、改装、分类、混合、展览、加工和制造等。①指定保税区。指定保税区是位于特定港口、国际机场内部的场地，在简化手续和管理流程的基础上满足国外货物装卸、搬运及临时存储的需求。指定保税区以提高国外商品的流通效率为目的，针对性地对报关手续进行简化。通常指定保税区内的货物储存期应控制在 1 个月以内，表现出限制条件多、中转期限短等特征。②保税仓库。保税仓库由海关批准设立、免除国外货物的进口手续并满足其长期存储的需求。保税仓库能够在免征关税的条件下实现货物的长期储存，储存期通常在 2 年左右并可根据实际情况适当延长。③保税工厂。保税工厂是由海关批准设立的场地，满足外国货物的分类、流通加工、制造和检修等业务需求。类似于保税仓库，保税工厂同样具备一定的货物储存功能，但其还具备比较完善的流通加工服务能力，能够根据需要对产品进行适度的流通加工处理，从而为后续流通奠定良好基础，有的保税工厂甚至具有生产加工的能力。若需要在保税工厂以外的场所完成加工业务，则需要取得当地海关的书面批准，并在海关的监督下由保税工厂开展加工活动。保税工厂的货物储存期一般为两年。④保税陈列场。保税陈列场由当地海关批准设立，能为国外商品提供一定时间的陈列展示服务。此类运营模式通常与各类国际性博览会、展览会同步开展，是相关活动的重要内容之一。⑤保税货棚。保税货棚同样由海关批准设立、以私人企业为运营管理主体，开展国外货物的装卸、搬运及临时储存管理业务。此类管理模式类似于指定保税区，差别表现在经营主体性质的差异，指定保税区一般为公营单位。

（二）海关

1. 海关宗旨

海关由国家设立，代表国家具体开展进出境监督管理工作，是国家进出境监督管理的职能机关。海关的各项工作具体以《中华人民共和国海关法》（以下简称《海关法》）、《中华人民共和国进出口关税条例》（以下简称《关税条例》）等法规、条例为依据，在自身职能范围之内开展相应的出入境监督管理工作，以国家主权及利益维护、促进科技文化和经济贸易交流为主要任务目标，为社会主义事业建设发展提供有效保障。

2. 海关的主要任务

（1）监督管理。该职能任务以《海关法》等相关法律、法规为依据，以进出境领域相关工具、货物、行为作为对象开展相应的监督管理工作。海关根据管理对象的差异选择不同的管理制度，依法管理相关对象和行为，充分保证国家主权安全并维护国家利益。基于监管对象的具体差异，海关的监督管理工作具体包括货物监管、物品监管、运输工具监管等不同的内容，适用于不同的监督管理制度和方法措施。对于海关而言，监督管理是其最基本、最核心的职能，是其他相关职能工作开展的基础。

（2）征收关税。进出口税费是海关税收管理的核心内容，是在国家授权的基础上由海关制定实施的一种进出口货物的间接税收征收工作。具体表现为关税、消费税、增值税、船舶吨税等税收项目。海关征收税款是海关的基本职能任务之一，是国家经济政策实施、产业调控、对外贸易调节的重要手段，具体以《海关法》《关税条例》等为法律依据开展各项工作。

（3）查缉走私。查缉走私是海关法定职责之一，依法采取相应的工作策略和方法对监管区域内的商品流通活动进行监督和管理，对未经批准的非法跨境商品流通行为进行查处、纠正和打击，以此维护国家税收权利确保国家税收安全与经济稳定。走私行为主要以逃避关税和监管、牟取暴利为主要目标，不仅会导致国家税收严重流失，同时也会影响社会经济的稳定发展，从而对国家利益造成严重损害。因此，查缉走私将成为海关最基本的职责任务之一。

（4）编制海关统计。信息统计是海关另一项基本职能作用，是国民经济统计工作的核心要素之一，能够为国家宏观调控政策、国际贸易政策的制定提供科学依据，从而保证宏观经济的稳定发展。海关统计具体以进出口货物为工作对象，对货物的数量、价格、流通方向等基本信息进行收集、整理和统计，在保证统计工作质量的基础上为国家对外贸易政策的制定和调整提供可靠依据，充分保证相关政策的科学性与合理性。海关统计需要遵照“准确及时、科学完整、国际可比、服务监督”的方针，遵循严格的工作流程，为相关国际组织（如国际货币基金组织、世界贸易组织、联合国统计局等机构）和国内统计单位提供及时、准确的统计数据，同时海关还会定期向全社会公布当月的贸易统计数据，海关统计工作的开展为国际合作、国内管理工作的顺利开展提供必要保障。

此外，知识产权保护、反倾销调查、反补贴调查等同样作为海关的基本职责。

3. 海关对进出境货物的监管

（1）海关监管货物的种类。海关监管货物是指应由其监管的所有出入境对象，具体为各类进出境的货物或物品。常见的监管货物主要有：进出口贸易货物；进口保税货物；寄售代销、展销、维修、租赁的进口货物；来料加工，来件装配，来样加工，补偿贸易和合作，合资经营进口的料、件、设备及出口的产成品；过境货物、转运货物、通运货物；进出口展览品、样品、广告品和进口捐赠物资等。

（2）海关监管货物的范围。海关货物监管对进口货物的法定范围始于货物申报进境终于海关放行正式入境；对出口货物的法定范围则始于出口申报终于货物出境；对于各类流通加工对象（如生产的产成品，加工装配或补偿贸易进口的料、件、设备，以及寄售代销、租赁、保税货物）的法定监管范围则始于货物进境终于完成核销手续；对于各类过境中转流通的货物的法定监管范围则始于货物进境终于出境。

（3）海关监管过程。海关监管工作的基本环节包括审单、查验、放行等。以国家相关法律法规为依据，以进出境业务相关货物、物品、运输工具为对象依法开展监管工作。①审单。在货物进出海关过程中，货主或代理人需依法向海关提交申报单，由海关对其所提交的申报资料进行审核，确保资料内容的完整与准确，并结合相关政策对申报内容的合法性、合规性进行分析评估，在确保所有内容均符合国家规定的前提下方可做出批准的决定。②查验。查验是审单监管的进一步延伸和发展，具体对货物实际情况开展盘点清查，确保账实一致，避免出现非法进出问题。货物查验的场所通常为处于海关监管下的码头、车站、机场等节点的仓储场所，也可在装卸过程中同步完成查验工作。对于部分特殊情形，也可在货主或代理人申请的情况下在货物流通加工或存储的其他非海关指定的场所开展查验工作。③货物放行。货物放行前必须严格复核所提交的单据和前期查验的过程性材料，检查货物是否存在违规，证货是否相符，货物是否完税，在手续齐全的基础上，于提单、运单、装货单上加盖放行章予以放行，货主可凭加盖放行章的单据到港口、民航、车站、邮局办理货物提取或托运。

在放行工作之后，海关应对进口载货清单的内容依法进行核销，必要时还需对出口业务的相关手续和资料进行复核与查验。

4. 关税管理

在关税征收管理方面，海关需要以《中华人民共和国海关进出口税则》（以下简称《进出口税则》）为法定依据开展相应的征税工作。

基于现行管理规定，我国对进口税分别设置了普通税率与最低税率两个不同的标准。两种税率分别适用于未与我国订立关税互惠贸易条约或协定国家的进口货物、与我国订立关税互惠贸易条约或协定国家的进口货物。

进口货物完税价格以海关审定的、进口货物正常交易的到岸价格为基准。出口货物需要基于海关审定售价与货物境外离岸价格，扣除出口税费后的差额，以此作为出口完税价格。进出口货物的收发货人或者其代理人，应当在海关填发税款缴纳证明次日起 7 日内（星期日和节假日除外）向指定银行缴纳税款。

关税减免具体包含法定减免、特定减免、临时减免等不同形式。其中法定减免是依据《海关法》《关税条例》和《进出口税则》减免的关税。

关税并非海关唯一的税收征管活动。依据相关规定，海关还承担着产品税（增值说）、工商统一税、进口车辆购置税等税费项目的征收管理工作。

5. 查禁走私

对于海关而言，其基本的职能责任之一就是查禁走私。走私行为的存在会严重扰乱我国正常的经济秩序和市场环境，也会严重损害国家的税收收益，因此必须发挥海关的监督管理职能作用严厉打击各类走私违法行为，充分保障国家利益和经济稳定。

二 报关概述

（一）报关的定义

报关是指进出口贸易相关主体在开展货物进出境作业时向海关提交相关申请和资料，完成进出境手续办理业务的具体工作。相关主体包含货主或代理人、运输方、收货发货人等。

（二）报关的范围

根据进出境对象的具体分类情况，可将报关活动具体分为运输工具、进出境货物及进出境物品等的报关业务。

（1）进出境运输工具。具体表现为与货物进出境运输及人员出行有关的运输设备和工具，主要包括各类车辆、船舶、飞行设备等。

（2）进出境货物。具体表现为进出境的各类货物，既包含实体货物，也包含以依托于特定载体的无形产品，如软件、程序等信息技术产品等。

（3）进出境物品。大多为进出境人员行李和邮寄品，以各类自用物品、携带物品为主要内容，部分特殊物品还包括暂时免税进出境物品、享有外交特权和豁免的外国机构或者人员进出境物品等。

（三）报关制度

自然人、法人或其他组织作为报关单位需要提前到海关依法办理注册登记手续，一般以进出口货物的收货/发货人、专业的报关企业作为注册登记的单位。通常情况下，海关不会受理除上述两类单位以外其他单位提交的报关注册登记申请。

（四）国际货物报关流程

进出口货物在开展报关活动时通常遵循以下基本流程：

1. 申报

（1）申请。通常情况下，申请人须通过法定的形式提交报关申请，法定报关单形式包含纸质报关单和电子报关单两种形式。对于后者而言，需要申请人在海关指定的信息系统工具中完成电子报关单的填写和发送工作，并在收到海关系统反馈的“接受申报”数字化报文结果之后，完成相关单证的下载打印工作，并与其他单证一起向海关进行提交处理。

（2）申报期限。对于自装载货物这一特定类型的进口货物而言，其申报期限通常为进境之日起 14 日内。若最后一天申报期限属于法定休息日或节假日则进行顺延，以第 1 天正常工作日为最后期限。

（3）申报单证。对于报关工作而言，关键的问题是申报单证的准备工作。申报单证具体包含申报单、随附单两种不同类型，后者又由基本单证、特殊单证等构成。

2. 查验

海关查验作为海关基本监管职能之一，是对申报单证中的信息与实际货物进行比对分析，确保单证信息与实物信息（比如物品的原产地、价格和分类等信息）相一致的执法活动。进行查验的地方应在海关实施监控的区域，应避免在监管区外开展查验工作。若特殊情况需要开展区外查验，需提交正式的书面申请。根据实际情况可选择抽查、彻底查验等不同的工作方法。径行查验具体是指进出口货物货主或代理人不在场的情形下，海关有权自行开展拆装查验的法定权力，但是这一权力的实现需要在货物存储场所管理者或其他见证人在场的情形下开展，并按照规定在查验记录上进行签字确认以保证径行查验的规范性。

3. 征税

税费征收管理是海关最基本的职责之一。除法定例外情形，货物在进出海关的过程中都应依法缴纳相关税费。《海关进出口税则》将作为我国海关征收关税的法定依据。除基本关税以外，海关的征税内容还包括部分增值税、消费税。这一规定的目的在于简化征税手续，提高货物进出口的效率，避免出现重复征税、征税遗漏等问题的发生。

4. 放行

在完成相关监督管理工作之后，在确认信息与实物准确无误、合法合规的基础上由海关做出放行决定。放行决定标志着海关监督管理工作的结束，也标志着进出口货物具备了离开海关进入其他流通环节的条件。而海关的放行文件将成为货主或代理人提取、发送货物的法定依据。若因各种原因导致单证不齐或手续不全等问题，相关主体可提交先行放行申请，并依法缴纳相应的保证函或保证金，承诺在法定期限内履行其法定义务补齐相关手续。

三 检验检疫概述

（一）出入境检验检疫制度的含义

出入境检验检疫，是以检验检疫机构为实施主体，基于国家相关法律法规或国际惯例对出入境货物开展检验检疫工作，具体检验货物的品质、数量、包装、安全、卫生和装运条件等，同时对进出境货物的情况进行评估和认证，重点对生物疾病有关情况（如涉及人、动物、植物的传染病、病虫害、疫情等）开展检验和风险评估，确保国际贸易的安全性。在国际惯例中，我国的出入境检验检疫制度等同于商检工作。该管理制度是现代国际贸易发展的内在需求，也是现代国际贸易管理的核心内容。因此，世界各国都以法律法规的形式明确检验检疫制度的具体标准和要求。海关总署则是我国出入境检验检疫工作的监管部门。

（二）出入境检验检疫制度的组成

出入境检验检疫制度的基本内容包括：

1. 国境卫生检疫制度

该管理制度以我国现行的《中华人民共和国国境卫生检疫法》《中华人民共和国食品卫生法》等法律法规、实施细则以及其他主管部门的相关规定为依据，由卫生检疫部门在进出口口岸对出入境相关的货物、运输容器、运输工具及相应生产设备、活动场所等对象开展相关的检查评估工作，对其中存在的卫生问题、安全风险进行识别和报告。该制度旨在避免各类疾病、疫情经口岸通过国际贸易传入我国或者传出我国，从而避免人体健康安全风险发生。基本职能包括国境传染病检测、进出境检疫、进出境卫生监督等。

2. 进出口商品检验制度

该管理制度以我国现行的《中华人民共和国进出口商品检验法实施条例》为依据，以国家质量监督检验检疫总局及口岸内相关检验检疫机构为实施主体，以进出口商品为对象开展检验分析工作，对商品品质状况进行分析和评价。进出口商品检验制度将为出口商品质量提供必要保证，确保国际贸易相关主体的利益安全，为对外贸易与经济往来的稳定发展提供有效保障。目前，我国商品检验制度主要包含接受报检、抽样、检验、发证等具体工作环节。但是，对于不属于法定检验范畴的特殊类进出境商品，则需要由商品涉及的相关主体进行协商，确定是否开展检验活动。同时也可根据需要选择委托检验、合同检验或公证的方法开展具体的检验工作，并根据检验结果制发相应的证书文件。对于部分不属于法定检验范畴的对象，检验检疫机构也可选择抽查的方式实现其监管职能。

3. 进出境动植物检疫制度

进出境动植物检疫制度是以我国现行的《中华人民共和国进出境动植物检疫法实施条例》为法定依据，以国家质量监督检验检疫总局和口岸内相关检验检疫机构为实施主体，以出入境动植物、动植物产品为对象，对其生产、加工、流通过程进行动植物检疫，并制发相应的证明材料。该管理制度旨在预防动物传染病、寄生虫病和植物危险性病、虫、杂草以及其他有害生物通过进出口贸易传入、传出国境，从而对生态环境、生产安全及人体安全提供有效保障。

（三）检验检疫在国际物流中的作用

在现有的检验检疫工作制度中，品质、计量、包装、卫生、残损等方面的检验鉴定工作是与国际物流运作关系比较紧密的内容。以《出境危险货物运输包装使用鉴定结果单》为例，其作用是对危险品包装容器的外观质量、容器合理性、标识正确性、包装可靠性等状况进行评价并开具证明文件，从而保证危险品的安全流通；检验检疫人员在日常检验、抽查检验等工作的基础上也可以制发产品合格证明，为产品质量提供权威性的证明文件。以上工作内容充分表明了检验检疫工作对进出口贸易、国际物流的重要意义，各类证明文件也将成为产品质量的重要依据和保证，能够为产品进出口流通创造更好的环境，因此一般的贸易合同文件应加注货物所需的检验检疫要求以及证书类别。

除上述功能作用之外，检验检疫工作也将有效维护国家形象，其工作结果也将直接影响国家声誉。因此，必须保证检验检疫工作的质量，严格执行相关规定，充分保证工作结果的公正性、准确性，避免因包装、品质等问题引发的贸易纠纷对国际贸易的不利影响。同时也要确保工作人员的工作能力和工作效率，杜绝工作拖延行为（如出证时间太慢），保证国际贸易与国际物流的高效率运行。

（四）检验检疫的任务

我国于 2018 年对出入境检验检疫职能工作进行了重新划分，将其由质监总局的检验检疫工作中剥离出来并正式将其确定为海关总署的监管职责之一。从 2018 年 4 月 20 日开始，所有以海关名义开展监督管理及服务工作的人员，必须保证着装的规范性和统一性，并依法佩戴相应的关衔。针对海关检验工作协调性不足的问题，检验检疫制度的改革将有效解决相关问题，提高海关监督管理的科学水平，从而为国际贸易的发展创造更加便利的条件。具体到出入境检验检疫工作，基本工作任务包括：

（1）贯彻执行出入境卫生检疫、动植物检疫和进出口商品检验法律、法规和政策规定的实施细则、办法及工作规程，负责所在行政区域内出入境检验检疫、鉴定、监督管理等行政执法工作。

（2）负责实施出入境卫生检疫、传染病监测和卫生监督，负责口岸传染病的预防与控制工作，负责出入境人员的预防接种和传染病监测体检的管理工作。

（3）负责实施出入境动植物及其产品和其他检疫物的检验检疫与监督管理，负责动植物疫情监测、调查等工作，实施动植物疫情的紧急预防措施。

（4）负责实施进出口商品（含食品）的法定检验和监督管理，

负责实施一般包装和出口危险品货物包装检验，负责进出口商品鉴定管理工作。负责实施外商投资财产鉴定，办理进出口商品复验工作。

（5）负责实施对进出口食品、动植物及其产品等的生产（养殖、种植）、加工和存放等单位的卫生检疫注册，负责实施进出口安全质量许可和出口质量许可工作，负责实施进出口产品和实验室认可、人员注册等工作，并监督管理。

（6）负责实施国家实行进口许可制度的民用商品的入境验证，负责出口、转口商品的有关出境验证。

（7）负责实施出入境交通运载工具和集装箱及容器的卫生监督、检疫监督和有关的适载检验、鉴定，负责出入境交通运载工具、集装箱、包装物及铺垫材料和货物的卫生除害处理的管理工作。

（8）负责执行国家、国务院有关部门和海关签署的有关检疫、检验的国际协议、协定和议定书等，负责技术性贸易壁垒协定和检疫协定的实施工作。

（9）负责签发出入境检验检疫证单和标识、封识，并进行监督管理，负责出口商品普惠制原产地证和一般原产地证的签证工作。

（10）负责出入境检验检疫业务统计，调查和收集国外传染病疫情、动植物疫情和国际贸易商品质量状况，提供有关信息。

（11）负责对各类涉外检验检疫、鉴定和认证机构（包括中外合资、合作机构）以及卫生除害处理机构的监督管理。

（12）承办上级出入境检验检疫局交办的其他工作。

第三节　国际货运

一　国际集装箱场站管理

（一）国际集装箱场站

国际集装箱场站是为国际集装箱物流业务提供所需的堆存、保管、拆装、中转、维护管理等服务的综合性、专业性物流节点。其经营管理人员必须与国际集装箱业务班轮公司、代理人签订相应的服务协议，并以协议内容为依据开展相应的管理活动（如代为妥善保管、按时接收、发放集装箱，向集装箱业务经营企业或代理人提供场站内集装箱统计情况报表），最后根据协议取得相应的服务收益。另外，国际集装箱场站须取得海关的批准方可正式运营。

对于国际集装箱场站而言，需要具备以下基本发展条件：①选址应首先考虑交通便利性问题。②具备完善可靠的计算机管理工具。③具备完善的门禁、稽查等安保措施。④具备充分的专业设备满足集装箱管理需求。⑤具备充足的专业人员确保管理、操作的科学水平。⑥地面须进行必要的平整处理与加固处理，确保良好的排水性能与承压能力，地面应能承受4层满载集装箱的压力。⑦具备相应的照明、通行、通信、消防等设备设施。

（二）集装箱进出场站管理

1. 集装箱进场

（1）集装箱进场具体是指当承运人、班轮公司等经营主体将集装箱运送至场站的作业过程。在具体工作中，经营主体须提前一个工作日将进场需求发送给场站，由场站根据具体情况提前做好准备工作，并向场站提供“出口订仓单”或“出口集装箱预配清单”等业务文件。

（2）基于严格、规范的交接制度开展进场作业，船箱代理人、场站经营管理人员应做好相关设备的交接工作，正确填写“进场设备交接单”并进行确认。“进场设备交接单”由船箱代理人提交，由场站经营人填写。

（3）场站经营者需每日对集装箱的进场管理情况进行汇总，并于次日向经营主体（国际集装箱业务经营主体或船箱代理人）进行报告。

2. 集装箱的堆存与保管

（1）基于集装箱进场管理协议，由场站经营人对集装箱开展相应的管理工作，并根据集装箱的具体情况（如重箱、空箱、特种集装箱）进行分类管理和分别堆放处理。

（2）根据“进场设备交接单”确定双方的权利义务，重点明确场站经营人的管理职责和任务。若因场站管理导致的集装箱货物及相应设备损坏或丢失，则赔偿责任人为场站经营人。

（3）未获得书面同意的情况下，场站经营人越权占用、改装、出租、套用存放于场站内的集装箱，班轮公司或代理人依法有权追究其经济与法律责任。

（4）集装箱每日堆存管理情况须由场站经营人向委托主体进行报告。

3. 集装箱出场

（1）在合作协议未明确规定的情况下，对于集装箱的出场作业，班轮公司或代理人须提前 1 个月向场站经营人提交出场通知，并向其提供相应的业务资料便于经营人做好相关准备工作。

（2）根据班轮公司或代理人的具体要求，场站经营人在规定的时间完成集装箱的发放作业。

（3）遵照交接制度的具体规定，严格开展集装箱出场和交接工作，并由场站经营人在船箱代理人提供的“出场设备交接单”上填写相关信息并进行确认。

（4）场站经营者需每日对集装箱的出场管理情况进行总结，并于次日向经营主体（班轮公司或船箱代理人）进行报告。

（三）集装箱的装箱与拆箱

1. 集装箱的装箱

（1）“设备交接单”将作为提取场站空箱进行装箱作业的依据。

（2）在装箱作业开展之前，装箱作业人员需要对箱体完整性与安全性进行认真检查，及时发现箱体质量问题并与代理人进行交流沟通。由代理人根据需要对集装箱进行更换调整满足装箱要求，并在更换调整之后重新办理交接手续。

（3）在装箱作业过程中，装箱作业人员须严格按照作业规范开展作业，若因装箱作业人员自身操作不当导致后续运输和装卸过程中发生损失，则须由其承担相应的经济、法律责任。

2. 集装箱的拆箱

（1）根据班轮公司、代理人等委托主体的具体要求，由场站经营人开展相应的拆箱作业，在拆箱作业完成之后需按照规定完成一般性清扫工作，并对集装箱上原有的货物标志进行清除处理。要重点做好装载危险品货物集装箱的清洗和消毒工作，确保集装箱的安全无害，装载危险品货物的集装箱一般由集装箱代理人负责清洗和消毒。

（2）在完成拆箱作业和清扫作业之后，场站经营人须填制“集装箱拆箱日报”并于次日向集装箱代理人进行报告。

（3）在完成拆箱及清扫作业之后，场站经营人需根据委托人的具体要求完成集装箱空箱的堆存及调运作业。

3. 集装箱的中转

（1）场站经营人根据集装箱经营主体和船箱代理人的中转计划完成中转作业。以中转箱的发送目的地为依据，根据运输的船或运单对集装箱进行分别堆放，确保中转作业的科学性与规范性。

（2）在每月固定时间，由场站经营人填制“中转集装箱盘存报告”并向船箱代理人进行报告。

（四）国际集装箱的交接

1. 国际集装箱的交接的单证和交接制度

集装箱使用者、代理人与船箱代理人在开展发放、归还、交接等作业时，应以“出口订仓单”“出口集装箱预备清单”“集装箱设备交接单”等单证为依据开展相应的交接工作。

2. 国际集装箱的交接地点

（1）船边将作为港口管理人与海上承运人交接工作的界线。

（2）船边也将作为水路集疏运集装箱在水路承运人与港口管理方之间的交接界线。

（3）船边还将作为船—船（驳）直取作业模式中水路承运人与港口方的交接界线。

（4）船边将作为国内中转集装箱模式中水路承运人与港口之间的交接界线。

（5）场站大门将作为公路集疏运模式下集装箱在承运人与场站之间的交接界线。

（6）处于装卸场地的车皮将作为铁轮集疏运模式下集装箱在承运

人与接收人之间的交接界线。

3. 国际集装箱交接的责任

（1）以交接作业为划分依据，分别由承运人和接收人承担交接前与交接后的集装箱管理责任，并根据集装箱及货物风险的发生时间确定责任主体。

（2）发生在交接作业之前的灭失、损坏风险由交货方承担相应的经济责任及法律责任。

（3）发生在交接作业之后的灭失、损坏风险则由收货方承担相应的经济责任及法律责任。

（4）发生在交接作业后 180 天以内的物品灭失、损坏风险，若收货方能够提供充分有效的证明材料证明责任方为交货方，则由交货方承担相应的经济及法律责任。

4. 国际集装箱的交接标准

（1）对于重箱而言，在交接过程中，首先要确认集装箱的箱体完好无损、箱号清晰准确、封志也完整无损；对于特种集装箱还需对其机械系统、电器系统的运行状态进行检查评估，确保实际运转情况与进出口文件内的信息相符。

（2）对于空箱而言，在交接过程中需要对实际箱号与“设备交接单”中的预留信息进行比对，对箱体完好性进行检查评估。在开展外部检查工作时，重点对外表损伤、变形、破裂等情况进行检查评估；在开展内部检查工作时则需要对内侧各箱体表面的完整性、平整性、清洁性进行检查，评估判断是否存在问题。集装箱门体的检测则应重点判断其是否存在变形问题，能够保持 270°的开启能力。除以上基本检查项目以外，还需对特种集装箱的机械系统、电器设备的运行状态进行检查评估。

（3）当交接过程发现异常风险时，需要在设备交接单上进行批注，并由交接双方进行签字确认。常见的批注信息主要包括：箱号、装载规范模糊、标识不全，以及封志存在破损、脱落、丢失、难以辨认或与相关文件信息不符等，箱体存在显著的擦伤、破损、漏光等问题，箱门存在变形、关启受阻等问题，箱体焊缝存在爆裂情形，箱体凹损程度超出内端面3厘米、凸损程度超出角配件外表面，集装箱内存在虫害迹象或污染情况，集装箱曾作为有毒有害货物载体且未进行无害化处理，已有危险品标志尚未及时清除，附件存在灭失、损坏等情形，安全名牌不完整，机械系统或电器设备存在异常问题等。

二　国际航运（海洋运输）

航运货物在国际物流总运量中的比重相对较大，是主要的国际物流运输方式。海洋运输也是我国对外贸易货物流通的最主要形式。

（一）国际航运的主要方式

1. 班轮运输

班轮运输也叫作定期船运，是基于特定的航线和规定的船期表，由挂靠港口的船舶按照既定的港口顺序，开展规则、往复运输活动的营运模式。该运输模式的特点具体表现为固定的航线、挂靠港口、船期、费率及负责相应的装卸货操作，亦可简称为“四固定一负责”。这一运营模式将明确货物运输的时间计划、交接时间及相关服务条款，能够有效保证货物运输的稳定性与可靠性，是目前最为常见的航运方式，而便利性优势也使该运输模式成为杂货运输、集装箱运输的首选方式。

2. 租船运输

租船运输也叫作不定期船运，其发展特征与班轮运输存在显著差异。具体表现为：租船运输首先不具备固定的航线、船期及挂靠港口，需要在双方协商的基础上确定每次运输业务的时间、对象、航线、经停港等问题，并以租船合同作为双方权利和义务的法定依据。该运输模式通常能够满足大宗散货的运输服务需求，能够保证粮食、矿石、化肥等特殊产品的运输质量，并且根据合同内容、社会经济环境等因素确定最终的租船运输费用。

（二）国际航运的主要特点

与一般国内航运相比，国际航运的共性特征主要表现为成本低、投资小、能耗低、运量大、距离长、范围广等特征，而其个性特征具体表现在：

1. 国际性

国际航运的国际性主要体现在：

（1）主要货运单证的国际通用性。国际航运需求的多样性与环境的复杂性决定了货运单证的种类很多，并且在途经各国港口时存在一个手续办理的问题，因此需要尽可能以国际惯例或者公约作为货运单证的制定依据，在满足双方需求的同时尽可能保证运输过程相关监管工作的便利性和顺利性，以此保证运输质量。

（2）适用法规的国际统一性。在出现矛盾纠纷或者其他法律问题时，需要明确责任主体和问题的处理方式。但是，由于国际航运的合作各方分属于不同的国家，使法律适用问题方面存在不统一的问题。为了避免上述问题的不利影响，必须制定一种广泛认可的、共同遵守的国际性准则，为法律问题的解决提供科学依据，并以国际性准则、公约为基础对各国法律进行完善和调整，为相关问题的解决提供一种标准化的方案。

（3）对国际航运市场的依赖性。出于自身经营效益的考虑，国际航运经营主体必须积极拓展运输业务，保证船舶运力的充分利用，在满足本国货物进出口运输服务需求的同时也应积极发展第三方国际运输业务，从而提升自身经营效益。

2. 非贸易创汇

国际航运业务是一国非贸易创汇的重要来源，因此成为世界各国航运事业发展共同关注的重点。这也将加大不同国家在国际运输领域的竞争程度，各国竞相扶持本国航运业，这也形成了一些适用于国际航运业的国际惯例。

3. 运输风险大

长时间的海上航行以及频繁的国外港口靠泊作业使国际航运表现出更加显著的经营风险。而自然环境、社会政治环境、工作人员的变动都会对船舶正常航行、货物正常运输产生不利影响。而相对较大的单船运量也导致各类风险问题的危害性较大，一旦出现风险事故则极有可能导致巨大的经济损失。因此，必须保证国际航运管理制度的科学性与有效性，积极应对各类风险，提高风险防控能力，尽可能降低风险的不利影响。国际航运业在不断探索中，形成了一些应对运输风险的制度，其中比较典型的包括：承运人责任限制制度、船舶所有人责任限制制度、共同海损制度、海上保险制度。

（三）国际航运商务构架

（1）签订产品购销合同。

（2）以适宜的包装处理使商品转变为方便运输的货物。

（3）运输合同。

（4）货物拥有者的凭证。

（5）货款和运费的支付方式。

产品购销合同是商品贸易最重要的法定依据，也是运输业务最基本的保障。购销合同将具体明确运输责任的责任主体及相关责任范围。常见的合同形式主要包括：

CIF（cost insurance and freight）：合同标价为货款和物流费用的总价格，具体由商品价格、保险费用、运输费用、相关装卸作业费用等构成。出售产品者作为托运人，将作为责任方承担相应的运输责任。

FOB（free on board）：合同标价里不包含运输费用，但包含装船费用。买方一般承担航运与最终目的地之间的陆路运输责任。此时，购买产品者作为托运人，将作为责任方承担相应的运输责任。

在购销合同中，需要明确费用所包含的具体项目以及相应的支付结算方法。

（四）商品与货物

1. 海运商品分类

具体以商品价值、物理形态、包装样式等为基准对海运商品的类型进行划分。

（1）商品的价值。货币价值是商品价值的基本计量方式。商品价值与运输费率正相关是航运定价的基本原则之一，即价值越高的商品往往对应着更高的运费率。原因在于：一是高价值商品能够表现出更大的费用承受能力；二是高价值商品在管理方面要求更高的标准，其管理成本也将高于低价值商品。

（2）物理形态。物理形态是商品包装形式、运输形式、存储装卸等作业方式的主要决定因素。通常情况下，液态、气态等商品需要专门的保管设备或者包装；气态商品一般需经过低温加压液化处理并用专门船舶、设备进行运输提高其运输效率，并且在运输作业特别是装卸作业过程中需要特殊的设备完成作业；固体类的商品则视具体情况选择合理的包装方式和运输方式，有的不需包装（如矿石），有的需要通风（谷物），有的要防自燃（煤炭），有的需要冷冻（如肉类），有的需要冷藏（如水果），有的需要快速运输（如花卉）。因此，商品物理形态的差异性将导致包装方式、运输方式、装卸作业方式的巨大差异，从而形成了多样化的物流运输模式。

2. 商品转化为货物

（1）货物的运输形态。运输形态是商品流通最为关键的一个因素，可分为：集装箱货、液体货、散件货、成组货、散货、浆状货等，一种商品可以使用不同运输形态进行输送，如大豆可使用无包装的散货形式，也可使用袋装的散件货形式，也可使用袋装的成组货形式；煤炭和矿粉可使用散货形式，也可以用水混合成为浆状货形式。不同的运输形态决定了运输方式和运输成本。这就使运输形态的选择和处理将成为货物运输所需考虑的重点问题之一。

（2）货物的包装和标记。在运输作业前，托运人通常需要根据运输需要和其他需求对商品进行保障处理使其成为特定的货物形式。在具体包装作业过程中，需要以相关规定为依据开展包装活动。若缺乏明确统一的规定，则托运人需在保证货物质量、运输安全的前提下选择适合自身的包装方式。

此外，要将运输标志、指示标志等信息以规范、正确的方式绘制在包装上，为货物运输管理提供明确指示，尤其是危险品，装卸和保管的指示标志必须清晰印刷于包装的醒目位置。

（五）国际航运系统

1. 国际航运系统

国际航运系统的基本构成要素为：

（1）本国港口及航运设施，如各类码头、仓库、货场及作业设备。

（2）港口集疏运输体系，具体表现为铁路、公路、水路、管道等各类不同运输方式所构成的运输体系，能够满足不同的运输服务需求。

（3）外国港口及货物运输管理设施。

（4）外国港口集疏运输体系。

（5）国际航运所需的船舶运输工具。远洋运输船舶需悬挂国旗明确船舶归属。

2. 港口作业

对于国际航运体系而言，港口是核心的构成要素，是国际航运顺利发展的重要保障。港口的基本职能作用是满足货物运输过程的各项服务需求和管理需要，实现货物在不同运输方式之间的转换，构建起完整的运输体系实现运输目标。

港口服务对象具体分为货物、船舶等不同主体。对于货物的管理服务主要以仓储、保管、装卸、搬运等物流作业为主，而对于船舶的管理服务则以船舶托引、修理、保养、消耗品补充供应等为主要内容。此外，港口也往往作为海关、检验、监管等部门的工作场所，在港口完成相应的职能工作。

三　国际陆路运输

陆路输送是指通过铁路、公路等基于陆地条件的运输方式实现货物在相邻国家的转移。陆路运输具体包括独立的陆路运输以及包含在多式联运、综合运输体系中的陆地运输环节。

（一）国际铁路货物联运

国际铁路货物联运是以一份运输单据为基础，实现了货物在两个及更多国家之间输送的铁路运输作业，这是一种无须发货人、收货人参与跨国交接业务的铁路运输方式。

此类运输模式基于不同的运输方式实现了货物在不同国家之间的持续与稳定运输。具体特征表现为标准化的单证、复杂的手续与广泛影响。此类运输模式基于不同国家之间就铁路运输业务领域的合作关系，通过友好协商确定运输的明确流程与管理制度，为货物运输在不同国家之间的科学衔接提供有效保障，以此降低运输委托人的成本费用，提高国际货运的效率性与便捷性。

在当前国际运输格局中，铁路运输是非常重要的一种运输形式，其重要性仅仅在海洋运输、航空运输之下，能够充分满足不同国家之间的铁路货运需求，同时也能够满足海洋运输的货物集散服务需求，充当多式联运体系的核心构成要素。相较于其他运输方式，铁路运输表现出运量大、持续稳定、安全可靠等优势，运输手续与管理工作也相对简单。基于不同的分类标准，可将铁路运输细分为不同的类型，例如基于运输速度差异的快运、慢运和客列挂运；基于货物数量差异的整车货运与零担货运。

（1）整车货物运输。整车货运是基于单一的托运单，以一辆或数辆车专门完成一定批量货物的运输作业。此类运输方式表现出成本低、速度快、运量大等特点，是目前最为常见的一种铁路运输方式。

（2）零担货物运输。零担货运则针对批量相对较小的多个品种的货物，将其集中通过一辆运输工具进行运输作业的运输方式。目前，国际社会对零担货物的划分标准进行了明确规定，如《国际铁路货物联运协定》将零担货物具体界定为单批货物重量未达到5000千克、体积又无法占满整车空间的货物。

在运输合同订立环节，主要遵循以下流程：在完成货物提交作业之后，铁路部门等承运主体将根据实际情况填制运单，并在运单副本上加盖印戳明确始发站及发货日期，作为货物正式承运的依据，标志着铁路运输合同正式成立。在完成上述工作之后，运单副本将由发货人保管，在买方收货后卖方将运单副本作为凭证开展货款结算工作；而运单原件则将与货物一起运送至目的地，并作为运杂费的结算依据，完成费用结算之后将货物、运单一同交付给收货人。而铁路运单不是具备转让条件的物权凭证。

（二）国际公路货物运输

国际公路货物运输是基于特定的运载工具、以公路为运输基础实现货物在不同国家之间的转移。

作为陆路运输的主要形式之一，公路运输能够充分满足客户特定的运输服务需求。该运输模式不仅具备独立运输作业的能力，也能够为多式联运体系提供有效支持，实现与其他运输方式的良好衔接从而提升运输效率和质量。公路运输的优势具体表现为形式灵活、方便快捷等，能够实现“门到门”的运输效果，将货物直接运输至收货人指定的接货地点。在公路运输网络建设发展的支持下，公路运输的综合效率得到了显著提升，在满足社会物流服务需求方面做出了突出贡献。但是该运输模式也存在运力小、风险大、成本高等缺点。

（三）大陆桥运输

大陆桥运输是指“用横贯大陆的铁路或公路作为中间桥梁，将大陆两端的海洋运输连接起来的连贯运输方式”（GB/T18354—2006）。

该运输模式主要以集装箱专用列车为运输工具，在充分发挥运输工具优势作用的基础上以更低的物流成本实现了更高效率、更大规模的运输作业。

作为大陆桥运输方式的典型性代表之一，西伯利亚大陆桥（Siberian Land Bridge）构建起远东地区、西欧地区之间的陆地交通运输桥梁，实现了太平洋沿岸（包括日本，韩国、菲律宾、中国、中国香港和中国台湾等地区）与大西洋沿岸国家及地区（西欧、中欧、东欧、南欧、北欧的整个欧洲大陆）之间的资源交互，为途径地区的商品流通、资源流通、交流往来提供了有力支持，极大地提升了相关国家和地区之间的密切程度。

目前，西伯利亚大陆桥主要包含以下三种运输方式：

（1）铁/铁路线。以俄罗斯东方港、纳霍德卡与白俄罗斯西部地区之间的西伯利亚铁路为主要运输基础，实现日本、中国香港等货物向中东、欧洲地区的运输，同时构建起双向运输线路实现了物资交互运输。

（2）铁/卡路线。以俄罗斯东方港、纳霍德卡与白俄罗斯西部边境车站布列斯特附近的维索科里多夫斯克为枢纽，将货物由日本等地装船到达东方港和纳霍德卡，在俄罗斯转为铁路运输，运至白俄罗斯维索科里多夫斯克后，通过卡车将货物运输到德国、瑞士等欧洲国家。

（3）铁/海路线。以俄罗斯东方港、纳霍德卡等为重要枢纽，将日本货物通过铁路运输至波罗的海沿岸国家，并通过海运将货物运输到西欧、北欧及巴尔干地区。

以中国连云港、荷兰鹿特丹为起始点的新亚欧大陆桥也是最具代表性的大陆桥运输模式之一。该大陆桥运输线路全长10800公里，途经中国、哈萨克斯坦、俄罗斯、白俄罗斯、波兰、德国、荷兰等国，对沿途30余个国家和地区产生了积极有效的辐射作用和带动作用，为相关国家的商业往来和资源交互提供了一种方便、快捷、高效的运输服务模式。

与大陆桥运输方式相比，小陆桥运输主要区别在于减少了一端海运，仅以陆—海或海—陆的方式完成运输任务。该运输模式的典型代表为美国小陆桥（U. S. min - land bridge），货物从远东地区装船运至美国西部海岸，然后通过公路运输或铁路运输的方式转运至东部海岸或南部海岸，最后再由东部大西洋或南部墨西哥湾沿岸出发，根据需要将货物经铁路、公路等陆路运输方式转移至美国其他地区。

相较于小陆桥运输方式，微型陆桥则表现出更短的运输路程，因此也被叫做半陆桥（semi - land bridge）运输。典型代表为美国微型陆桥（U. S. micro - land bridge），货物从远东运至美国西部太平洋沿岸，然后将货物换装运输工具，经铁路、公路等陆路运输方式转移至美国内陆地区。

四 国际航空货物运输

航空运输以现代航空工业的出现和发展为基础发展起来的新型运输方式。相较于其他运输方式，航空货运的优势具体表现为速度快、服务好、高效快捷等，能够充分克服地面环境限制以最短的时间完成运输任务，能够满足时效性高、贵重物品的运输服务需求。电子商务的快速发展为航空运输的发展创造了良好环境，而航空运输的发展又进一步满足了电子商务产品要求的快速运输需求，两者表现出显著的协同发展特征。该运输方式的核心要素为航空公司承担的物品空中运输任务，同时配合其他地面运输管理服务构建起完整的航空运输体系。在这一运输体系中，货运代理人也是非常重要的一个构成要素，能够充当发货人、航空公司、收货人之间的良好协调工具，充分保证航空货运服务质量。

（一）国际航空货物运输的经营方式

1. 班机运输方式

班机运输方式是以固定的航线、固定的航班为基础开展航空运输业务。此类运输模式在始发站、途经站、目的地等环节表现出相对固定的特征。

2. 包机运输方式

包机运输能有效弥补班机运输运力不足的缺陷，满足大批量货物的运输服务需求。

包机运输具体包含整机包机、部分包机等不同形式。顾名思义，整机包机由单一的代理人与航空公司签订租赁合同租用飞机，明确航线、时间、途经站、价格等因素制订相应的飞行计划，根据飞行计划开展货物运输作业；部分包机则由若干个代理人以合作的形式与航空公司签订飞机租赁合同，在代理人协调合作的基础上开展航空运输业务。

（二）国际航空货物运输的组织方法

1. 集中托运方式

集中托运具体由航运代理公司将不同批次单独发运的货物进行整合，以一个完整批次的形式租赁航空公司的飞机完成托运业务。货物将集中运输到指定站点，然后由当地的航运代理公司进行分拨和运输配送。该方式表现出显著的规模效益优势，因此是我国最为常见的一种航运代理方式。

2. 联合运输方式

联合运输是指综合运用包括空运在内的多种不同运输方式完成运输任务。一般根据运输需要对运输方案进行设计，如陆空陆联运、陆空运输。通过发挥不同运输方式的优势作用，以经济、效率的方法完成运输任务。

第四节 国际货运保险

一 概述

国际物流通常表现为较长的运输距离，涉及许多环境要素及不同的运输方法，使货物在运输过程中面临更大的运输风险，使货物损失的风险相对较高，对客户利益容易造成损害。为了降低上述风险对客户的不利影响，在发生风险事故后能够为其提供一定的经济补偿，货运保险出现并得到了快速发展。货运保险即货物运输保险，是以国际物流中的货物为保险标的，在货物装运以前就要进行投保。保险人先基于货物价值评估结果确定相应的保额，投保人同意并缴纳相应的保费与保险公司订立保险合同，若货物运输过程中受到承保范围内的损失，投保人可凭保险合同对保险人进行索赔，保险人应根据合同的约定内容进行赔偿。基于具体运输方式的差异，国际货运保险也分成不同的类型，主要有海运货物保险、陆运货物保险、航运货物保险、邮包货物保险四种主要类型，这些险种基本属于典型的财产保险，以保险合同为赔付依据。

二 海运货物保险

国际海运货物保险是以海上运输业务为对象开展的保险活动，以海洋运输货物为保险标的。需要注意的是，保险合同会通过专业的术语对保险范围和标准进行明确规定，因此，部分货物损失并不属于赔付的范畴。在保险合同中，保险人的赔偿责任都以明确的条款进行了说明和规定，以此明确保险人的义务。

1. 海运货物承保的范围

海上风险与外来风险是海运风险的主要类型，因此海运保险也针对性地分成两个不同的部分：

（1）海上风险。海上风险具体分为自然灾害、意外事故等不同的情形。自然灾害通常属于不可抗力的自然因素导致的风险事件，不同保险人对自然灾害的具体界定有所不同。例如，中国人民保险公司将自然灾害具体界定为恶劣气候、雷电、地震、海啸、洪水等情形。意外事故则是意料之外的、偶发性原因导致的事故风险。在中国人民保险公司《海洋运输货物保险条款》中，将意外事故的内涵具体界定为运输工具的搁浅、触礁、沉没、失火、爆炸，以及与流冰等物体发生碰撞等。

（2）外来风险。外来风险可简单理解为海运过程中除海上风险以外的其他所有风险要素。这种风险要素属于无法预料的、影响货物价值的外部因素。因此，因货物自身问题导致的自然损耗、价值下降等问题并不属于外来风险，属于货物运输过程中的合理损失，也叫作非事故性损耗。外来风险主要包括一般外来风险、特殊外来风险等不同类型。前者主要表现为一般性的、常规性的原因导致的风险事件，如盗窃、雨淋、短量、玷污、破碎、受潮、受热、渗漏、串味、锈损、钩损、包装破裂等风险；而后者则通常指特殊性的、不常见的原因导致的风险事件，这些风险都是因为军事、政策、法律的变化引起的，如战争、罢工、交货不到、拒收、舱面等风险。

2. 海上损失

海上损失的含义是海洋运输过程中因海上风险导致的货物受损、灭失等后果。根据损失程度分为全部损失、部分损失等不同情形。

（1）全部损失也叫全损，是整批或不可分割的一批货物全部灭失的严重后果；具体可从实际全损、推定全损等结果进行界定。

（2）部分损失则表现为货物价值发生部分灭失的情形，包含共同海损、单独海损等不同类型。

3. 海运保险一般险别和责任起讫

根据保险的具体内容可将海运保险业务细分为基本险、附加险等不同类型。前者属于主险，能够独立成立，包括平安险、水渍险和一切险等类型；后者属于保险附加条款，是对主险的补充和完善，不具备独立成立的条件，包括一般附加险、特别附加险和特殊附加险等类型。

（1）平安险的责任范围。平安险（Free From Particular Average，FPA）的基本内涵为“单独海损不赔”。具体理赔条件或者承保责任为：①被保险货物在运输途中由于恶劣气候、雷电、海啸、地震、洪水等自然灾害造成整批货物的全部损失或推定全损。②由于运输工具遭受搁浅、触礁、沉没、互撞、与流冰或其他物体碰撞以及失火、爆炸等意外事故造成货物的全部或部分损失。③受恶劣气候、雷电、海啸等自然灾害所造成的部分损失。④在装卸或转运时由于一件或数件货物整件落海造成的全部或部分损失。⑤被保险人对遭受承保责任内危险的货物采取抢救、防止或减少货损的措施而支付的合理费用，但以不超过该批被救货物的保险金额为限。⑥运输工具遭遇海难后，在避难港由于卸货所引起的损失以及在中途港、避难港由于卸货、存仓和运送货物所产生的特别费用。⑦共同海损的牺牲、分摊和救助费用。⑧运输契约订有“船舶互撞责任”条款，根据该条款规定，应由货方偿还船方的损失。

（2）水渍险的责任范围。水渍险（With Particular Average，WA或WPA）的基本内涵为“负责单独海损”。其承保责任范围主要分为：①平安险所承保的全部责任。②被保险货物在运输途中，由于恶劣气候、雷电、海啸、地震、洪水等自然灾害所造成的部分损失。

（3）一切险的责任范围。一切险（All Risks）不仅涵盖了平安险、水渍险的承保责任，同时也将一般外来原因导致的价值损失（包含全损、部分损失）作为保险责任范围。

（4）海运货物保险基本险的除外责任。除外责任的含义是保险人免予赔偿责任的具体情形。主要分为：①被保险人的故意行为或过失所造成的损失。②属于发货人责任所引起的损失。③在保险责任开始前，被保险货物已存在的品质不良或数量短差所造成的损失。④被保险货物的自然损耗、本质缺陷、特性以及市价跌落、运输延迟所造成的损失或费用。⑤战争险和罢工险条款规定的责任范围和除外责任。

（5）海运货物保险附加险。除基本保险项目外，国际贸易经营主体还可从实际情况出发选择所需的附加险提高货物保障力度。

附加险主要分为以下三种不同类型：①一般附加险：偷窃、提货不着险，淡水雨淋险，短量险，混杂、玷污险，渗漏险，碰损、破碎险，串味险，钩损险，受潮受热险，包装破裂险，锈损险。②特别附加险：交货不到险，进口关税险，舱面险，拒收险，黄曲霉素险，出口货物到香港（包括九龙在内）或澳门存仓火险责任扩展条款。③特殊附加险：海运货物战争险和罢工险。

（6）海运保险的责任起讫。保险责任的生效期间即责任起讫，也叫保险期限或保险期间，是保险合同的法定存续期。我国通常以“仓至仓”原则为保险责任起讫标准。

“仓至仓”（Warehouse to Warehouse，W/W）明确了保险人承担责任的起讫地点，从保险单载明的发货人仓库或储存处所开始运输时生效，在正常运输过程中继续有效，直到保险单载明的目的地收货人最后的仓库或储存处所或被保险人用作分配、分派或非正常运输的其他储存处所为止，货物进入仓库或储存处所后保险责任即行终止。如未抵达上述仓库或储存处所，则以被保险货物在最后卸载港全部卸离海轮后满60天为止。如在上述60天内被保险货物需转运到非保险单所载明的目的地时，则以该项货物开始转运时终止。合同中的运输指的是包括海上、陆上、内河和驳船运输的整个运输过程。

第一，正常运输情况下，保险责任的起讫时限。正常运输的含义是保险货物自保险单载明启运地发货人仓库或其储存处所首途运输时开始，只要属于合理的航程需要，无论采取何种方式和工具都将作为正常运输的情形进行认定。基于这一条件，“仓至仓”原则将作为保险责任起讫的依据。

在保险标的完成保单明确的运输合同之前，如果出现分配、转运等情形并引发相关费用，则按照以下原则明确保险责任：

一是若运输目的地为卸货港，则货物被提货后，由卸货港转移至被保险人仓库后法定终止保险责任。

二是若运输目的地为内陆，则货物从船方被提货后，保险责任终止的时点为货物被转运至被保险人内陆仓库。

三是若运输目的地为内陆且被保险人采取分批次、向不同仓库的转移方式，则以货物最先转移至的仓库为最终仓库，也将作为保险责任的终止条件。

第二，非正常运输情况下的起讫时限问题。非正常运输是指因被保险人无法预料、无法控制因素导致的运输迟延、绕道、被迫卸货、重新装载、转载或承运人行使运输合同赋予的权限所做的任何航海上的变更或终止运输合同，被保货物最终运抵的目的地与保险合同规定的目的地不符。

基于我国《海洋运输货物保险条款》规定，非正常运输情况下的保险责任基于以下原则进行认定：

一是当出现由于被保险人无法控制的运输迟延、绕道、被迫卸货、重行装载、转载或承运人运用运输契约赋予的权限做任何航海上的变更时，在被保险人及时将获知的情况通知保险人并加缴保险费的情况下，保险人可继续承担责任。

二是在被保险人无法控制的情况下，保险货物如在运抵保险单载明的目的地之前，运输契约在其他港口或地方终止时，在被保险人立即通知保险人并在必要时加缴一定保险费的条件下，保险继续有效，直至货物在这个卸载港口或地方卖出去以及送交之时为止。但是，最长时间不能超过货物在卸载港全部卸离海轮后满 60 天。这两种情况保险期限的终止，应以先发生者为准。

4. 海运保险专门险别和责任起讫

（1）海运散装桐油保险。

①海运散装桐油保险的责任范围。海运散装桐油保险仅存在一种保险合同，无论何种原因导致的货物价值损失（如货物短少、渗漏损失和不论任何原因所致的桐油的污染或变质损失）都属于保险责任。②海运散装桐油保险的责任起讫。一是在正常运输情况下，海运散装桐油保险的责任自桐油运离保险单载明的启运港的岸上油库或盛装容器开始，包括整个运输过程，至保险单载明的目的地岸上油库责任终止，而且最多只负责海轮到达目的港后 15 天。二是在非正常运输情况下，被保险桐油应在运到非保险单载明的港口的 15 天内卸离海轮，保险责任在桐油卸离海轮后满 15 天终止。如 15 天内该货物在该地被出售，保险责任在交货时终止。三是被保险桐油如在上述 15 天内继续运往保险单所载明的原目的地或其他目的地时，保险责任按第一款的规定终止。③特别约定。一是被保险人在启运港必须取得船上油舱的清洁合格证书，桐油装船后的容量、重量、温度的证书和装船桐油

的品质检验合格证书。二是如果发生意外，必须在中途港卸货时，同样必须在卸货前对桐油进行品质检验，取得证书，还要对接受所卸桐油的油驳、岸上油库及重新装载桐油的船舶油舱等接受容器进行检验并取得合格证书。三是桐油到达指定目的港后，在卸货前，桐油还须由保险单指定检验人对油舱温度、容量、重量及品质进行检验，并出具证书。

（2）海洋运输冷藏货物保险。

①海洋运输冷藏货物保险的险别。一是冷藏险（Risk for Shipment of Frozen Products）。二是冷藏一切险（All Risks for Shipment of Frozen Products）。②海洋运输冷藏货物保险的除外责任。一是被保险鲜货在运输过程中的任何阶段，因未存放在有冷藏设备的仓库或运输工具中，或辅助运输工具没有隔温设备所造成鲜货腐烂的损失。二是被保险鲜货在保险责任开始时，因未保持良好状态，包括整理加工和包装不妥，冷冻上的不合规定及肉食骨头变质所引起的鲜货腐烂和损失。③海洋运输冷藏货物保险的责任起讫。“仓至仓”原则同样适用于冷藏货物的海洋运输保险。但是有如下特殊规定：货物运输至合同约定的目的港后若在30天内完成卸货并存入冷藏仓库，则此时保险合同在装入冷藏仓库后10天内继续生效。若这一期间货物移出冷库则保险合同失效。若卸货后不存入冷库，则卸货作业结束也将作为合同终止的条件。

（3）卖方利益险。卖方利益险主要针对卖方未购买基本货运险的情况下遭遇事故，买方拒绝按照合同条款支付费用时，卖方出于保障自身利益而设立的一种保险。适用于付款交单（D/P）、承兑交单（D/A）或除账（O/A）付款条件成交。

卖方利益险的条件：①保险标的损失情形包含在保险责任之内。②买方拒绝支付部分损失货物对应货款。

三 陆运货物保险

（一）陆运险与陆运一切险

1. 责任范围

陆运险的保险范围类似于“水渍险”。主要针对自然灾害、意外事故所导致的货物价值损失。同时也包含了被保险人所采取的降低损失的行为所发生的费用。陆运一切险则与海运一切险的保险范围基本相同。

2. 责任起讫

“仓至仓”原则也是陆运险的责任认定原则。保险人负责自被保险货物运离保险单所载明的起运地仓库或储存处所开始运输时生效，包括正常运输过程中的陆上和与其有关的水上驳运在内，直至该项货物运达保险单所载目的地收货人的最后仓库或储存处所或被保险人用作分配、分派的其他储存处所为止。如未运抵上述仓库或储存处所，则以被保险货物运抵最后卸载的车站满 60 天为止。

此类保险的索赔时效起于保险合同终止时间，最长时间不得超过 2 年。

（二）陆上运输冷藏货物险

1. 责任范围

陆上运输冷藏货物险不仅涵盖了陆运险的保险范围，同时也包含了因冷藏、隔热等设备故障导致的货物价值损失情形。但是，不包含战争、罢工、运输延误、保险合同生效前货物价值损失等情形。而一般保险的除外责任同样也是本类保险的除外情形。

2. 责任起讫

陆上运输冷藏货物险的责任自被保险货物运离保险单所载启运地点的冷藏仓库装入运送工具开始运输时生效，包括正常的陆运及其有关的水上驳运在内，直至货物到达保险单所载明的目的地收货人仓库为止。但是最长保险责任的有效期限以被保险货物到达目的地车站后 10 天为限。

（三）陆上运输货物战争险

1. 责任范围

陆上运输货物战争险（Overland Transportation Cargo War Risks）这一附加险的购买将使被保险人获得因战争等军事因素导致的货物价值损失的赔偿保障。但是，导致损失的原因以常规武器为限，因原子武器、核武器导致的货物价值损失不在保险责任范围内，同时除外责任还包含了政治冲突各方扣押行为导致的运输不及时及其他货物损失。

2. 责任起讫

陆上运输货物战争险的责任起讫与海运战争险相似，以货物置于运输工具时为限。即自被保险货物装上保险单所载起运地的火车时开始到卸离保险单所载目的地火车时为止。如果被保险货物不卸离火车，则以火车到达目的地的当日午夜起计算，满 48 小时为止；如在运输中途转车，则无论货物在当地卸载与否，保险责任以火车到达该中途站的当日午夜起计算满 10 天为止。如货物在此期限内重新装车续运，仍恢复有效。但需指出，如运输契约在保险单所载目的地以外的地点终止时，该地即视作本保险单所载目的地，在货物卸离该地火车时为止，如不卸离火车，则保险责任以火车到达该地当日午夜起计算满 48 小时为止。

四　航运货物保险

（一）航空运输险和航空运输一切险

1. 责任范围

（1）航空运输险的责任范围。类似于其他运输险，航空运输险的赔偿范围同样为因自然灾害、意外事故导致的航空运输货物价值的全部或部分损失。

（2）航空运输一切险的责任范围。一切险不仅包含了普通运输险的所有赔偿责任，同时也包括了因偷窃等外来原因导致的价值损失。

2. 责任起讫

“仓至仓”原则同样是航空运输险的责任起讫依据，基本规定类似于海洋运输险。其区别在于：若货物最终运输至保险单明确的运输目的地但未转移至收货人仓库等位置，则保险标的离开飞机 30 天的时间为保险合同的有效期间。

若在上述有效期间内保险标的被转移至非保单规定的目的地或仓库，则货物转运作业开始时即视为合同终止。

（1）保险标的于保险合同约定以外的地点开展销售活动，则完成货物交割时即合同终止。无论何种情况，最长保险期限不超过货物卸载飞机后30天。

（2）若在30天的有效期内货物按照保单约定运至目的地，则到达目的货物卸载结束后30天仍为保险合同有效期，满30天后合同终止。

（二）航空运输货物战争险

1. 责任范围

航空运输货物战争险属于典型的附加险。在购买了基本险和一切险的基础上，可额外购买该附加险。该保险的责任范围具体为因战争、敌对等行为造成的货物损失，但必须是常规武器导致的损失，原子武器和热核武器不在保险的范围。

2. 责任起讫

该险种的责任起讫始于货物完成在保单明确起运地飞机的装载作业，结束于货物到达目的地被完成卸载作业。最长有效期为货物到达目的地当天午夜起15天时间内。

五　邮包货物保险

（一）邮包险和邮包一切险

1. 责任范围

（1）邮包险。邮包险的保险范围具体包含了自然灾害、意外事故等因素导致的货物价值损失。此外，基于保险合同内容的被保险人因减少风险损失而采取的各种应对策略所发生的合理费用均属于保险责任范围，但是该费用不得高于投保的金额。

（2）邮包一切险。邮包一切险在涵盖上述基本保险内容的基础上还将一般外来原因导致的邮包运输过程中的价值损失列为责任范围。

上述保险业务的除外情形具体包括战争、敌对行为、海盗、罢工等行为导致的运输损失以及保险合同生效之前就已发生的损失风险或者被保险人的故意行为导致的风险损失。

2. 责任起讫

上述保险业务的责任起讫通常以发货人仓库运输作业的开始为生效时间，贯穿货物运输流通的全过程并以运输活动结束之后完成邮包入库作业为终点。但最长时间不超过邮局将到件通知书发送给收件人当日午夜起往后 15 天的时间。15 日内一旦邮包完成投递，则保险合同立即终止。

（二）邮包战争险

1. 责任范围

邮包战争险是只有在购买邮包险或邮包一切险的条件下才能加购的附加险。这一附加险的购买将使被保险人获得因战争等军事因素导致的货物价值损失的赔偿，赔偿也包括了抢救物资的合理费用。但是导致损失的原因以常规武器为限，因原子武器、核武器导致的货物价值损失不在保险责任范围内。

2. 责任起讫

邮包战争险在确定保险责任时具体以邮政机构收到邮包并开始运送起生效，在目的地邮政机构送至收货人处并确认签收时自动终止。

六　国际货运保险单据

保险单据这种法定合同将明确保险人的保险承诺，并作为承保证明用于后续赔偿问题，是双方权利和义务的法定约束工具。在保险业务发展的过程中，保险单据的类型也不断丰富，分别适用于不同的保险业务，并且在具体内容和条款方面也呈现出一定差异。比较常见的保险单据主要有下列五种类型。

1. 保险单

保险单属于典型的正规保险合同，又叫作大保单。明确规定了保险合同的具体内容，主要包括保险人名称、被保险货物名称、数量或重量、喷头、运输工具、保险起止地点、承保险别、保险金额和期限等项目，另外还包含保险人的具体责任，以及保险人与投保人的权利与义务，保险单这一法定合同具备背书转让的条件，保险单可随同货物物权的转移而转让，在转让过程中相关权利和义务也将同步完成转移。

2. 保险凭证

保险凭证又叫小保单，是对大保单的一种简化结果。其他基本内容与法律效力和大保单相同，区别在于保险凭证上并不详细列出合同条款。但是，保险凭证不能作为信用证要求的有效保险单据。在保险公司业务规范化发展的过程中，保险凭证也逐渐被淘汰，保险单则成为唯一法定的、正规的保险单据。

3. 联合凭证

联合凭证比小保单的内容和形式更加简化。仅仅在专用商业发票上由保险公司注明保险合同的编号、险种、金额等信息，并以印戳的形式进行确认作为保险公司的承保凭证。而其他项目的信息则以发票所列内容为依据。此类保险凭证不具备转让的条件，其法律效力也相对较低。

4. 保险通知书

保险通知书也叫作保险声明书。是国际贸易关系中比较常见的一种保险单据。此类单据一般在买方购买保险业务的情形下出现，买方与保险公司之间订立预约保险协议，规定卖方在发货前向买方指定的保险公司发送保险通知书，保险通知书要记录货物的名称、数量、运输工具、金额、运输日期、预保协议编号等信息，这项业务将作为卖方提供的一种运输连带服务。在货物正式装运之前就应完成保险通知书的准备工作。

5. 批单

批单主要产生于保险单出具之后，因部分保险内容发生变动，根据被保险人的具体要求由保险人签发与保险变更内容有关的说明性文件。其作用在于对原保单的内容及变更情况进行补充说明。在对保险单完成变更处理之后，保险人所承担的保险责任也将随之发生变化，同时也将明确其新的保险责任。批单通常粘贴在保险单上作为说明性、补充性工具，以此提升保险单的完整性和规范性。

第五节　现代国际物流管理问题和解决措施

一　国际贸易中的物流管理

随着我国改革开放事业的不断深化，特别是成为 WTO 成员国之后，国际贸易进入了高速发展时期。国际贸易规模的不断扩大也为国际物流的发展创造了有利条件，物流管理也因此成为国际贸易发展的重要环节之一（张云霞，2020；Puertas et al.，2014）。

（一）国际贸易中的物流管理问题

1. 国际物流的信息产业链有待提高

相较而言，我国国际物流的发展时间相对较短，信息化发展水平也落后于发达国家。在多项内部和外部因素的共同影响下，部分企业尚不具备信息化物流管理能力，难以发挥条形码、GPS 等技术的优势作用提升物流管理效率。在国际物流发展过程中，会涉及海关、资格认证、信息审核等诸多问题，产业发展水平落后问题将难以保证相关信息的准确性与可靠性，客观上加大了国际物流的风险。在产业链任何一个环节出现了不利因素，则必然不同程度影响国际贸易的经济效益和服务质量，特别是在缺乏积极有效监督管理机制的情况下，更是无法简单、准确地界定风险来源，加大了物流管理的难度。

2. 国际物流缺乏科学的规划和布局

发展至今，国际物流已经成为关系国计民生的重要问题之一。2019 年“两会”的政府工作报告也着重指出了物流对社会经济发展的重要意义，充分表明了中央政府对物流业良性发展的重视程度。国际贸易的快速发展为国际物流业的发展创造了有利环境，而物流业巨大的发展潜力也对不少企业形成了巨大吸引，国际化、大型物流中心也成为全国各地争相建设的工程，在积极推动物流业快速发展的同时却忽视了行业本身的风险，造成物流业发展过热、缺乏科学规划、重复建设等问题，不利于物流业的良性发展。不科学的发展规划不仅危害了物流业的正常发展，也导致了严重的资源浪费问题，影响了我国物流业的综合竞争力。受此影响，目前仅有少数大型物流企业能够保证国际物流业务的规范性与管理质量，并且表现出持续稳定的发展能力，其余大部分的物流企业在自身经营发展过程中缺乏长远规划，存在恶意价格竞争等短期性问题，影响了国际物流的规范发展。这也充分表明了科学规划对国际物流发展的重要性。

3. 国际物流缺乏专业的物流人才

教育是人类社会发展进步之基础。对于国际物流业而言，教育也将成为其发展的重要影响因素。我国传统的教育体系对国际物流缺乏必要重视，在专业设置、学科建设方面存在相对滞后的问题，导致专业人才培养水平较低。此外，在学科建设方面，不少地区在开展教育工作时还遵循传统的教育理念，知识结构相对陈旧，教学内容也比较保守，不利于国际物流的科学发展。此外，专业人才短缺的问题也比较突出，同样制约了国际物流的发展。目前，在国际物流业发展的过程中，从业人员综合素质低、专业性不足的问题比较突出，大多数的企业和地区存在专业人才特别是高水平、复合型人才短缺的问题，这就导致国际物流管理水平和服务质量相对较低，同时国际物流业也极度缺乏专业的技术人员与业务人员。国际物流业的良性发展不仅需要相关从业人员具备充分的理论知识，还应具备所需的实践能力，能够充分保证国际物流的发展水平。而人才短缺的问题成为限制和制约国际物流发展的主要因素之一，不解决这一问题，国际物流业自然无法进入良性发展阶段。

4. 国际物流的基础设施建设有待完善

除上述因素之外，还存在其他不利于国际物流业发展的问题。从硬件层面来看，基础设施建设滞后的问题比较突出，缺乏健全完善的配套措施必然会影响国际物流各项业务的正常开展，导致服务质量差、效率低等问题。因此，若想实现国际物流的良性发展，首先要做好硬件建设工作，依靠完善的技术装备满足国际物流运营管理的需求。在国际物流业务具体开展过程中，面对竞争日趋激烈的国际物流市场部分物流企业基础设施建设滞后，在物流设备配置和建设方面存在不及时、不充分的问题。虽然这种情形能够降低物流业的短期成本，但是从长远来看却不利于物流业的良性发展，物流基础设施的不完善与发展滞后将成为制约国际物流发展的主要问题所在。只有充分保证基础设施建设水平才能确保国际物流业进入良性发展状态。

（二）提升国际物流管理水平的对策

1. 加快国际物流信息产业链建设

国际物流业的发展离不开信息化运营管理工作的支持。这就需要保证相应的建设投入。从技术领域来看，信息化发展水平标志着国际物流业的综合发展水平，信息技术也将成为传统物流业与现代互联网技术融合发展的关键所在。为了实现上述目标，就必须制定科学的物流信息产业链发展战略，明确科学发展目标，发挥企业的主体作用和市场的主导作用，构建起完善、通畅的国际物流运营信息技术体系，打造全方位、立体化的信息管理平台，实现国际物流体系的全流程管理，充分保证国际物流的信息技术管理水平。

2. 对国际物流进行科学的规划布局

国际物流并非简单的一项市场性活动，而是一种复杂的、系统性的运营管理工程。因此，必须制订科学的发展规划，对不同层面、不同环节开展管理，才能确保国际物流业良性发展。这就需要政府、企业等不同主体对国际物流形成科学认知，充分认识到其在社会经济发展过程中的重要作用，对相关资源进行科学整合，构建起更加高效、稳定的国际物流体系，以此确保国际物流业的运营效率和服务质量。科学的发展规划能够确保国际物流业实现可持续发展，有效避免资源浪费、重复建设等问题，在保证资源利用水平的基础上确保国际物流服务质量，实现国际物流的最佳运营水平。国际物流行业发展标准的制定实施也将确保行业的规范发展，确保国内外物流的协调发展水平。通过合并的方式对物流业进行优化整合，提高物流企业的经营规模保证其在国际物流市场中的竞争实力。此外，国际物流企业需要积极学习和了解国际规则，快速适应国际物流市场的运行机制和发展环境，充分保证自身发展能力，以此提升我国物流企业的国际业务水平，为中国与国际物流市场的顺利接轨创造有利环境。

3. 加快培养国际物流专业化人才

资源要素的投入和更新将成为国际物流发展的重要保障。因此，国际物流业在发展过程中必须保持良好的创新发展能力，根据自身与外部环境的变化不断优化调整，充分保证行业发展优势。需要以先进的国际物流理论为指导，推动教育理念的创新发展，为国际物流业的发展培养所需人才。在做好人才培养工作的同时，也要做好行业监督管理工作，提高行业准入门槛，确保人力资源利用水平，充分满足国际物流业发展的专业化人才需求。确保从业人员培训工作及考核评估工作的质量，实现理论知识与实践活动的科学结合，健全完善人才培养机制，重点做好工程技术人才的培养工作，制定并实施科学合理的激励制度与考核机制，提高国际先进理论知识在我国国际物流业发展中的综合运用水平，切实有效地提升我国人才培养的质量，充分满足国际物流业发展的人才需求。

4. 强化国际物流业的基础设施建设

在基础设施方面也要加强建设的力度。基础设施建设水平不仅决定了国际物流业的服务效率和服务质量，也将决定一国国际物流业的综合竞争实力。为此，必须提升物流业的信息化水平，发挥现代互联网技术、信息技术的先进作用，实现经营管理模式的创新与改进，构建起更加科学、更加精细、更加高效的运营管理模式，充分满足国际物流业务所需的基础设施需求。此外，要重点做好物流服务中心及信息管理系统的建设工作，实现物流信息的充分共享与高效利用，为跨区域、跨国界的物流体系的形成和运行提供必要支持，确保不同物流系统、运输方式的科学衔接，打造健全完善的国际物流服务体系。做好国际性物流园区的建设工作，树立一批龙头企业，发挥政府扶持作用，引导国际物流业良性发展。与此同时，也要做好配套服务体系的建设工作，为客户提供所需的在线服务，以此提升国际物流综合质量水平，确保国际物流业的规范发展。

二　疫情下的国际物流发展

随着全球经济一体化的快速发展，我国也积极开展国际贸易活动，不少企业也积极寻求国际化发展的科学方式。为了确保国内企业在国际市场中的良好发展，首先要保证竞争优势，确保其市场地位。为了实现上述目标，必须健全完善国际物流体系，为国际贸易发展提供所需支持。特别是对当前相对困难的国际环境，更需要确保国际物流的良性发展，帮助我国更好地应对新冠肺炎疫情等危机实现自身稳定发展（喜崇彬，2020）。

（一）疫情下的我国国际物流发展的存在问题

随着全球经济一体化的快速发展，我国也积极开展国际贸易活动，不少企业也积极寻求国际化发展的科学方式。为了确保国内企业在国际市场中的良性发展，首先要保证竞争优势，确保其市场地位。为了实现上述目标，必须健全完善国际物流体系，为国际贸易发展提供所需支持。特别是对当前疫情下相对困难的国际环境，更需要确保国际物流的良好发展，帮助我国更好地应对新冠肺炎疫情等危机实现自身稳定发展，如何实现上述目标则将成为物流业努力的方向，这也充分肯定了国际物流业在社会经济发展的重要意义。总的来说，疫情下国际物流面临的新挑战可以归纳为以下三点：

1. 国际航空物流运力不足

新冠肺炎疫情严重影响了我国及全球大多数国家的正常发展，也间接反映了我国在国际物流运营管理领域的缺陷和不足，对我国国际供应链管理提出了新的要求。在国际贸易发展过程中，国际物流能力成为限制和制约国际贸易发展的主要因素之一，其中尤以航空物流系统的问题最为突出。在应对疫情的过程中，我国在短时间内实现了巨量救援物资的运输和配送工作，在极短的时间里完成了相关物资的调配、运输等任务。在这一过程中，航空运输承担着最为主要、最为关键的物资运输职责，同时也暴露了我国航空物流体系的缺陷和不足。在面对突发事件时，航空物流未能充分满足相关物资特别是医疗物资的运输需求，严重的运力紧张问题对疫情早期应对工作产生了不利影响。在评估分析一国航空运输发展水平时，国际航线、枢纽数量、运输机数量等是相对重要的评价指标。但是整体来看，我国航空运输系统的发展水平要显著落后于其他发达国家，国际物流业的发展水平也表现出显著差距，充分暴露了我国国际物流特别是航空运输领域的问题。

据麦肯锡的相关调研结果，从国际性连接能力来看，美国、德国等国表现出显著的发展优势，其全球连接能力几乎达到了我国的两倍以上。以 UPS 这一美国国际物流巨头为例，该公司在全球 200 个以上的国家和地区开设了物流网络，能够满足数百个国家、地区之间的跨境物流服务需求。无论是基础设施建设水平还是物流管理系统整体水平，UPS 均处于国际领先地位，成为全球最大的国际物流服务综合供应商之一。

而联邦快递则是另一家国际性的物流企业。在不断扩张的过程中，联邦快递的规模不断扩大，服务范围也不断拓展，在全球 211 个国家及地区均构建起物流服务网络，形成了规模庞大的物流体系，成为全球最知名的物流服务供应商之一，能够有效地满足各国客户对高效、高质量国际物流服务的需求。

DHL 集团则是欧洲最具影响力的国际物流服务供应商。仅敦豪航空货运公司这个子公司就配备 420 余架运输机，拥有全球最大的航空运输转运中心，并在亚太地区建设了 3 个二级转运中心，充分保证了该公司的航空物流服务水平。与之相比，我国国内目前从事航空运输业务的企业仅为 10 家，运输飞机的总量也不到 200 架，不仅显著落后于大型、国际性的物流企业，与发达国家整体发展水平之间更是表现出巨大的差距。

机场作为航空物流的关键枢纽与核心要素，其建设发展水平和运营管理水平将成为航空物流整体发展水平的重要影响因素。整体来看，我国尚未出现专业性的、大型航空货运枢纽，难以满足航空运输快速发展的需求。据有关调研数据，截至 2019 年年底，全国具备运输能力的机场数仅为 235 个，所有机场都属于综合型的机场，承担着人流、货流的中转和调配职责，但是缺乏以货物运输为核心的专业性机场。从航空运输业务分布情况来看，北京、上海、广州等重点城市的机场承担着最主要的货运任务，其货运量在全国总航空货运量中所占比重在 50% 左右。综合性机场在对客运、货运任务进行分配时，大多以客运为服务重点，而将货运任务集中在晚 12 点至早 6 点之间的时间，以此避免对客运资源的占用。在遭遇新冠肺炎疫情等突发事件时，航空货运需求显著增加，但是货运配套服务存在一定问题，显著影响了航空货运任务的顺利完成。这充分表明了我国航空货运在运营管理机制方面存在的僵硬问题，不能根据需求和环境的变化及时、灵活地进行调整，使成本上升问题和效率低下问题并存，难以满足航空货运服务需求。

在航空货运业发展过程中，航空公司是重要的参与主体，也是航空客运、货运服务的主要提供者。自新冠肺炎疫情暴发之后，国内不少航空公司取消部分航班。虽然这一举措有利于疫情防控工作，但是也导致航空公司运力下降问题，造成了巨大的经济损失。相关统计数据表明，2020 年 2—3 月，全国航空公司的国际航空业务大幅度减少，仅为正常水平的 40% 左右。而业务量大幅度缩水的同时，航空公司的经营成本却未得到有效控制，导致了严重的利润下降甚至严重的亏损问题。

例如，中国邮政曾于 2020 年 4 月 6 日发布通知，对新冠肺炎疫情的影响进行了研判，重点指出国际航班取消、运营成本上升对航空业的不利影响。为了应对上述问题，实现航空公司的稳定发展，中国邮政决定于 2020 年 4 月 10 日起，对线下 e 邮宝、航空国际小包、e 特快业务等项目临时性地收取运输附加费以缓解成本压力，何时取消该临时性收费项目视具体情形而定。此外，UPS 也根据自身经营状况对中国大陆和香港特别行政区的跨境物流业务征收附加费以调整营收状况。

新冠肺炎疫情对物流业的巨大冲击也得到了国家有关职能部门的重视。针对这一问题，国务院也客观、全面地评估分析了新冠肺炎疫情对国际航空物流业务的不利影响，认清了我国国际航运业务的发展缺陷，认为需要制定科学的发展战略进一步提升国际航运业务水平，更好地满足社会经济发展对航空运输服务的需求。

2. 国际海运业务备受冲击

在现代国际物流体系中，海运也是非常重要的一项构成。在现有的国际贸易总运输量中，海运所占比重超过了 2/3。对于我国而言，海运在进出口货运总量中的比重甚至达到了 90% 左右的高比例，充分表明了国际贸易对海运的依赖程度。受新冠肺炎疫情的影响，我国国际贸易规模大幅度缩减，在严重影响出口贸易企业经营发展状况的同时，也对国际海运市场造成了巨大冲击，导致国际海运业务蒙受巨大损失，业务量和综合效益显著下降。

但是，相关专家学者指出，国际航运业务的大规模缩减并非危机的终点，而是全球跨境物流业大萧条的起点。在欧美各国新冠肺炎疫情不断加剧的同时，一旦在海运某一环节出现疫情，则必然影响海运企业的正常运转，导致物流服务受阻甚至停止的严重后果。随着疫情的不断加剧，越来越多的航运公司、船务公司纷纷加入停摆的行列，导致国际海运业务规模大幅度缩减。海运业务量的减少不仅证明了新冠肺炎疫情对海运业的不利影响，也标志着国际海运业将遭遇前所未有的危机。

据国际航运研究中心的相关报告，2020 年第一季度，我国航运市场景气指数已下跌到了 62. 95 点，表现出显著的行业不景气特征。与此同时，航运信心指数也下跌至 39. 05 点，以上两项行业指数皆成为近几年最低值，也直观反映了新冠肺炎疫情影响下航运业的发展困境。

而中国集装箱行业协会的调研报告表明，受全球性新冠肺炎疫情的影响，2020 年第一季度的大型港口营收水平、航运企业经营利润均呈现出显著下滑情况，下降幅度最高达到了 30% 左右。与此同时，国内各港口的货物吞吐量也显著减少，而在各国日益严格的检查、隔离措施影响下，国际航运的综合成本将不断提升，无疑会对本已艰难维持的国际海运行业再次造成巨大打击。

3. 全球产业链调整使国际物流发展迎来新挑战

国际贸易的快速发展以及跨国公司的出现为国际物流的发展创造了有利环境。作为国际贸易的领军者，欧美发达国家在推动全球国际贸易发展方面做出了突出贡献。欧美各国所采取的措施和方法不仅确立了其在国际市场中的优势地位，也为国际贸易、国际物流的发展奠定了良好基础。而跨国公司也随着欧美国家国际影响力的提升而不断壮大，主导和推动了全球国际贸易的发展，也促进了国际物流体系的形成与发展。

新冠肺炎疫情的出现对国际物流业造成了巨大冲击。此次疫情表现出突发性的特征，对全球产业链造成了长远的影响，间接影响了国际贸易的发展格局。在新冠肺炎疫情暴发之前，欧美发达国家再次出现了比较突出的贸易保护主义思想，不仅影响了国际贸易的发展情况，并且也对国际物流的发展产生了不利影响。疫情的突然暴发，进一步扩大了国际物流产业链的安全风险，也为产业链的重新调整带来了契机。

对于全球供应链而言，新冠肺炎疫情的出现已经表现出巨大影响，其影响作用具体表现在劳动资源短缺、生产停滞、物流缩减等。对于欧美等发达国家而言，新冠肺炎疫情的发生间接表明了其产业结构方面的巨大缺陷，本国医用物资产能不足、过度依赖制造业国家的问题尤为突出。这种对中国等发展中国家制造业的高度依赖问题也因此受到了发达国家的关注。同时，受新冠肺炎疫情的影响，欧美发达国家的第三产业受到了巨大冲击，产业结构失衡的问题进一步暴露，制造业的振兴也因此成为欧美国家经济复苏的关键所在。

上述问题的发生也令相关国家再次认识到了制造业的重要性，也肯定了全球产业链结构优化调整的积极意义。美国、日本等发达国家呼吁本国制造业企业转移发展重心，将生产基地由中国等发展中国家重新转移至本国或者其他国家，降低对中国等发展中国家制造业的过度依赖问题，提高产业发展的多元化水平。这种产业结构上的优化调整与重新规划必然会影响国际物流体系的固有格局，在打破原有格局的基础上将逐渐形成新的产业链发展格局，从而影响了全球供应链体系今后的发展状况。突发事件应对能力也将成为全球供应链形成与发展需要考虑的重要因素。

（二）应对举措与发展策略

1. 多元化措施缓解国际航运运力不足

在新冠肺炎疫情肆虐全国乃至全世界时，民航总局也积极采取相应措施，以“客改货”等为主要措施解决货机运力不足问题。上述举措也为我国航空公司应对疫情、减轻亏损提供了一种科学思路，将客机充当货运设备，在提升抗疫物资运输能力的同时降低损失。

据航空公司内部人士表示，常规的“客改货”具体通过特殊的改造方案对窄体客机的构造进行调整，使其具备货运能力。现有的窄体货运客机大多由窄体客机改造而来。而民航总局提出的“客改货”举措并不涉及飞机内部改造问题，仅仅将客运飞机充当货运设备，将所需运输的货物直接固定于客舱里进行运输，以此提高客运飞机的运力以弥补货运运力不足的问题。这种临时性的解决方案并不会对当前航空货运市场格局产生影响。虽然这种措施会一定程度加大货物装卸成本，但是能够有效缓解客运业务暂停导致的资源浪费、效益损失问题，无疑是一种两全其美的科学举措。

此外，也应充分重视各邮政快递企业的运输能力。在全国抗疫过程中，邮政快递企业也积极行动，采取境外中转、新辟航线、临时包机等措施开展航空运输服务。以顺丰、圆通等为代表的国内快递企业纷纷增开国际航线，为海外抗疫物资运输提供所需的航运服务，极大地提升了物资运输供应能力，为全球抗疫战争的胜利做出了突出贡献。

与此同时，国内商家、电商平台同样积极参与抗疫活动，为医用物资开辟绿色通道，优先保证医疗物资的运输配送，积极满足物资运输需求。

2. 加快海上快运业务的发展

以“海运快船”为代表的新型物流服务模式得到了市场的认可，成为海运市场发展速度较快的一种服务模式。虽然海运快船本身并不是一个新生事物，但是在全新的市场环境中，这个比较传统的物流服务呈现新的生命力，其服务领域也逐渐由传统的 B2B 领域不断延伸扩展，使公众对海运快船的认知水平不断提升。以“泛亚”这一中远集团的子品牌为例，该子公司的主营业务就是近海航线业务，海运快船在其业务中的比重相对较高。由于远洋船舶主要以大型船舶为主，因此在具体运转时会以沿岸港口为停靠路线，形成一种与城市公交类似的运转模式，能够满足沿线港口之间的物流服务需求。虽然此类服务模式存在时间长、效率低等问题，但是在单位成本、服务覆盖面方面表现出一定优势。海运快线通常以小型船舶为运输工具开展近海航运业务，虽然单位运费相对高一些，但是服务效率却得到了显著提升。

海运快船业务表现出显著的时效性优势，能够在 15 天以内的时间完成东南亚区域的近海航运任务，因此能够弥补航空货运的缺陷和不足。在疫情期间，海运快船也承担起重要的医疗物资运输任务，能够在十数天左右的时间将医疗物资在日韩等东南亚国家和地区之间进行输送，较好地弥补了航空运输运力不足的问题。

以“中美快船”这一阿里国际站推出的创新型物流模式为代表的海运快线业务表现出一定的优势。虽然该物流服务的运输时间大于航空运输，但是其效率显著高于普通海运，表现出突出的成本优势，能够成为当前中美跨境物流体系的一种重要补充。

3. 推动大陆桥运输的发展，缓解国际物流的运力不足

以中欧国际班列为代表的陆路国际物流系统成为我国近期重点建设发展的物流项目。相关人士表示，受新冠肺炎疫情的影响，部分海运客户积极寻找新的方式，借助国际铁路运输满足其运输需求。这就为中欧国际班列带来了大量运单，甚至出现了业务爆仓的现象。这一现象也充分肯定了特殊时期中欧国际班列的优势。集中表现在：

一是受疫情影响，部分干线物流的停运导致了巨大的运力缺口。而中欧国际班列的持续运转极大地弥补了这一缺失，为中欧各国之间的跨境运输提供了一种新的解决方案；

二是在各国的共同努力之下，中欧国际班列的合作水平不断提升，极大简化了通关、报备等流程，因此提升了运输效率。而中欧国际班列业务量的增加也将进一步提升各国对该合作项目的重视程度，为深度合作、简化管理创造了良好条件。

三是该物流运输方案表现出显著的运输时效优势。与航空运输相比，中欧国际班列表现出成本低、时效差、运力大等特点；与海运相比，中欧国际班列则表现出运费略高但效率更高的特点，因此能够为广大客户提供一种新的选择。例如，西安国际班列能够在 15 天左右的时间完成货物在西安与德国汉堡之间的物流运输，所需时间仅为海运的一半左右。而日趋完善的跨国合作机制也将不断提升国际班列的通关检验效率，使其吸引力不断提升。

四是相关政策也为中欧国际班列的快速发展创造了有利环境。在“一带一路”倡议的指导下，相关国家积极开展双边、多边合作，通过投入资金加大了对国际班列运输的补贴力度，创造更加优惠的服务内容吸引客户，从而有效保证了该物流体系的发展速度和服务水平。

第六章

现代物流研究的新方向

第一节　绿色物流

一　绿色物流的定义

20 世纪 90 年代开始，绿色可持续发展理念成为世界各国共同关注的重点，掀起了各行各业的绿色改革，为人类社会的发展提供了一种科学的发展理念。受此影响，绿色概念不断出现，成为各个领域创新发展的主要目标，也催生了绿色消费、绿色产品、绿色流通等全新的消费观念和发展理念。在这一理念转变的过程中，绿色物流也出现并得到了快速发展。

绿色物流的含义可直观理解为降低物流活动对环境的不利影响，提高物流活动的资源利用水平和环保水平。可持续发展理念在物流领域的发展和应用就以环境共生型物流为典型代表，倡导物流系统与人类社会、经济发展、自然环境的和谐统一，提高物流产业的绿色水平，构建起高效型、循环型的新型物流发展模式（吕成城，2019；Georgiana，2014）。

绿色物流并非简单地将绿色技术应用于物流领域，而是一种更加丰富、更加广泛的内涵。其绿色的含义并非简单的环保技术，而是泛指所有与减轻物流环境危害性有关的行为、活动和措施。

二 绿色物流的内涵

1. 绿色物流以现代可持续发展理念为理论基础，结合生态学、循环经济学的理论而发展

首先，物流活动的开展必然会导致资源、能源的损耗，并且引发环境污染问题。因此，若想减轻物流发展的危害性实现其良性持续发展，必须发挥先进技术和工具的优势作用，尽可能降低其不利影响，实现与生态环境的和谐关系。

其次，物流系统不仅表现出典型的经济系统特征，同时也在物料流通的过程中建立了与生态系统联系，因此物流系统的发展将对经济系统、生态系统产生不同程度的影响，必须保证物流系统的科学发展，才能构建起物流、经济和生态系统之间的和谐关系，确保各系统的协调与均衡发展。

再次，基于生态伦理学理论观点，可持续发展以不损害后代人的发展需求为前提条件，即物流系统的发展不能危害资源的自身恢复和持续使用。

最后，物流系统表现出显著的闭环特征，为循环发展模式的形成创造了有利条件，能够在科学理念的指导下实现自身的循环发展与良性发展，构建起更加科学合理的资源配置和利用体系，提高资源利用率的同时减少废弃物的产生量，从而构建起更具持续性的循环发展模式，实现物料在物流系统中的循环利用与持续流动，以此提升物流系统的绿色、可持续发展水平。

2. 绿色物流的最终目标是可持续发展

传统物流活动以物流企业的经营效益最大化为根本目标，同时满足客户需求提升市场份额，在得到更多业务的基础上实现更好的经营效益。这一发展理念将导致物流系统在发展过程中过多关注自身利益问题，缺乏对其他主体利益的均衡与协调。绿色物流理念则合理兼顾了经济效益、社会效益、环境效益等发展目标，不再片面地停留在获取经济利益的唯一目标上，而是树立了节约资源、保护环境的科学理念，能够在自身经营发展的过程中兼顾经济属性、社会属性等不同领域的发展目标。虽然节约资源、保护环境的长远效果与经济利益并无

冲突，但是，从短期来看，上述目标会存在一定的矛盾冲突，使节约资源、保护环境等行为对经济利益造成了损失。基于绿色物流的发展目标和内涵，可持续发展将成为物流企业经营与发展的基本目标与核心原则，将可持续发展作为生产经营工作的出发点，在充分满足客户对物流服务需求的同时，也充分保证物流活动的环保性，尽可能降低对生态环境的不利影响，实现物流系统与生态系统的协调均衡发展，对自然资源与生态环境形成有效保护，实现资源环境的可持续发展，从而更好地满足后代子孙发展的需求。由此可知，绿色物流是可持续发展理念渗透到物流领域后形成的全新理念，将为现代物流的良性发展提供科学指导。

3. 绿色物流的行为主体包括公众、政府及供应链上的全体成员

在物流企业创新发展的过程中，必须树立科学的发展理念，在实现自身专业化转型发展的同时推动物流生产的绿色转型，提高绿色技术的应用水平并降低产业发展的生态危害性，从而实现物流系统的可持续发展目标。对于供应链来说，其中的每一个成员都承担着相应的环保责任。对于制造企业来说，提高产品质量并降低包装的环境危害性是绿色发展的客观要求，而这一目标的实现并不是制造企业自身的职责，同时需要供应链上下游企业之间开展有效协调配合，将节约资源、保护环境作为供应链管理的共同目标，基于这一目标对生产管理机制进行优化和改进，逐步构建起绿色产品流通模式实现供应链的绿色转型，为物流业可持续发展提供有力保障。与此同时，政府职能部门也需要积极发挥自身协调、引导和监督作用，提高物流产业中绿色技术的应用水平。

在物流服务规模不断扩大的过程中，绿色物流所影响的范围也不断扩大，单凭某一企业或者某个地区难以完成物流体系的绿色转型任务，也不能简单地通过道德约束、社会责任约束提高物流产业相关主体的环保积极性。在必要的情况下，政府政策法规将表现出更加积极有效的约束作用和引导作用，能够显著提升物流业的绿色发展水平，积极减少高污染、高排放行为，降低产业发展的能耗，构建起各主体广泛关联、共同参与的一种产业绿色发展模式，实现产业自身的良好

循环与可持续发展。

作为社会的行为主体，公众既是带来环境问题的源头，同时也是环境污染的受害者。这种双重身份决定了公众在物流绿色转型发展中的重要影响作用。只有公众树立了科学的环保意识才能积极地推动物流产业的绿色转型，并发挥良好的监督作用确保物流经营管理行为的环保性。因此，必须发挥公众的监督功能作用。

4. 绿色物流的活动范围涵盖产品的整个生命周期

对于现代产品而言，在其完整的流通过程中都会对环境造成一定的影响。无论是原料采购、生产加工还是流通运输直至废弃，环境问题将始终作为其生命周期的主要问题。绿色物流则将绿色发展观念贯穿于物流生产经营活动的全过程，包括原材料采购、生产制造、包装、运输、分销、配送、废旧品和废弃品的回收等。因此，全面提升生命周期各个阶段的绿色环保水平，尽可能降低物流活动对环境的危害性，才能实现绿色发展理念与产品生命周期的科学统一。

依据不同的生命周期，绿色物流可分为绿色供应物流、绿色生产物流、绿色分销物流、废弃物物流和逆向物流。

三　绿色物流的特征

绿色物流不仅具备传统物流的发展特征，同时也因创新发展呈现出新的发展特征：

1. 学科交叉性

绿色物流实现了传统物流管理、生态经济学、环境科学等不同学科知识和理念的科学融合。面对日益严峻的环境问题，构建起物流与环境间的科学关系成为相关领域关注的重点。这就对物流系统的绿色发展提出了新的要求。为了实现自身科学转型与持续发展，物流系统需要科学把握自身系统与生态系统、经济系统之间的相互关系，制定科学的发展理念和策略，构建起三个系统之间的协调均衡关系，实现三个系统的协同发展从而实现可持续发展目标。为了实现上述目标，必须综合运用生态经济学、环境科学的观点和工具，对物流系统进行优化和改进，把传统的发展模式转变为科学的绿色发展模式。

2. 跨地域性和动态性

对于绿色物流这一新型产业发展模式来说，其地域性特征具体表现在：一是全球经济一体化发展、信息技术的发展使物流活动的范围不断扩大，呈现跨地区、跨国界的发展特征；二是产业绿色转型并非物流业自身的策略转变，而是需要物流供应链所有关联主体的共同参与，发挥其积极作用提高物流业的绿色转型发展能力。而客户所在区域的分散性也决定了其对物流绿色转型的影响作用各不相同。对于不同城市、国家的企业来说，其生产经营的外部环境不尽相同，具体到环保标准方面也呈现显著差异，这种差异的存在将使物流绿色转型的内外部环境是动态多变的，使绿色物流系统表现出显著的动态性特征，必须以动态发展的观念进行管理才能确保物流业的科学发展。

3. 多层次性

绿色物流的多层次性体现在以下三个方面。

（1）从主体特征来看，绿色物流的关联主体具体包含了社会决策层、企业管理层、作业管理层等不同的层次，即表现为宏观、中观、微观等不同层面的关联主体。宏观层面的社会决策层具体负责环保政策、绿色发展政策、监督管理政策的制定和实施，将为物流绿色转型提供科学的指导；而中观层面的企业管理者则负责制定实施企业绿色发展战略，对企业运营管理的各个环节进行优化改进，并协同供应链关联主体共同努力，充分保证物流业绿色转型速度；而微观层面的作业管理层则具体负责绿色理念、方法的实践应用工作，积极努力推动物流作业绿色转型，树立科学的业务模式。

（2）从系统层面来看，绿色物流具体表现为多个不同主体、单元所构成的复杂系统（如绿色包装子系统、绿色仓储子系统、绿色运输子系统等），而不同单元之间又表现出特定的相互关联和影响作用，并在此过程中逐渐形成了新的层次结构，如子系统以下形成的次子系统。不同层次的物流子系统构成一个完整系统，并以此实现绿色物流系统的运行，这进一步决定了绿色物流并非某个子系统或单元的自身任务，而是物流这一完整系统的共同发展目标。

（3）从关联关系来看，绿色物流系统在表现出完整的系统性特征的同时也将成为比它级别更高系统的构成要素之一。在更高的系统里，物流系统与其他系统也将表现出特定的关联关系，在相互影响的过程中也会对更高级别的系统产生特定影响，同时其发展也将受到其他关联系统的影响和制约，可以把这些关联系统统称为绿色物流系统的外部环境，外部环境中包含了能对绿色物流系统产生影响的法律法规、人口环境、政治环境、文化环境、资源条件、环境资源政策等因素，这就要求绿色物流系统在发展的过程中要兼顾与其他系统之间的科学联系。

4. 多目标性

多目标性具体表现为不同目标的协调与均衡。具体到绿色物流系统，企业发展目标不仅是经济利益和自身发展，同时还包含了节约资源、生态保护等目标，企业效益、消费者效益、社会效益、生态效益等不同目标虽然从长远看保持着一致，但是在短期内也客观存在矛盾冲突，使协调均衡成为各项工作的基本任务。绿色物流的发展不仅需要考虑经济利益，还需要考虑消费者利益、社会效益与生态效益，在科学协调各种矛盾目标的基础上实现一种相对均衡的发展方案。而生态环境效益的实现将是实现企业效益、消费者效益与社会效益的重要保障。

四　绿色物流发展的存在问题

（一）绿色物流发展理念淡薄

从政府层面来看，绿色物流的科学理念尚未形成。这就导致政府缺乏推动绿色物流发展的积极性，难以确保各项工作的整体质量，相关问题亟待解决。

从物流企业自身来看，管理层缺乏自律意识和社会责任意识的问题比较突出，缺乏对绿色物流的科学认知，未能认识到绿色物流在降低成本、提升资源利用率方面的积极作用，缺乏绿色物流转型发展的主观意愿，导致物流模式仍然停留在传统、落后的运营管理模式下（李佳明，2018）。加之不少员工也不具备绿色物流的科学理念，难以确保绿色物流各项措施的执行效果，限制和制约了绿色物流的发展。

从消费者的层面来看，相对落后、保守的理念使其仅关注绿色产品的使用，未能认识到绿色物流的积极意义，同样缺乏绿色物流的参与热情，造成外部监督缺失、物流服务绿色水平不足的结果。

（二）绿色物流技术没有得到充分利用

先进的科学技术是物流业创新发展的基础所在。因此，若想保证绿色物流的科学发展，关键在于保证技术创新水平和应用水平。整体来看，我国绿色物流技术的发展应用相对滞后，无法发挥其积极作用提升物流效率并降低物流资源消耗，难以保证物流服务的效率水平和环保水平。

（三）绿色物流经营管理环节上存在不足

具体到物流经营管理领域，绿色物流的理念也未得到充分贯彻落实。在服务过程中，大多数的物流企业均未形成完善、有效的绿色服务体系，仍然以传统的物流服务为主要形式，比如货物运输车辆不达标造成的过度尾气排放和能源消耗，运输线路不合理造成的迂回运输，过度包装造成的包装材料浪费。这些不规范的经营管理导致了比较严重的环境污染、资源损耗问题，不利于物流业的可持续发展。

（四）绿色物流人才不足

在物流业快速发展的过程中，相关从业人员的数量虽然迅速增加，但是却极度缺乏绿色物流人才。统计数据表明，截至 2017 年，我国绿色物流人才的缺口高达 300 万，专业化、高素质人才短缺的问题十分突出。大多数的从业人员学历较低、能力不足，难以保证绿色物流的发展水平，人才培养也因此成为绿色物流发展的关键所在。

（五）绿色物流的相关政策和法规不健全

在电子商务等互联网经济高速发展的同时，物流业也进入了高速发展时期，行业规模不断扩大，服务能力也不断提升，在满足社会物流服务需求、促进社会经济良性发展方面做出了突出贡献。为了实现物流业的持续稳定发展，我国政府也积极开展立法工作，努力为物流业发展创造良好的外部环境。但是，从整体来看，绿色物流并未得到充分重视，缺乏专门的绿色物流法律法规和政策制度，难以保证绿色物流的发展水平。

五　绿色物流的发展策略

（一）树立绿色物流观念

观念属于世界观的一种特殊表现，是最普遍、最根本的一种认知。观念基于特定的生产力条件、社会发展水平和思想认知而形成并发展，将为人们的行为提供科学的指导。在社会发展的过程中，人们的观念也随之变化。当生产力水平较低、生活质量较差时，人们需求的重点是获得更多的资源以改善生活质量，因此更加注重短期利益，缺乏对长远利益的重视，片面局限于个体利益而忽视社会利益。在这种观念的影响下，企业经营活动也表现出显著的趋利性特征，采取掠夺式、破坏式的生产模式最大限度满足自身利益需求，这必然会危害社会生产的可持续发展。在物资充足、生产力水平相对较高的今天，人们的观念也不再局限于短期利益，而是树立起可持续发展的科学观念，为绿色物流的发展奠定良好基础。

（二）开发绿色物流技术

绿色物流目标若想真正实现，不仅需要树立科学的理念制定合理的发展战略，更重要的是加快绿色物流技术的创新发展速度并提高其应用水平。绿色物流技术的发展和应用将较有效地解决传统物流发展模式带来的环境危害与资源浪费问题，在提升生产效率的同时减少资源损耗、降低废弃物排放水平，并提升资源循环利用率，从而实现自身发展模式的科学转型，逐渐构建起循环型的发展模式，充分发挥循环经济的优势作用，提高物流业的生态效益。由此可知，绿色技术将成为绿色物流发展的前提和保证。相对而言，我国绿色物流技术与发达国家之间还存在显著差距，无法满足物流绿色转型的实际需要，在自动化、信息化、网络化发展方面还有很多工作需要加强。必须充分调动全社会的力量才能充分保证绿色技术的创新发展速度和应用水平。

（三）推行绿色物流经营管理手段

环境保护将作为绿色物流发展的基本理念之一，是物流科学转型的重要保障（刘竹轩，2019）。

1. 实现运输模式的绿色转型

运输车辆是物流污染的主要来源。因此，车辆技术的创新和改进将成为降低物流污染的重要举措。在保证物流服务质量的前提下，尽可能提升车辆运输效率和配送效率，将有效降低单位物流作业的成本费用，同时间接降低运输工具排放水平。具体可通过坚持实施“公转铁”政策、合理设计物流网络、科学运用多式联运、研发新能源汽车等方法实现上述目标。

2. 实现包装模式的绿色转型

对于商品流通而言，包装的功能作用不仅仅是保护，同时也表现出显著的销售功能。若是在产品包装设计环节充分体现绿色理念，则不仅能够极大提升产品包装的吸引力，也有利于绿色理念的传播和发展。绿色物流的包装应符合“4R”原则：少耗材（Reduction）、可再用（Reuse）、可回收（Reclaim）和可再循环（Recycle）。

3. 实现加工模式的绿色转型

流通加工已经成为现代物流体系重要的经营内容之一。流通加工模式的发展将有效克服传统分散加工的缺陷和不足，提高先进加工技术的利用水平，在提升资源利用率的同时降低加工的环境危害性，实现对边角废料的循环利用和综合利用，从而显著提升流通加工的经济效益和生态效益。

4. 实现信息管理模式的绿色转型

现代物流集中体现了物流、商流与信息流的综合联系。信息管理（信息的收集、整理和储存）也是其重要的管理内容。绿色信息的收集与管理能够满足实施绿色物流战略的决策需求。

（四）加强绿色物流人才的培养

绿色物流的创新性对物流管理和作业人员的素质能力也提出了更高的要求。只有具备了绿色物流的理念和行为能力，才能真正保证在实施物流活动的过程中能够贯彻绿色发展的理念。因此，必须重点加强教育培养工作，不断提升物流从业人员的绿色理念，使其积极践行绿色发展观念，实现产业的绿色转型并充分保证绿色技术的应用水平和综合效果。

（五）制定绿色物流法规

绿色物流是物流业的科学发展理念，也是可持续发展理念在物流领域的延伸和发展，既是社会经济可持续发展的重要保证，也是生活质量的重要保证。而要推动绿色物流的发展，需要政府制定科学的发展政策与规划，强化现行物流产业管理机制。

对于部分发达国家而言，绿色物流已经成为政府管理的重要任务之一，并从政策、法规的层面为绿色物流发展制定科学的发展战略和提供必要的支持政策。通过政策法规的实施对物流企业的经营行为进行科学引导和有效约束，减少其经营行为中的污染性活动，引导其形成科学的运营管理模式和发展理念（刘竹轩，2019）。重点对车辆排放、废水排放、包装污染等问题进行监督管理，积极提升物流运营管理的绿色水平。

法律法规体系的健全完善将为绿色物流发展提供充分有效的保障，发挥政府及职能部门的作用，统一进行物流网络的规划和布局，共建跨越地域和行业的物流大市场，实现物流产业的科学转型和产业结构的优化调整，树立现代化的绿色物流发展模式，为社会创造提供更高质量的物流服务。而绿色物流的发展也将显著提升社会经济的发展速度和发展水平。

六　绿色物流的实施

绿色物流的发展将有利于提升社会经济发展科学性，在改善公众生活环境、提高生活质量方面将发挥积极有效的作用。因此，无论是政府还是企业，都必须做好物流监督管理工作，为物流绿色转型创造良好的外部环境（朱书研，2020）。

（一）政府的绿色物流实施

在绿色物流发展过程中，政府将发挥重要的监督管理作用，具体以交通量、交通流、污染源为对象开展管理工作，保证绿色物流科学发展。

1. 对交通量的管理

要充分发挥政府的指导功能作用，引导物流企业生产经营模式的科学转变，构建起更加科学合理的运输模式，发挥共同配送的优势作用提高配送效率，用运输效率的提升间接降低污染物的排放量。由政府主导物流园区、物流中心的建设工作，善用现代化信息技术提升物流运营管理水平，在提升物流经营效益、服务质量的同时也能够显著降低不合理的交通运输问题，通过信息技术合理运用达到控制交通量目的。

2. 对交通流的管理

政府需要加强道路交通基础设施建设工作，参照发达城市的经验建设城市中心环状公路，完善城市交通体系，构建起更合理、更高效的交通运输网络，并根据需要对城市交通流进行科学管理和控制，提高交通效率降低拥堵风险，通过车辆运行效率的提升实现配送服务效率的提高，从而间接减少车辆尾气排放，实现更好的环保效果。

3. 对污染源的管理

政府应以物流生产过程中的污染源为管理对象，发挥政府监管职能作用，对物流企业的生产经营问题进行约束和管理，尽可能减少污染发生源，降低物流经营的污染程度，以环保政策、产业转型扶持政策为工具，加快物流业的绿色转型速度减少污染源。具体措施包括：限制排放不达标的车辆上路，推动绿色能源汽车的普及使用，出台政策降低汽车噪声污染等。

在积极发挥政府职能作用的同时也要充分发挥社会力量的积极作用，通过提高公众环保意识，发挥社会大众对污染源的监督作用；培育企业的绿色发展理念，使企业自觉参与污染源控制的行动。

（二）企业绿色物流管理措施

对于企业而言，绿色物流管理的基本内涵具体如下：

1. 开展绿色包装管理

绿色包装管理倡导在包装的过程中选用对环境危害低的材料，并在合理的范围内尽量节约包装材料的使用。对于生产部门而言，其在包装产品的过程中应当不断优化生产工艺，提高绿色包装材料的使用率，以新型可降解包装材料取代传统的塑料包装材料（Jiang et al.，2014），实现包装材料的绿色转型（Sun，2012）。对于流通部门而言，应采用新型的模数化、大型化、集装化等包装方式，优先使用可多次使用的包装材料与包装器具。

包装模数化则是构建不同产品共同适用的一种标准化包装尺寸体

系，不同的产品均按照该标准化尺寸进行包装，既能够满足不同产品的包装需求，又能有效避免包装材料的浪费问题，如能与后期仓储设施的尺寸模数实现统一，将为后续的仓储管理创造了便利条件，提高了产品流通的效率。

包装大型化与集装化，以集装箱、集装袋为代表的大型包装工具的使用能够极大提升物流效率水平，减少小规模、独立包装的资源损耗。同时大型化和集装化的包装有利于装卸搬运、储存、运输等环节的作业，能有效提升作业效率，减少能耗。

可多次使用的通用型、循环使用型的包装能够表现出卓越的成本优势，极大地提升了包装材料的综合利用率。部分新型包装材料能够经过简单处理具备新的功能作用，从而实现了包装材料的重复使用与高效利用。属于这一类型的包装有：啤酒瓶、经再生处理的废旧包装材料等。

2. 开展绿色运输管理

第三方物流的快速发展将构建起更科学高效的共同配送、联合运输产业发展模式，提高了物流产业的综合管理水平，也为绿色物流的发展奠定良好的基础（朱书研等，2020）。

第三方物流的发展将发挥专业化、规模化物流企业的经营管理优势，在提高物流资源利用水平的同时也创造更高质量的物流服务，更好地满足社会经济发展对物流服务的需求，有效地解决了传统物流资金占用量大、资源利用率不足、运行效率低下、环境污染严重等问题。第三方物流的发展能降低企业自有汽车的保有量，城市运输车辆的减少能缓解城市污染问题，同时城市运力向第三方物流企业的集中也有利于环保节能型汽车的推广，实现物流业与生态环境的协调发展。

共同配送是以区域内多个企业为发展基础，在科学协作的基础上为特定区域客户提供更加高效的配送服务。共同配送的优势表现在：能够极大提升人员、物资、资金等物流资源的综合利用率，降低成本费用，实现更好的经济效益；共同配送将有效减少配送车辆等工具的需求量，减少车辆的废气排放。

联合运输则表现为铁路运输、公路运输、航空及水路运输等多种不同运输方式的科学配合，构建起一种更加便利、高效的复合运输系统，实现多环节、多区段、多运输工具的相互协调和有效衔接。

联合运输一般以集装箱作为媒介，借助集装箱的标准化尺寸，推动了物流业的标准化、规范化发展，从装载工具和运输工具标准化建设出发，逐步提升物流各个领域和环节的标准化水平，有效减少运输过程中的包装成本和货损、货差。

此外，联合运输还能够发挥不同运输模式的优势作用并克服单一运输方式的缺陷和不足，进一步提升物流工作的整体效率水平。联合运输克服了地理、气候、市场等各项因素对物流活动的不利影响，为客户提供了更高质量的物流服务。

3. 开展绿色流通加工

流通加工是现代物流最主要的辅助性、配套性业务之一，能够根据产品流通过程中的供需方的要求对产品进行加工，包括包装、分割、计量、分拣、组装、价格贴付、标签贴付、商品检验等简单作业。流通加工表现出显著的生产性特征，发展绿色流通加工，将有效减轻产品生产流通的环境危害性，提高资源综合利用率，从而实现更显著的经济效益与生态效益（李春香，2012）。绿色流通主要包括两方面：第一，变分散加工为集中加工，提升资源利用率减少污染。第二，集中处理加工过程中的无用加工废料，减少废弃物给环境带来的污染问题。

4. 加强废弃物物流的管理

废弃物物流是比较传统的一种物流形式，是对生产生活过程中产生的完全丧失原有使用价值的物品进行收集、分类、加工、包装、搬运、储存，并最终送至专业的无害化处理场所，这一系列的物流活动可称作废弃物物流。一般的废弃物物流的处理方式是化学无害化处理或在特定地区进行填埋或储存。

在生产、消费规模不断扩大的同时，废弃物的规模也将呈现出快速扩大的发展趋势，使废弃物的处理的压力日益加剧。随着技术的发展，部分过往无法循环利用的废弃物可以实现资源化的再利用，这给降低日益庞大的废弃物物流规模提供了可能性，也符合绿色物流的发展理念。借助新型技术构建废弃物回收利用系统，能提升废弃物的回收利用水平，在减轻其环境危害性的同时也将实现更好的经济效益、社会效益与环境效益，也能有效缓解资源短缺困境，实现社会经济的循环发展。为了实现上述目标，必须健全完善废弃物物流管理机制，确保物流活动的科学开展，同时构建起高效、稳定的废弃物回收循环利用系统，提高资源综合利用率，为可持续发展做出更大的贡献。

第二节　电子商务物流

一　电子商务的概述

（一）电子商务的定义

电子商务（Electronic Commerce，EC）属于一种新型商业模式，是现代商品经济与信息技术融合发展的新生事物。对电子商务的概念内涵进行理解和解读，具体可从狭义、广义两个层面出发。

1. 狭义的电子商务

电子商务的狭义内涵具体指基于信息数据收集、处理和传递，以开放性网络作为交易载体的一种商业发展模式。其发展模式具体表现为企业之间、企业与消费者之间、企业与政府之间的新型交易方式。

2. 广义的电子商务

电子商务的广义内涵则是基于现代信息技术、网络技术、交易理念的一种新型交易模式，是产品生产者、流通者、销售者、消费者等不同主体构成的一种现代商业体系，通过有价值信息的传递促进产品的流通。

（二）电子商务的运行方式

1. 企业对企业的电子商务模式

企业对企业模式，英文全称为 Business - to - Business，即 B2B，此类电子商务模式的交易主体为企业，是不同企业之间发生的电子商务活动。企业通过互联网与上游供应商开展商业往来，完成采购活动与支付活动，这就是 B2B 电子商务的最好例子。此类电子商务的发展时间相对较早，早期的交易活动大多使用私营网络，即 Value - Added Network（VAN），一般采用 EDI 模式进行交易。

虽然 B2C 电商模式呈现出高速发展势头，但是仍有不少学者认为，B2B 这一模式的发展潜力将更加显著。Forrester 公司的研究者认为，未来 B2B 模式的发展显著将达到 B2C 模式发展速度的 3 倍以上，将成为未来电子商务的真正核心。B2B 的商业规模和综合效益是 B2C 模式难以实现的。

2. 企业对消费者的电子商务

企业对消费者模式，英文全称为 Business - to - Consumer，即 B2C，此类电子商务模式的交易主体为企业和消费者，是企业与消费者之间发生的电子商务活动。B2C 电商模式以现代互联网的高速发展为契机，以各类在线式的交流沟通活动为基础，通过网络交易活动销售各类产品。国内的典型代表为淘宝网、京东商城等综合型电商平台。

B2C 模式的快速发展主要得益于以下因素：

（1）全球互联网的快速发展为商家和消费者的交流沟通提供了一种更直接、更便捷、更可靠的交流沟通方式，显著提升了产品销售流通的针对性，更好地满足了消费者的产品需求。不断增长的互联网用户成为 B2C 电商的客户基础。

（2）网络支付技术的出现和发展为电子商务活动提供了更便捷、更安全的支付工具。

（3）消费者能够通过互联网获得更全面的产品信息，并在交流沟通的基础上确定最佳消费策略，从而提高了消费质量。

3. “线上到线下”的电子商务的含义

“线上到线下”电商模式，英文全称为 Online - to - Offline，即 O2O。这一电商模式最早出现在美国，是一种基于现代互联网、物联网技术的“线上营销 + 线下体验”全新消费模式。

O2O 电商模式表现出十分广泛的内涵。凡是销售过程中涉及线上和线下交流互动的营销模式，都可归属为 O2O 模式，该模式的优势在于实现了一种更加直接的交流沟通机制，使买方与卖方实现线上线下的双向交流互动，商机无处不在。

对于O2O电商而言，其最基本的交互过程如图6－1所示。基于该交互模式，用户的需求与商家的产品得到有效匹配。

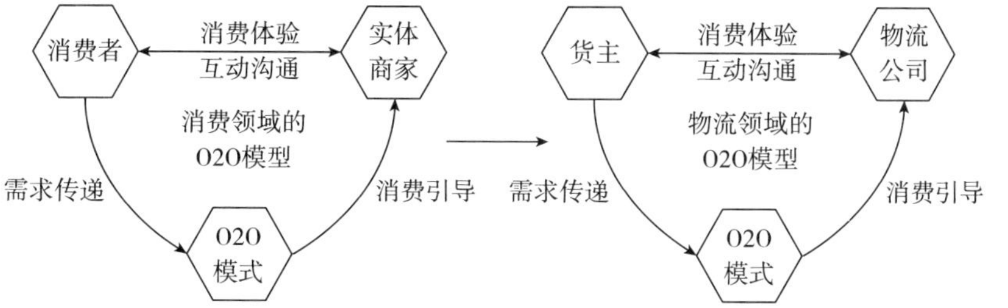

图6－1 O2O模式

4. 消费者对消费者模式

消费者对消费者电商模式，英文全称为Consumer－to－Consumer，即C2C。该电商模式的销售者与购买者都是个人用户，是个人与个人之间的电子商务活动。C2C的本质是个人用户之间交互沟通的一种网络平台工具，通过卖方拍卖、买方竞价的方式进行交易。

5. 企业对企业对消费者模式

企业对企业对消费者模式，英文全称为Business－to－Business－to－Consumer，即B2B2C。这是基于常规B2B、B2C模式发展起来的一种新型电商模式，在该模式中，首个字母B代表卖方，是各类产品的生产者或批发供应商；第二个B代表交易平台，是产品信息交互与流通的媒介工具，同时也满足交易双方对各类附加服务的需求；C代表买方。在该电商模式中，卖方的身份相对丰富，企业组织和个人用户均可作为卖方；平台也不局限于基本的中介服务，而是更加注重通过附加服务实现更大的经济利益，在客户管理、信息反馈、数据库管理、决策支持等方面具有经营优势；买方也并非单指个人用户，也可以是企业等经营主体。该模式综合发挥了B2C、C2C等电商模式的优势。

6. 面向市场营销的模式

面向市场营销模式，英文全称为 Business - to - Marketing，即 B2M。该电商模式以商户需求为基础，针对性地完成营销站点的建设工作。该模式综合运用线上、线下平台的优势，充分保证信息传播质量和效率，为商户提供更加全面、准确的站点维护服务，使站点成为商户重要的销售渠道。B2M 侧重于网络营销渠道的建设和发展工作，充分发挥网络营销工具的优势作用，为商户的产品寻找更可靠的销售渠道，扩大市场占有率。

整体而言，B2M 电商模式属于一种更高层次的电子商务发展模式。其最大的差别在于对客户的身份进行了重新定义。传统电商模式以消费者为客户，而 B2M 并不服务于消费者，它的客户是企业、营销从业人员。

7. 经理人对最终消费者模式

经理人对最终消费者电商模式，英文全称为 Manager - to - Consumer，即 M2C。该电商模式是在 B2M 电商模式的基础上发展而来，是 B2M 电商模式的有益补充。职业经理人通过企业销售站点获取产品或服务信息，帮助企业进行营销活动或者为企业提供其他增值服务并获得相应报酬，企业则借助经理人的服务提升销售业绩或者获得增值服务的收益。

8. 代理商、商家和消费者模式

代理商、商家和消费者模式是以代理商（Agents）、商家（Business）、消费者（Consumer）为构成主体的电子商务模式，即 ABC 模式，该电商模式实现了生产、经营、消费的融合发展，是一个综合性的电子商务平台。通过该平台，消费者在消费购物的同时将获得相应的成长积分，在成长积分增加的过程中其在电商系统中的地位也将不断提升，当其积分满足平台条件时就将由普通消费者升级为“代理商”，既能获得更加优惠的消费折扣，也能够以“代理商”的身份向其他用户推荐产品，并根据其他用户的消费购买情况获得相应的提成奖励，甚至其推销产品的用户也可能成为“代理商”，成为其下线成员。ABC 模式形成了一种关系紧密的利益共同体，在合作发展的过程中分别实现了不同主体的利益目标。

9. 企业、联盟和企业模式

企业、联盟和企业电商模式，英文全称为 Business Alliance Business，即 BAB。该电商模式是对 B2B 模式的创新和发展，构建起不同代理商之间的相互认证和合作平台，平台能够实现身份认证、信息服务、网上支付、物流配送等服务，极大地提升了电子商务的发展水平。

10. 消费者对政府模式

消费者对政府模式，英文全称为 Consumer - to - Government，即 C2G。该模式是以政府和个人为参与主体的电商模式。C2G 目前仅仅停留于理论层面，尚未成为电子商务领域真正的商业模式。现有的发展雏形主要有政府职能部门设计开发的各类网络化、信息化管理服务平台。以各种个人电子报税工具和社会保险的缴费管理工具为典型代表。这一创新的服务模式能够实现政府与个人之间全新的管理和服务模式，有效发挥信息工具的优势，提高了政务活动的便利性和效率性。

11. 企业对政府模式

企业对政府模式，英文全称为 Business - to - Government，即 B2G。该电商模式为政府与企业之间的商业往来提供了一种更便捷、更高效、更透明的信息化平台。典型代表为政府的电子采购信息系统。政府可借助该系统发布采购信息，竞标者了解相关信息后通过网络竞标的方式进行竞标，政府综合比较所有标书后确定中标者，最后签订合同完成采购工作。虽然该电商模式尚处于探索阶段，但是其优势已经得到了社会各界的普遍认可。另外，政府也可通过该模式实施企业的行政管理，如开展数据统计工作和发放进出口许可证等。

二 电子商务物流的定义

商品经济的发展与信息技术的创新为电子商务物流的出现和发展奠定了良好基础。作为现代电子商务的重要构成之一，电子商务物流将为电子商务的发展提供有效的支持（Dustin et al.，2016）。这一物流模式的出现将打破传统的物流运作模式，构建起一种全新的物流系统，催生出一种物流、信息流、商流高度融合的物流服务模式。

目前学术界并未对电子商务物流的概念达成共识，不同的学者提出了不同看法，有的学者认为这是“物流管理的电子化”，有的则认为这是“电子商务时代的物流”，但是都共同认为电子商务物流应以电子商务与物流的高度融合为主要特征，实现了两者的优势互补而诞生的一种更科学、高效的物流模式（Jiao，2014）。

三　电子商务物流的特征

电子商务的快速发展不仅提升了社会经济的发展速度，也对国际物流的发展产生巨大的影响，使物流体系呈现出全新的发展特征（Ewa，2010）。具体表现在以下方面：

（一）自动化与网络化

信息技术的应用为物流自动化发展奠定良好基础。而机电一体化技术则是物流自动化的关键技术。自动化技术的广泛应用，将显著降低物流作业对人力资本的需求。以条形码技术、RFID 技术为代表的信息识别技术极大地提升了物流信息管理水平，也为各类自动化作业管理的实现提供了必要的信息依据（李利晓，2019）；以自动分拣系统、自动存取系统、自动导向车、货物自动跟踪系统等为代表的设施则为物流作业提供了极大便利，减少了重复性物流作业的劳动强度，节省了大量人力资源（曹江宁，2014）。近年来，我国的自动化水平已经有了较大的进步，但与发达国家相比还存在显著的差距。

物流网络化则是现代物流的另一项主要特征（刘丽军，2018）。具体表现为：第一，通信的网络化，主要依靠物流配送系统的网络化来实现。通过配送中心的计算机网络，供应链上的原料供应商、产品制造商、零售商可以高效地进行信息传递，上游企业与下游企业可以借助网上的 EOS 系统和 EDI 系统实现线上电子订货、线下统一配送（周万才，2020），所有物流信息传递均可通过网络实现。第二，组织网络化，主要依靠完善的生产网络和物流运输网络实现，具体实现方式为制造商在全球布局生产网络，在接到客户订单后，按照产品的生产工艺进行分解，把各零部件分包给全球不同地方的生产商生产，生产完成后利用物流网络把所有零部件集中到一个物流配送中心进行组装，组装完成的产品按照产品订单配送给客户，这一方式能有效利用全球优质资源进行生产，充分降低产品的成本。

（二）智能化

智能化是自动化、信息化的进一步创新发展。当物流自动化、信息化水平发展到一定高度时，就将出现更加高效的智能化管理特征。充分发挥现代人工智能技术、机器人技术的优势作用，为物流企业的快速发展奠定更好的基础。我国提出的智慧物流就是物流智能化的典型代表。

（三）流程的合理化

物流服务功能之间表现出显著的关联性。因此，若想实现物流效率、效益的最佳均衡，就必须充分考虑不同系统的功能需求，合理协调不同系统的关系，构建一种高效、合理的物流管理流程。对于电子商务物流而言，其流程合理化的内涵具体表现在以下三个方面。

（1）提升电子商务的综合运转速度。通过仓储和配送中心的合理设置，使用自动化装卸方式和储存方式，用计算机网络提升物流信息的处理能力，都可以有效提升电子商务物流的质量，达到提升电子商务运转速度的目的。

（2）显著降低成本费用。电子商务物流将实现更加科学、高效的管理流程，在提升物流效率的同时降低资源损耗，以此实现成本费用的大幅度降低，比如通过物流流程的合理化提高作业效率，选用合理的包装材料等。

（3）降低库存水平。电子商务物流在物流效率方面的显著优势将提升货物周转速度，在满足客户需求的基础上进一步降低了库存水平，实现了更好的库存管理绩效。

（四）信息化

信息化是电子商务的主要特征之一。电子商务物流的信息化技术包括了条码技术（Bar Code）、数据库技术（Database）、电子订货系统（Electronic Ordering System，EOS）、电子数据交换（Electronic Data Interchange，EDI）、快速反应（Quick Response，QR）及有效的客户反应（Effective Customer Response，ECR）、企业资源计划（Enterprise Resource Planning，ERP）。这些技术构建起更高效、可靠的物流管理

系统，实现了更好的客户服务。

(五) 柔性化

柔性化是灵活性的具体表现。这一理念最早出现于制造企业，如20世纪90年代出现的弹性制造系统（Flexible Manufacturing System, FMS）、计算机集成制造系统（Computer Integrated Manufacturing System, CIMS）、企业资源计划（ERP）以及供应链管理的概念和技术，这些技术的出现使制造企业精确按照市场实际需求量组织生产成为可能，而这些技术以及管理理念也逐步渗透到物流领域。究其原因，制造企业的柔性化生产离不开柔性化的物流系统。电子商务物流的出现和发展对物流企业经营管理的弹性水平提出了更高要求，柔性化的物流系统能够更灵活地调整经营目标，更好地满足客户多样化、动态变化的服务需求。自20世纪20年代以来，受制造企业柔性化生产理念影响，各个行业纷纷提出了柔性化的经营发展理念，充分发挥现代信息技术和工具的优势作用，对客户需求和市场需求进行更加全面、准确的分析，在充分把握需求状况及未来发展趋势的基础上针对性地制订生产经营计划，保证客户对产品和服务的认可度，并能根据市场变动及时调整产品和服务理念。对于物流业而言，柔性化能够更好地满足客户多品种、小批量、多批次的物流服务需求，从而极大地提升物流服务的针对性与个性化，实现物流服务供需结构的动态均衡。

四　电子商务物流的主要模式

在社会经济高速发展的同时，电子商务的市场竞争也日益激烈。物流发展速度的相对滞后导致其成为制约电子商务发展的主要因素。因此，以电子商务物流为代表的物流创新将成为解决这一问题的重要举措。整体来看，电子商务物流的发展模式主要有以下四类：

(一) 轻公司轻资产模式

该发展模式实现了电子商务企业经营资源向优势领域的集中，专注于电子商务平台建设发展与数据管理工作，将其他生产、物流等业务以外包的形式委托专业的第三方企业进行处理，在减轻自身经营管理负担的同时提高客户服务水平。

该发展模式能够极大减轻电商企业在物流体系建设方面的成本压

力，将其精力集中于数据管理与系统运营，提高了客户管理服务质量。但是，此类发展模式对第三方企业的依赖程度相对较高，一旦第三方企业出现问题，则必然会严重影响电子商务企业的自身良性发展，对企业风险管控和监督管理能力提出了较高要求。

（二）垂直一体化模式

垂直一体化模式又叫作纵向一体化模式，是一种重资产的发展模式，这种模式投入大量资源建设仓储设施和购置运输车辆，走的是自建物流的发展模式，该模式以京东商城、苏宁电器为典型代表。

该发展模式强调了配送业务的重要性。通过打造高效、可靠的物流配送体系提升物流服务质量和综合效率，在充分保证电商物流质量的基础上实现业务的快速发展。

（三）半外包模式

该发展模式又叫作半一体化模式，属于一种类似于垂直一体化模式但是一体化程度相对较弱的发展模式。主要特征为由企业出资建设并运营重点区域的物流团队，同时将其他非核心物流业务以外包的形式加以解决。

该发展模式虽然也需要消耗电商企业大量的资金，但是能够充分保证物流服务质量。也对电子商务企业的物流管理能力提出了更高要求。

（四）云物流云仓储模式

该发展模式以现代云计算技术为基础，通过云物流平台实现了分散于社会各处物流资源的高度整合与集中管理，分散的物流资源经过平台的整合和管理后能够形成规模效应，降低了成本费用。同时，这一模式实现了订单信息的集中管理，通过云物流平台实现物流资源的科学整合与高效利用，构建起一种集中化、标准化的物流管理模式。

虽然目前该电子商务物流模式刚刚出现，其功能作用目前仍仅停留在信息交换的层面，但是，在云资源整合、管理水平不断提升的过程中，该发展模式的资源配置与物流供给能力将显著提升，同时这种模式克服了传统物流配送在信息整合、利用方面的缺陷和不足。

五　电子商务下的企业物流系统

在社会发展进步的同时，电子商务的发展水平不断提升，在构建起一种全新的商业体系的同时，也对传统的经营管理理念和模式造成了巨大影响，客观上推动了客户管理、采购管理等策略的创新发展。面对全新的市场环境，客户对随时随地的消费服务表现出更高需求，同时也要求更低的消费成本和更高的服务效率。若想满足上述新需求，零售企业必须对物流管理流程和模式进行优化和改进，在构建起良好合作伙伴关系的同时积极有效地开展供应链管理活动，以此实现最佳运营绩效。供应链管理基于各类科学的管理方法、工具和策略，在对供应链各主体资源、信息进行科学整合的基础上形成系统性、整体性的供应链管理策略，确保销售服务质量提高客户满意度，从而以最小的成本代价实现最大的经营绩效。

物流不仅体现了产品流通的效率和能力，同时也体现了销售企业同供应商、客户之间的资源交互能力。物流的最根本任务是以最低的代价实现最大的客户价值。因此，必须保证配送、制造、采购等不同物流环节的运营管理效率，才能充分保证企业的物流服务优势。

以电子商务为服务对象的物流配送表现出独有的特征，复杂多变的网络市场环境也对物流配送的灵活性、差异性提出更高要求，因此需要避免固化、僵硬的物流模式。

（一）制造商的物流系统

1. 采购物流的高度化

从制造商的角度来看，物流具体包含了采购物流、制造物流、销售物流等不同要素。采购物流属于生产资料的购买和供应；制造物流则是生产流程中原料、零部件的存储和使用计划；销售物流则实现了产品由生产地向经销地的转移。

对于采购物流这一关键物流环节而言，其高度化管理的目的在于尽可能降低生产资料的库存比例，尽可能降低成本费用提升其竞争力。这就要求科学合理的配送管理策略，以最小的代价满足生产需求。

2. 流通信息网络与零售支持的高度化

现代物流体系是制造商运营管理的核心要素之一。供应链管理理念要求产品流通过程的一体化管理与集成化管理，这就需要充分发挥信息网络的功能作用确保信息传递、交互质量和效率，为物流管理工作提供全面、及时、准确的数据信息以实现更好的管理成效。

3. 销售物流的高度化

自营物流体系的优势得到了制造商的广泛认同，也使不少制造商纷纷开展自营物流系统的建设工作，以最短的物流路径实现产品的配送和供应，以此克服中间环节的成本费用问题提升其产品竞争力。而集约化物流中心则成为产品由制造商向客户直达配送的主要模式，能够将原有的配送体系进行整合与集中，以更大规模物流中心的形式对物流配送业务进行集中管理和控制，充分发挥信息化设备、技术的管理优势，充分保证物流管理效率和质量并尽可能降低成本费用，进而实现更好的物流效率和效益。

（二）批发商的物流系统

在信息社会中，批发业的职能作用更加注重信息交互，而买方市场特征也决定了客户将成为批发业经营管理的重点所在。这就使批发业的职能作用逐渐转变为客户代理人，而不再是传统的销售代理人。这种职能定位的转变也对其物流系统表现出新的需求。

1. 建立高度化的物流系统

批发业的物流服务需求表现出少量化、多频度的特征。因此借助现代化、信息化的物流中心能够充分发挥计算机技术、自动化技术的优势作用，显著提升物流作业效率和管理水平，充分保证物流服务的效率和质量。

2. 物流中心的机能化

面对日益复杂、多元化的消费需求，企业营销策略也将呈现出差异化发展特征，针对不同的产品或服务制定各自不同的营销策略，这就使得不同产品的物流配送表现出各自不同的需求。若是片面地将不同物流配送策略强行进行整合，则必然导致彼此之间的相互干扰和影响，既加大了管理成本又降低了运营效率和服务质量，从而对批发业的发展造成了不利影响。因此，必须对物流服务需求进行科学分析与合理规划，更好地发挥物流中心的功能作用实现物流服务的机能化，以此保证物流服务的质量水平。

3. 备货范围广泛化，配送行为快速化

在开展经营活动时，客户规模的扩大对批发商的库存提出了更高要求，更重要的是对批发商的配送效率提出了更高要求。因此，提升物流效率将成为生产经营活动的关键所在。

4. 向零售支持型发展

保证客源的稳定性是现代批发业经营管理的核心任务之一。在开展物流配送服务和管理工作时，批发商必须突破传统管理理念和模式的局限性，根据电子商务的特殊发展特征对物流配送系统进行优化和改进，对零售商形成有效支持，以此实现更好的物流配送服务。

（三）零售业的物流革新

从20世纪80年代开始，零售业信息化进入了高速发展时期，需求分析和管理的水平不断提升，逐步构建起全天候、高效率的物流系统协同管理机制，对物流服务质量和效率的提升做出了巨大贡献。而24小时连锁店则成为典型代表。

此类销售模式能够在有限的空间环境中最大限度地展示商品，实现了销售空间的最佳利用。而销售空间的最大化意味着库存空间的最小化。因此，配送成为此类营销模式的关键保障，令商品配送运输环节承担着库存管理职责，实现了商品的高效周转。与此同时，高频度产品配送成为避免断货的主要措施，构建起高效、持续、稳定的产品流通体系非常重要。在这一体系中，物流中心、配送中心的重要性尤为突出，从而对物流配送管理模式提出了更高要求并推动其创新发展，运营的效率化、物资调配的集约化、商品配送的计划化逐渐成为物流中心发展的主要趋势。

六　电子商务物流的存在问题和解决措施

当前我国的电子商务主要运行方式有三种：企业到企业（Business – to – Business，B2B）、企业到个人（Business – to – Customer，B2C）、个人到个人（Customer – to – Customer，C2C）。在电子商务这一商业

模式高速发展的过程中，对物流服务也提出了新的要求，物流服务的完善又推动了电子商务物流的进一步创新发展（蒋媛媛，2018）。

（一）我国电子商务物流的发展

1. 当前电子商务物流发展中存在的问题

（1）逆向物流发展存在短板。过去数年间，我国电子商务呈现出高速发展势头，同时也推动了电子商务正向物流的发展，但电子商务的逆向物流却存在比较突出的问题。整体来看，我国电子商务呈现出日益严重的同质化问题，产品类型、特性以及质量缺乏创新，使商家服务成为消费者关注的重点。与此同时，商家为了获得客户的认可，也日益重视客户服务工作，纷纷开展无理由退换货、免退换货运费等活动，以此提升客户满意度。上述服务的推出在提升商家竞争力的同时，也带来了日益增多的逆向物流，导致物流成本上升、物流管理难度增大等问题，并且对物流综合服务效率产生了不利影响。

很早之前，发达国家已经认识到了逆向物流管理在物流业经营发展中的重要意义，已经形成了相对完善的管理机制，为逆向物流成本的管理与控制提供了科学工具，在降低企业物流成本的同时提升其利润水平。与之相比，我国企业普遍未认识到逆向物流管理的重要性，缺乏科学完善的逆向物流管理机制。与 B2B、B2C 等电子商务模式相比，C2C 电子商务对第三方物流表现出更高的依赖度，缺乏基于自身物流配送服务需求开展逆向物流协调管理的能力。加之 C2C 电子商务对商家资质、能力的要求相对较低，市场参与主体众多并产生了更加激烈的市场竞争。为了实现自身发展，C2C 商家的销售活动大多配套提供逆向物流服务，在提升其销售业绩的同时也造成了规模日益庞大的逆向物流业务，既加大了运营成本也影响了 C2C 电子商务的良性发展。

（2）电子商务物流相关法律法规不健全。目前，国内部分比较领先的 B2B、B2C 电商企业大多构建起自身特有的物流配送体系，但是自营物流在物流系统中所占比重相对较低，第三方物流仍然是物流市场的主流（Jiao，2013）。特别是对于 C2C 电子商务而言，其经营发展几乎完全依赖第三方物流。这种商业合作模式不可避免地存在各类纠纷。而相关法律法规的欠缺难以有效避免法律风险的发生。主要问题表现在以下两个方面。

一是贵重物品缺乏充分保障，安全风险相对较高。在电子商务发展过程中，低价值商品是早期交易的主要对象，随后才出现了黄金首饰、数码产品甚至是高端奢侈品等高价值商品。在物流过程中，商品难以避免地存在运输安全风险，高价值商品一旦受损必然对交易各方造成更大的经济损失。在缺乏完善的法律规定的情况下，一旦在物流过程中发生商品价值损失，必然会导致责任认定环节的模糊和冲突，引发不同程度的法律纠纷影响电子商务、第三方物流的良性发展，破坏商家、物流、消费者之间的良好关系。

二是客户信息存在较大的安全风险。在物流服务过程中，消费者需向物流方、商家提供联系电话、收货地址等隐私信息。在立法缺失、管理不完善等问题的影响下，消费者的隐私信息缺乏充分保障，极易因物流方、物流人员的趋利性行为而发生泄露问题，引发矛盾纠纷、诈骗等安全风险。在缺乏健全完善法律法规的情况下，消费者的隐私信息得不到有效保护，也难以追究信息泄露者的法律责任。

（3）电子商务物流成本较高，物流服务质量较低。C2C 电商模式基本不会打造自营物流体系，第三方物流成为其经营发展的基础。而 B2B、B2C 电商虽然大多数构建起自营物流体系，但是也会在特定领域需要第三方物流服务。自营物流和第三方物流相比，前者的建设运营成本更高，会对电商企业造成巨大的经济压力，而第三方物流则存在较高的合作风险。受消费者所处地区、消费情况、所选电商等因素的共同影响，商家在协调自营物流、第三方物流方面存在较大困难，这是导致国内电子商务物流成本缺乏有效控制的主要原因。

在电商物流成本居高不下的同时，商家的服务质量却得不到保证。主要问题表现在：一是快速发展的电子商务形成了巨大的交易量，物流服务体系的发展滞后难以满足电商物流服务需求，导致商品流通受阻、物流积压等问题，严重影响了物流服务效率，导致客户满意度下降。二是物流企业自身存在管理水平较低、服务质量较差的问题。虽然物流业务的规模不断扩大，但是在缺乏充分完善的管理服务机制下，商品损失风险较高。在不同程度影响商家经营效益的同时也影响了消费者对电商和物流服务的满意度。

（4）电子商务物流人才的匮乏。相较于其他发达国家，我国服务业的整体发展水平相对落后，无论是产业规模还是从业人员结构均存在比较显著的差距。而行业门槛相对较低的物流业则存在更加突出的管理落后、发展滞后问题。整体来看，无论是管理岗位还是业务岗位，物流业从业人员的综合素质能力相对较低，不仅缺乏高素质的基层工作人员，也缺乏物流领域的专业人才。导致上述问题的原因在于：一是物流业的重要性尚未得到部分企业、行业的认同，并未从核心竞争力的层面出发对物流服务进行管理。二是从业人员并未认识到物流服务的重要性。三是缺乏科学的人才培养机制。虽然不少高等院校、职业教育院校都将物流专业作为培养内容之一，但是由于缺乏科学引导，使学生缺乏对物流业的认可，存在较突出的人才流失、供需失衡问题，造成电商物流从业人员的整体素质相对较低、专业技术水平相对落后等问题。上述问题的存在制约了电商物流的良性发展，难以保证物流服务的效率和质量。

2. 电子商务物流发展对策研究

（1）电子商务企业与第三方物流企业建立战略合作伙伴关系。基于现代经济学理论观点，专业化的社会分工有利于提升社会发展水平和经济运转效率。在电子商务高速发展的推动下，我国第三方物流也呈现出快速发展势头，但是两者之间的合作存在相对分散的问题，尚未形成广泛的战略合作伙伴关系。虽然 B2B、B2C 电商大多选择自营物流的方式满足自身商品流通服务需求，但是自营物流在有利于企业成本控制的同时也存在运营成本高、管理难度大等问题，导致企业的精力分散，最终造成管理混乱、核心竞争力下降等后果。相较而言，虽然 C2C 电商与第三方物流之间的合作更加紧密，但是自身规模小、数量大、市场竞争激烈等问题的存在也使得 C2C 电商缺乏议价能力，缺乏对第三方物流服务过程的有效掌控，造成服务质量差、物流成本高等问题。

针对上述问题，电子商务需要积极寻求自身与第三方物流的良好合作关系才能提升自身服务质量。B2B、B2C电商企业在做好自营物流体系的同时也应与第三方物流构建起良好的合作关系，将经营重点集中在核心业务，不断提升自身竞争力；C2C电商则应当积极寻求合作机会，在良好合作关系的基础上联合多家C2C电商共同与第三方物流企业进行合作谈判，提升其议价能力，争取更好的物流服务条款，在保证物流服务质量的同时尽可能降低物流成本。由此可见，电子商务企业与第三方物流企业之间的长期、稳定合作关系有利于提升物流服务效率并降低物流服务成本，能实现电商企业与第三方物流企业的合作共赢。

（2）通过信息化建设实现电子商务物流配送过程的精准控制。电商物流信息化发展水平低的问题也比较突出。在缺乏健全完善、高效可靠的信息系统的情况下，电商企业、消费者甚至是物流企业都缺乏对商品流通配送的有效掌控，难以有效降低物流风险（聂艳玲和冯永芳，2016）。针对这一问题，需要积极提升物流信息化发展水平，发挥GPS、GIS的技术优势并做好基础设施建设工作，在全面提升物流信息化水平的同时提高信息交互效率和质量，实现物流成本较低、风险较小、效率提升的效果。

此外，现有的物流管理系统在商品信息管理环节也大多停留在位置信息的记录和更新，缺乏对商品质量信息的采集与传递，使得损失风险的责任认定方面存在较大困难，危害了电商企业、物流企业、消费者之间的良好关系，引发了各种各样的法律纠纷。而健全完善的信息化管理体系能够实现物流信息的全方位、全流程管理，为物流管控提供准确、可靠的信息依据，在满足物流动态、实时管理控制需求的同时也为责任认定提供了准确信息证据，有效避免了法律纠纷的发生。

信息化管理系统的建设与应用，不仅能够极大提升物流管理的精准化水平，也能够提升物流信息的交互效率，满足客户对物流状态信息的需求，进而提升其对物流服务的满意度。

（3）通过不同平台资源的整合和规划提高电子商务物流配送效率。缺乏充分有效的信息资源整合是影响我国电子商务物流快速发展、物流成本居高不下的另一项主要原因。虽然目前我国已经形成了数量众多的电子商务平台且出现了数量众多的第三方物流企业，但是电商系统与物流系统、第三方物流企业之间缺乏健全完善的信息交互和共享机制，严重制约了电商物流的良性发展。近年来，国内C2C电商蓬勃发展，服务于C2C电商的物流企业数量日渐增加，物流企业之间的对向物流业务也不断增加，由于缺乏积极有效的信息资源整合能力，导致对向物流业务缺乏有效管理和控制，迂回运输、超距离不合理运输日益严重，引发了资源配置不合理问题，既无法保证物流效率也造成了不必要的成本。因此，提高信息资源的整合水平和利用水平有利于提升物流效率并降低物流成本。

（4）强化相关物流人才的培养。上文研究分析结果表明，相较于其他发达国家，我国服务业的整体发展水平相对落后。特别是对于物流业而言，无论是产业规模还是从业者的素质水平均存在较大的发展与提升空间。针对上述问题，我国必须重点做好人才培养工作才能积极有效地提升物流业的整体发展水平。一方面，应当将物流专业确定为高等教育的基本培养内容之一，完善专业和学科设置，为物流业培养高水平、高素质的专业人才；另一方面，国家也应当做好宣传教育工作和扶持工作。在引导全社会正确认知物流业发展重要性的同时吸引更多的高端人才投身于物流事业。

（二）农村地区电子商务物流的发展

与城市地区相比，我国农村地区在电子商务方面存在发展滞后、经济效益较差等问题。而发展相对滞后的物流业是制约农村电商发展的主要原因。无论是基础设施还是服务网络，农村地区的物流业与城市地区相比均存在较大差距，因此必须重点做好农村地区物流服务网络的建设工作才能确保农村电商的顺利发展（王武刚和孙振兴，2020）。

1. 农村地区电子商务物流存在的问题

（1）政府部门支持力度不足。目前，部分政府职能部门并未科学认知农村电商物流管理的重要意义，难以保证农村物流的良性发展。在物流业运营发展的过程中，需要接受不同职能部门的监督和管理。

若是职能部门之间缺乏沟通协作，必然会影响物流系统的良好运作，导致物流服务效率低、成本高等问题，职能部门之间协调和引导机制的缺失成为制约农村电商物流发展的主要原因之一。

（2）农村地区地域广阔，配送难度较大。我国有着地域广阔的农村地区，其社会经济发展水平相对落后，在基础设施建设方面存在一定问题，使农产品的运输流通存在实质性困难。在流通运输网络不完善的情况下，农产品在存储、运输等环节都存在一定问题，引发了价值损失、流通成本高等问题，不利于农业产业、农村地区经济的良性发展。与城市地区相比，农村地区也缺乏健全完善的仓储运输体系，不具备冷藏、冷链运输等条件，严重影响了农村电商物流配送效率和服务质量。面积大、人口多、居住分散、交通运输落后等问题的存在使农村地区物流存在较大困难，导致物流成本较高，不利于农村电子商务物流的发展。

（3）物流基础设施滞后。虽然我国农村地区有着丰富的农产品资源，但是存在生产分散、物流系统不完善等问题，使优质农产品的流通配送存在较大困难。此外，农产品在生产、流通的过程中需要大量的时间进行先加工处理，若是缺乏完善的冷藏保鲜体系与冷链运输网络，必然会影响农产品的品质从而不利于农业产业的发展。相对滞后的基础设施建设难以满足农产品流通的效率和质量需求，导致农产品流通损耗大、流通成本高等问题，制约了我国农业产业的发展。

（4）信息化程度不足。调查研究结果表明，与城市地区相比，我国农村地区在互联网的普及方面存在较大差距，无论是网络覆盖率还是网络用户的规模均相对落后。这一现状客观反映了农村地区在基础设施建设方面的滞后性，影响了互联网产业在农村地区的发展。此外，农村居民在文化水平、素质能力方面也与城市居民存在较大差距，不利于电子商务及电商物流的发展。

（5）农村地区经济发展水平低下。物流业的整体发展水平首先取决于社会经济的发展水平。目前，我国农村地区的支柱产业以农业为主，工业、服务业的发展水平相对滞后。加之地理位置、发展理念的影响制约，使我国农村地区存在比较突出的信息闭塞、经济落后、发展缓慢等问题，也导致了教育落后的问题。受此影响，我国农村地区居民缺乏对现代化事物的充分了解，无法认识到电子商务、电商物流的重要意义，导致其缺乏发展积极性，不利于农村物流的良性发展。上述问题的存在使我国农村地区的物流发展滞后，存在规模小、基础差、风险高等问题。

（6）物流专业人才匮乏，经营管理混乱。整体来看，我国物流业的发展时间尚短，专业人才缺乏的问题比较突出。具体表现在：一是物流业的从业人员素质低、能力差，导致物流效率低、服务质量差等问题，不利于农村物流业的良性发展；二是物流业监督管理制度缺失，导致行业发展混乱，经营管理水平落后。人才短缺问题的存在严重影响了农村物流的发展水平。

2. 农村电子商务物流的发展对策

（1）强化政府职能作用引导和推动物流业的科学发展。要积极发挥政府职能作用，将政府行为与市场机制进行科学结合，为物流业发展创造良好的外部环境。政府要做好财政支持工作与宣传教育工作，在加快农村电商物流发展速度的同时提高社会各界对物流业的重视程度，构建起良好的协调合作机制，发挥政府职能部门与物流企业的积极作用，不断提升农村电商物流的发展水平。政府不仅需要做好道路交通等基础设施建设工作，还需要健全完善法律体系，从法律、政策等层面出发为农村物流的良性发展提供有力保障。

（2）优化物流结构，完善资源共享机制。提升农村地区物流业的协调配合能力，构建起资源共享的良好合作体系，实现物流企业资源的科学共享与高效利用，引导农村物流的规范发展。具体应对现有的农村物流资源进行科学整合，对物流服务网络进行科学规划，发挥小型超市等节点的功能作用完善农村物流网络及配送体系，有效提升农村物流服务质量。

（3）加强基础设施建设，营造适合物流业发展的良好环境。加强基础设施建设工作，在不断提升农村互联网普及率的基础上推动农村地区信息化发展，构建起更加完善、可靠的信息网络为冷链运输、冷藏等物流业务的发展提供充分有效的信息支持，加快发展冷链物流的相关基础设施和设备，为农产品的保存和运输创造更好的条件，以此确保农产品的流通效率和管理水平，在降低物流成本的同时提升产品流通能力，在更好地满足消费者需求的同时实现农业产业的良性发展。

（4）加强农村地区的信息化建设。除道路交通、网络等基础设施建设工作之外，政府还需做好宣传推广工作，不断提升农村居民对互联网的认知水平和应用水平，做好维护管理工作，充分保证互联网的稳定性与可靠性，为农村电商、电商物流的发展创造良好环境。企业则应重视自身信息化建设工作，提高自身信息收集、分析和利用能力，以此保证其经营决策的科学性，为农村电商物流的快速发展提供有效保障。

（5）发展地方经济，推动农村电商物流发展。做好体制改革工作，以制度创新为抓手为经济发展创造良好环境。健全完善产业合作机制，发挥先进技术、产业协作的优势作用，切实提升产业合作、企业合作水平，优化与改进产业结构，加快农产品加工业的发展速度，为电商物流等服务业的发展奠定良好基础。

在提升产业发展水平、扩大产业规模的基础上发挥其集群效应和辐射效应，加快农村区域经济发展速度。在自身发展过程中，农村地区应明确自身发展优势，以优势农产品为主导实现特色经营发展模式，根据市场需求开展生产活动，在局部市场形成发展优势实现自身良性发展。

（6）加强农村电子商务物流人才队伍建设。为物流从业人员提供科学有效的培训服务，从理论、实操等不同层面出发开展培训工作，充分保证培训效果，提升从业人员的素质水平。健全完善扁平式的组织管理机制，完善考核制度，提高农村电商物流的人才培养与保留能力，为农村物流发展提供有效的人才保障。以马斯洛需求理论为指导，针对不同个体的差异性需求提供针对性的管理和服务，以此保证从业人员的工作积极性与发展能力。此外，还应健全完善地区人才培养机制，发挥专业培训机构、互联网平台的职能作用，提供丰富多样的培训服务，提升农村居民的总体素质，特别是物流从业人员的综合素质。

（三）跨境电子商务物流的发展

在国际商业往来日益频繁的同时，跨境电商也成为电子商务的发展特点，为跨境物流服务的发展创造了有利环境，在加快电商物流发展速度的同时也对物流服务的国际化、专业化水平提出了更高要求。与其他电子商务模式相比，跨境电商存在服务分散、金额小、物品体积小、频率高等特征，因此在跨境物流配送方面通常并不会选择集装箱运输这一传统的物流运输方式（谭俊兰，2017；唐彦，2019）。

1. 跨境电子商务物流存在的问题

（1）跨境电子商务物流的政策支持有待加强。与其他发达国家相比，我国跨境电商的发展时间虽然相对较短，但是却呈现出高速发展势头，以阿里巴巴为代表的国内电子商务平台成为跨境电商发展的主力军。但是与跨境电商的发展速度相比，我国在相关政策的研究和制定方面却存在滞后的问题，难以满足跨境电商发展的需求。目前，跨境电商已经成为我国对外贸易最具活力的一个领域，为我国国际贸易的发展做出了突出贡献。因此，为跨境电商创造提供良好的发展环境将成为政府及相关职能部门的重要任务之一。具体可采取以下措施：一是基于“互联网＋外贸”这一全新的发展模式，发挥制造业的优势作用，寻求更多的海外商业合作机会；二是创造更多的就业机会，为经济的持续增长提供有力支持；三是积极响应“一带一路”倡议，促进产业升级与经济转型。基于以上积极意义，必须从政策层面出发做好创新工作，为跨境电商发展创造良好的外部环境，确保跨境电商保持持续、稳定、快速的发展状态。

相较于其他发达国家，我国跨境电商相关政策还比较滞后，如电子商务交易归属管理问题、交易主体市场准入问题、支付机构外汇管理与监管职责问题等，这些政策的完善性和可行性方面均有所不足，难以保证跨境电商的良好发展状况。

（2）跨境物流企业的信息化水平不足。信息化水平落后是我国跨境电商物流业存在的另一个主要问题。目前，我国互联网基础设施建设落后的问题比较突出，导致物流业信息化水平相对较低，缺乏健全完善的信息共享机制和应用平台，难以保证跨境物流的效率水平；物流企业基层从业者也缺乏对信息化系统建设的积极性，限制了物流业信息化发展速度；此外，物流业管理者自身缺乏对信息化工作的重视也制约了跨境电商物流的信息化发展水平。加之大多数物流企业并不具备国际化、全球化的经营发展理念，未能从战略层面认识到信息化发展的重要意义，导致信息化建设工作缺乏长远规划，难以保证其良性发展。

（3）跨境电商物流企业缺乏融资能力。跨境电商物流的发展需要消耗大量资金。资金不足问题则成为限制和制约我国物流企业发展跨境物流业务的主要问题之一。这主要体现在以下两个方面：一是中小型物流企业存在更加严重的资金短缺问题，难以满足跨境电商业务在渠道建设、市场拓展方面的资金需求，限制了中小型物流企业跨境电商物流业务的发展。二是相对有限的融资渠道导致物流企业资金来源不足的问题比较突出。调研结果表明，自留资金是大多数物流企业拓展跨境物流业务的前提条件，而以银行贷款为主要形式的融资结构也导致跨境物流企业融资渠道单一，影响和制约了跨境电商物流的发展。

（4）跨境电商物流难以满足退换货需求。与国内电子商务相比，跨境电商的内容更加复杂，关联要素也相对更多，各物流环节均存在不同程度的逆向物流风险，退换货服务也因此成为跨境电商发展不可避免的问题之一。特别是在无责任退换货服务出现之后，跨境电商退换货的问题日益显著。但是，相对更高的物流成本使得商家不会做出回收商品的决策，甚至选择免费赠送的方式避免逆向物流成本（魏静和华俊杰，2021）。这个售后服务问题的存在会增加跨境物流业务的成本。此外，在商品流通过程中也会因相对复杂的通关流程与管理制度加大退换货服务的实现难度，不利于跨境物流退换货业务的发展（李秋正等，2020）。

（5）跨境物流专业人才匮乏。对于服务供应商而言，人才都是最核心、最重要的资源。跨境电商这一新兴产业在自身快速发展的过程中同样对专业人才表现出巨大需求。但是相对滞后的人才培养机制难以满足这一需求。与传统电子商务相比，跨境电商呈现出特殊的发展特征：一是文化差异、产品供需不匹配等问题的存在使跨境商业活动更加复杂，不确定的因素更多；二是跨境物流存在运输距离大、流程烦琐复杂等问题，使物流服务效率相对较低，导致物流服务质量差、用户满意度低等问题。上述问题的存在对从业人员的专业能力、应变能力提出了更高要求，而人才短缺的问题成为制约跨境电商物流发展的主要因素之一。

2. 我国跨境电商物流问题的主要应对措施

（1）加快制定并落实支持跨境电商物流发展的政策。从宏观层面来看，政府职能部门应当积极开展工作，为跨境电商物流业的发展创造良好的外部环境，在健全完善监管机制的基础上为跨境电商物流良性发展提供有效保障。

从微观层面来看，跨境电商物流业本身发展正处于初级阶段，无论是行业发展模式、监管机制还是运营管理等方面都不够健全，难以保证跨境物流的良好发展（杜志平和贡祥林，2018）。上述问题得不到有效解决必然会限制和制约跨境物流发展。因此，可重点做好以下三项工作。

一是明确跨境电商业务的范围和流程，确保跨境电商良性发展，具体从支付结算、监督管理等层面出发制定行业发展规范，确保跨境电商的合法、合规发展。

二是健全完善跨境支付结算制度，确保经营主体的合法资格，避免违法、违规经营问题的发生。这就需要进一步健全完善登记制度，确保跨境电商经营主体的规范性；还需要在参考和借鉴其他领域的跨境支付结算制度与外汇管理制度基础上，针对部分具备条件和资格的跨境电商经营主体给予其外汇结算资格，即结售汇市场准入资格。

三是制定相应的支付结算管理办法，对跨境电商业务进行积极有效的监督管理，确保跨境业务的规范发展，尽可能降低违规风险。

（2）进一步提高跨境电商物流企业信息化程度。对于跨境电商物流业而言，信息化也是其必然发展趋势之一。因此，跨境电商物流必须积极迎合互联网发展的需求，加快自身业务转型速度，在提升自身运营管理信息化水平的同时实现自身良好发展。一是发挥大数据技术的优势，打造更加全面、完善的数据信息管理系统，为跨境物流业务的发展提供有力支持。二是提高物流系统的开放性，实现数据信息的良好共享与充分利用，为完整产业链的形成与发展奠定良好基础。三是在满足当前信息化管理需求的同时兼顾未来发展，确保信息化管理系统的持续发展能力。

（3）多渠道融资助力跨境电商物流企业发展。对于跨境电商物流企业而言，银行仍是其最传统、最主要的融资来源。但是对于中小型物流企业而言，普遍面对融资难问题，难以从传统融资渠道中获得所需的资金。与此同时，传统金融机构也倾向于同资金雄厚、发展稳定的大型企业、国有企业进行合作，这就不利于中小型跨境物流企业的发展。为了解决这一问题，首先要拓展新的融资渠道，满足其发展需求。具体措施如下：①风险融资。跨境物流企业显著的发展潜力更易获得天使投资的扶持。②物流金融融资。在完成服务模式的基础上拓宽收入来源，积极开展其他营利性业务满足自身发展的资金需求。③民间渠道融资。如民间借贷、企业内股权众筹、同行拆借等。

此外，加盟合作也将成为跨境物流企业的一种科学有效的融资模式，在扩大自身发展规模的同时满足其资金需求，但这一模式对跨境电商物流企业的经营状况、发展水平提出了较高要求。

（4）强化跨境电商企业海外仓的建设与管理。海外仓将成为跨境电商物流系统建设的重要环节。一是海外仓的存在和发展能够有效降低跨境物流成本并提升物流效率，为退换货服务的开展创造便利条件，有效解决常规跨境物流的缺陷和不足。二是海外仓的存在能够改善跨境物流服务质量，提高消费者对跨境电商的信任度与满意度。三是海外仓的存在还能够提升跨境电商的市场影响力，增强其竞争力。

（5）完善国际物流人才培养体系。人才是跨境电商物流发展的关键所在。因此，必须做好人才培养工作，健全完善培养体系，保证人才培养质量，充分满足跨境物流发展的人才需求。具体应做好以下工作：一是提高高等院校对跨境物流人才培养的重视程度，健全学科建设，设立专门的跨境物流专业，针对性地培养信息化、复合型、外贸型的高素质人才，以此保证跨境电商物流的科学发展水平。二是发挥政府职能部门的积极作用，为跨境电商物流人才培养工作提供必要的支持和保障，充分保证跨境电商物流人才的培养水平，发挥行业协会、企业组织等社会力量的积极作用，打造社会广泛认可、共同关注的人才培养系统，以此保证人才培养的质量水平，充分满足跨境电商物流业发展的人才需求，为跨境电商物流的发展奠定扎实的人才资源基础。

第三节　物流互联网

据有关统计数据，自 2015 年以来，我国快递业务量呈现出高速发展势头，2015—2017 年，全国快递年业务量分别为 206.7 亿件、300 亿件和 400 亿件，以每年百亿件的速度快速发展，这一发展速度确实令人惊叹。可以说，在过去十年中，物流业是我国当之无愧的发展最快的行业之一。在短短十年的时间里，我国物流业实现了大多数发达国家上百年的发展目标。互联网的出现和发展成为我国物流业快速发展的重要基础，电子商务这一新型商业模式的快速发展加速了传统行业的整合与转型速度，也为物流业的发展创造了更好的外部环境。

在大数据、云计算、人工智能等技术发展的过程中，我国物流业也积极开展创新活动，积极探索电子商务物流的科学发展模式，通过不断提升物流管理水平和服务效率实现自身的持续和稳定发展。阿里巴巴的 LoT 计划、顺丰的无人机快递战略、苏宁的云仓战略都是各电子商务企业、物流企业创新探索的成果。

目前，物流业已经成为我国社会经济发展的重要支柱产业，物流业的创新发展也将更好地满足社会物流服务需求，同时也提高中国产品在国际市场中的竞争实力。2015 年国务院印发的《关于积极推进“互联网 +”行动的指导意见》中，我国正式提出了以“互联网 +”为核心的高效物流成为发展目标。

我国物流业在过去十多年的时间里保持着高速发展的势头，行业发展水平显著提升，在满足社会物流服务需求方面做出了突出贡献，充分保证了社会经济的发展速度。但是，物流业自身问题也逐渐暴露。主要问题表现为物流效率低、运营成本高、智能化水平低等，同时物流业也面临着巨大的转型发展挑战。为了实现自身科学发展，物流企业必须制定科学的发展战略，积极提升物流服务的效率水平和管理的精细水平，脱胎于“互联网＋”的物流4.0模式成为当今物流产业发展的契机，能进一步提高资源整合能力和网络化、信息化发展水平。

在全新的“互联网＋”时代，物流企业也需要积极应对环境的变化，不断提升自身信息化、网络化创新发展水平，实现物流管理模式与互联网社会的科学融合，树立科学的发展理念实现经营模式的创新，从而向智慧物流的方向努力发展，在自身科学转型的基础上更好地满足社会对物流服务的需求。

一　物流互联网的内涵

互联网的创新发展将加快新产业变革的降临速度。移动互联网、大数据、云计算、物联网、自动化等现代先进技术的发展与全面应用将推动实体产业呈现出显著的网络化发展趋势，逐渐形成了“互联网＋”的产业发展新模式，在实体经济与互联网经济高度融合的基础上构建起全新的社会经济发展模式，即产业互联网这一更加科学的发展模式。

产业互联网以现代实体产业与互联网高度融合为实现基础，是现代产业的科学发展趋势，是产业结构优化调整的重要方向。相较于传统的虚拟信息互联网，产业互联网将构建起实体经济与虚拟经济高度关联、线上与线下科学协调的新型发展模式，发挥各自优势作用，全面提升产业经济发展水平，从而为社会经济的发展注入全新的活力。

产业互联网的发展以现代信息技术的广泛应用为基础，基于现代物联网技术、大数据技术、云计算技术促进传统产业的网络化、信息化、智能化转型发展，实现在线智慧设计、在线智慧制造、在线智慧商务、在线智慧物流等功能，使社会中所有人都能有机会参与到产业互联网的经济中，为产业创新注入强大动力。

现代物流业既是生产端与消费端重要的联系纽带，也是一种高度关联、动态发展的复合型、综合型产业。在信息技术创新的推动下，从原料供应到产品零售的各项物流信息都可以借助物流信息系统实现高效共享，企业根据相关信息做出合理决策，能够更好地满足客户多元化的服务需求（仇新红，2020）。现实经验证明，发挥现代物流的积极作用将会推动社会经济快速发展。

现今已是物流业与制造业高度融合与信息共享的时代，这将为制造企业的产品生产提供更加科学准确的信息依据，制造业可洞悉消费者的需求，合理计划生产的所有环节，并对瞬息万变的市场做出快速的反应，并可实现柔性化的生产制造（苑丰彪，2018）。

现代物流业的创新发展也是信息技术发展进步的直接体现。信息技术的创新发展将为物流业带来全新的管理理念和管理模式。“互联网+”带来的产业互联网革命，实现了云计算、大数据、物联网、物流自动化和智能化技术的发展，加快了物流“4.0时代”的来临，全面提升物流业的变革与发展速度（苗延旭，2020）。

二　物流互联网的主要特征

2014年，国务院印发的《物流业发展中长期规划（2014—2020年）》正式实施，文件中指出要加快作为国民经济基础性、战略性产业的现代物流业的发展，通过建立和完善智能化、信息化、标准化、集约化的现代物流服务体系，为整体经济的转型提质增效，提供有力的物流服务支撑。

在全新的互联网时期，我国物流业的创新发展将具体呈现如图6-2所示的发展特征。

（1）智能化。智能化不仅决定了物流业的运营管理水平，也将真正体现物流服务与互联网的融合发展状况。只有实现了智能化发展，现代物流才能树立科学的互联网思维，对自身发展理念和服务模式进行重新审视和科学转变，发挥互联网的优势作用显著提升物流业的效率水平和服务质量。

（2）信息化。物流互联网的信息化并非单纯的信息工具使用，而是更高层次的一种信息化发展理念，是基于互联网思维与体系形成的

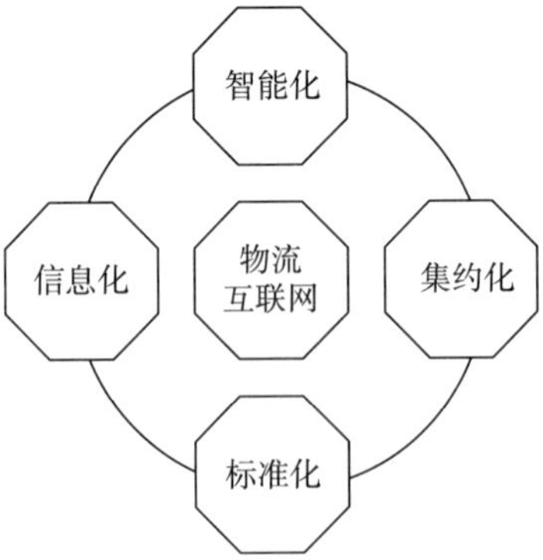

图 6－2　物流互联网的主要特征

一种更加科学的互联网管理模式，通过信息化技术和网络平台实现物品可视化、可运筹、可优化以及可流程智能控制等目标，在信息科学管理与高度共享的基础上提供更好的物流服务，从而实现一种更加科学的经营发展模式。

（3）标准化。蒂姆·伯纳斯·李（Tim Bemers－Lee）被誉为“互联网之父”，万维网这一全球首个网页浏览器不仅是其重要的创造性成果，更是成为现代互联网高速发展的基础。他为计算机信息的有机互联与科学共享提供了一个标准化的解决方案，发明了允许网页扩展的基本协议和算法，为现代互联网世界的发展奠定了扎实基础（蒋进超和李正明，2019）。对于物流互联网而言，同样需要一个标准化的数据共享基础，才能充分保证数据交互与共享能力，才能为物流的信息化发展创造良好的发展环境。

（4）集约化。集约化以人力、物力、财力、管理等不同资源要素的协同管理和利用为核心理念，极大地提升了社会资源的配置水平，提高了相关资源的利用效率，以更低的成本实现更大的经济效益，从而为长期发展奠定良好基础。

集约化并非简单的集中管理，而是对资源配置与管理模式的一种变革和发展，通过分布式系统和庞大的信息共享网络实现资源的高效利用与高度共享，构建起更加广泛、更加紧密的协同合作关系，充分保证资源的科学利用，实现更好的利用效果。

基于“互联网+”发展环境，现代物流业将呈现出更加显著的互联网发展趋势，从而极大提升现代物流的科学管理水平。虽然物流互联网的发展时间还比较短，但是已经表现出巨大的发展优势和发展潜力，能够构建起社会资源的高效交互渠道，在简化信息管理流程，发挥信息分析处理优势的基础上实现更加显著的发展成效。比如，进入物流互联网时代以后，装载、发货、仓储、配货、分拨、配送等物流作业已经可以借助互联网平台的智能化、自动化工具来完成（张海瑞和姜云莉，2019）。

三 物流互联网的智能技术装备

在物流互联网建设发展过程中，不仅需要充分发挥大数据、云计算、物联网等技术的优势作用，更需要各类智能技术和设备的支持，其中比较重要的技术和设备概括如图6－3所示。

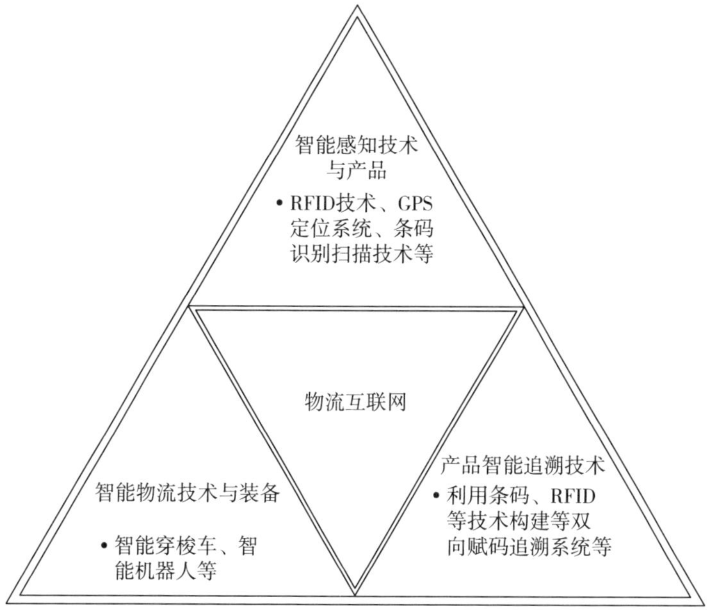

图6－3 智能物流技术与设备

（一）智能物流技术与装备

自动化仓储管理是现代智能技术在物流领域最典型的应用。以智能穿梭车为代表的自动化物流技术设备极大地提升了物流管理效率，因此成为技术领域关注的热点课题。此类新型技术设备能够在复杂、密集的货架网络中快速、准确地锁定和搬运目标物品，有着较高的工作效率（Zhu et al.，2016）。同时，配合以高密集货架，将极大地提升仓库空间利用水平，提高物流综合效益，进一步发挥智能技术设备的先进优势。该类技术将取得何种发展成就，需要在具体的实践中进行检验。

智能机器人在联网操控方面表现出显著的便利性优势，能够根据需要在不同的场合和领域发挥作用，这种优势使智能机器人成为物流领域的发展热点。基于磁条感应技术、激光导引技术的智能机器人在自动化物流领域得到了广泛应用，能根据指令完成复杂的物流作业，充分发挥其自动化、智能化优势，在提升仓储物流效率方面发挥了积极有效的作用。

以上述技术产品为代表的现代智能终端设备将为物流发展提供有力支持，在充分发挥其技术优势的同时也将显著提升物流效率与管理水平，从而为物流互联网的发展创造有利条件。

（二）智能感知技术与产品

智能感知技术与互联网技术的综合运用，将为物流作业提供更加智能化、更加高效率的技术产品，为自动化作业、智能化作业的实现提供必要的技术支持，从而积极推动物流信息化、智能化的发展。具有代表性的智能感知技术包括：RFID 技术传感器、视频感知技术、GPS 定位系统、条码识别扫描技术等。

整体来看，虽然智能感知技术及设备在物流业中得到了一定程度的应用，但是其应用效果距离物流互联网理想状态还有显著差距，尚未真正实现智能化的物流作业；同时在自动化、智慧化方面也存在一定不足，尚未完全脱离人工管理和操控。因此，需要进一步克服各项影响和制约因素，不断提升其应用水平，才能真正体现智能技术和设备的优势作用。

现代物流的创新发展也对可视化管理技术和工具提出了更高要求，促使各类基于视觉传感器技术的可视化技术产品相继出现。以自动化输送分拣与仓储系统、红外感知、激光感知、RFID感知和二维码感知等为代表的自动识别技术将进一步提升物流作业的自动化水平，从而显著提升物流作业效率（齐俊鹏等，2019）。

（三）产品智能追溯技术

产品智能追溯技术较早出现在物流领域，现今已基本实现网络化。借着21世纪初食品药品质量和安全问题频发的契机，以条码、RFID等技术构建双向赋码追溯系统为产品的追溯和监管提供了可能，这为保障社会和公众的利益做出了巨大贡献（曲爱玲等，2020；赵训铭和刘建华，2019）。

基于条形码、二维码及RFDI技术的自动识别技术为现代生产的自动化水平奠定了良好基础，为生产作业的自动化运行提供了可靠的信息依据，充分保证生产作业的准确性与效率性。这种技术也是最早应用于物流领域，使对动态的物流活动进行可视化追踪成为现实，并且能把追踪信息进行分享（喻雪春等，2019）。

相较于信息互联网的虚拟性特征，实体物流互联网不仅充分发挥了信息共享和交互的优势，并且也十分注重信息共享交互过程的安全问题。这就使物流互联网在网络化发展方面更多侧重于内部网络建设工作，对广域数据信息的共享表现出相对谨慎的发展理念。因此，迫切需要进一步加强相关领域的信息安全工作，在确保数据信息安全的前提下实现更好的信息共享与综合利用效果。

四　物流互联网支持下的智慧物流发展

（一）物流互联网与智慧物流的关联

从技术层面来看，物流互联网本质上实现了物流体系、互联网的高度融合。在这一全新的技术领域，互联网将作为管理工具实现对物流的全面管理控制，发挥大数据、云计算等技术的先进作用，显著提升物流管理的智能化水平，加快了物流体系的智慧转型速度。该新型管理技术基于自动识别技术手段，实现了物流过程相关数据信息的自动采集，充分发挥高科技智能技术设备的优势功能，结合数据通信技术实现相关设备的联网，构建起以嵌入式智能设备为典型代表的新型技术体系（李丹丹，2019；李佳和靳向宇，2019）。

智慧物流可理解为现代互联网与传统物流业的有机融合（武兴伟，2020）。其所表现出的“智慧性”具体可做如下理解：一是相关管理设备智能化发展进步。以存储设备、数据处理设备为代表的物流设备将在互联网、传感器技术的推动下实现了数据信息的高度共享与交互，从而实现了数据管理的远程化、协作化。二是技术设备自动化转型。基于现代高新技术特别是信息技术的优势作用，物流管理的自动化水平不断提升，对人力劳动的依赖性逐渐降低，极大地提升了物流管理的效率水平和质量水平。三是信息追溯的智能化转变。基于智慧物流体系，物流配送管理各个环节的数据信息都将得到全面、准确的记录和传输，结合相关可视化技术工具实现了数据信息的动态追踪与反馈（武兴伟，2020）。

（二）物流互联网支持下智慧物流的发展趋势分析

1. 机器代替人工

基于现代信息技术、自动化技术的智能物流将充分发挥前者的优势作用，取代传统的手工劳动实现一种全新的物流管理模式，在极大降低人工的同时降低物流业运营成本进而提升其经济效益水平。特别是面对我国不断增长的劳动力成本，智能设备的应用将显著降低人工工作量并且提升运营管理效率，从而实现更好的综合绩效（许智科，2020）。以智能机械臂、自动分拣系统为代表的现代智能化机械工具能够以更低的成本实现更高的作业量与作业效率，克服传统人工管理操作的局限性从而极大地提升企业运营管理水平，成为企业改善经营绩效的有效举措。

2. 配送层面的全感知

具体到配送环节，智能物流的出现也将实现配送管理的全感知转型。基于各类智能设备与数据交互工具，物流业能够对货物配送的全过程进行跟踪管理，从而有效克服传统配送模式存在的信息孤岛问题，为配送全过程提供了一种高度关联、全面准确的调度管理工具，因此极大提升了货物运输、配送的效率性与可靠性，大幅降低了运输风险和综合成本（张玲飞，2017）。

3. 仓储设备智能化

基于新型智慧物流体系，仓储管理也将具备数据信息的广泛互联互通能力。对于物流业而言，仓储是非常关键的一项作业环节，而各类新型设备的科学应用能够显著提升仓储管理技术水平，在降低管理成本的同时提升管理质量和管理效率，进而实现更好的仓储绩效。

4. 社会物流

从长远来看，物流业将呈现出智能化、社会化的发展趋势。在智慧物流创新发展的过程中，物流业与互联网的融合程度将不断加深，并且在互联网的功能作用下实现了物流业与社会各个领域的广泛联通，逐步构建起更大范围、更加高效可靠的信息共享系统，实现了物流信息的动态查询和反馈，从而极大地提升物流管理水平，为其高效运转提供了有效保障。

参考文献

安然等：《我国农村物流网络节点体系发展思路》，《交通运输研究》2020 年第 2 期。

包振山、朱永浩：《日本流通政策的演变及对我国的启示》，《中国流通经济》2019 年第 2 期。

曹江宁：《基于 B2C 电子商务商流与物流超网络研究》，《商业时代》2014 年第 35 期。

陈国进：《广州市交通拥堵政府治理研究》，硕士学位论文，华南理工大学，2016 年。

陈虎：《物流配送中心运作管理》，北京大学出版社 2011 年版。

陈建源等：《“互联网 +”下企业生产物流问题研究》，《农村经济与科技》2019 年第 10 期。

陈彦鹏：《大型建筑企业物资集中采购模式解析》，《中国物流与采购》2021 年第 10 期。

程艳、王性猛：《GPS 与北斗导航技术在现代物流中的应用》，《电子元器件与信息技术》2020 年第 1 期。

仇新红：《基于面向云计算与物联网技术的 B2C 电子商务模式思考》，《电子商务》2020 年第 7 期。

崔介何：《物流学概论》，北京大学出版社 2015 年版。

戴维：《国际物流—国际贸易中的运作管理》，清华大学出版社 2014 年版。

戴小廷、胡永仕：《城乡物流一体化发展水平测度研究》，《技术经济与管理研究》2021 年第 4 期。

戴卓：《区域物流供给和需求评估及协调性研究——以江西省为

例》，《九江学院学报》（社会科学版）2016 年第 3 期。

董雷、刘凯：《物流枢纽的内涵与特性分析》，《综合运输》2008 年第 3 期。

杜志平、贡祥林：《国内外跨境物流联盟运作机制研究现状》，《中国流通经济》2018 年第 2 期。

［美］戴夫·纳尔逊等：《供应链管理最佳实践》，机械工业出版社 2003 年版。

冯颖等：《物流联合外包下库存管理模式对供应链运作的影响》，《中国管理科学》2020 年第 12 期。

高康、王茂春：《区域经济与物流协调发展的系统动力学研究》，《统计与决策》2019 年第 8 期。

何流、王树盛：《交通需求管理政策评估模型研究》，《江苏城市规划》2016 年第 11 期。

贺兴东等：《生产服务型国家物流枢纽的机理与实现》，《中国经贸导刊》2020 年第 12 期。

胡万达、张立：《成渝地区双城经济圈物流一体化发展的现实逻辑与实现路径》，《经济体制改革》2021 年第 3 期。

黄毅等：《物流节点体系布局和建设规划实证研究——以四川省巴中市为例》，《物流技术》2017 年第 12 期。

贾鹏等：《中国物流枢纽承载城市货运网络时空演化及驱动机制》，《地理科学》2021 年第 5 期。

检验检疫局：《GB/T 18354—2006 物流术语》，中国标准出版社 2007 年版。

姜习、高彦平：《影响中小型批发企业物流方式选择的因素分析》，《管理现代化》2017 年第 5 期。

蒋进超、李正明：《物联网技术对我国居民消费的影响初探》，《电子商务》2019 年第 4 期。

蒋媛媛：《B2B、B2C 和 C2C 电子商务物流的问题与对策研究》，《商业经济研究》2018 年第 9 期。

鞠颂东：《物流网络：物流资源的整合与共享》，社会科学文献出版社 2008 年版。

乐辉:《GIS 技术及其在公路交通信息化中的运用》,《数字通信世界》2019 年第 10 期。

雷立艳:《互联网时代农村物流网络体系构建探析》,《中国物流与采购》2020 年第 16 期。

李崇欣:《生鲜冷链物流配送管理问题探讨》,《现代营销》2019 年第 1 期。

李春香:《绿色流通加工的内涵及其发展路径探讨》,《物流科技》2012 年第 11 期。

李丹丹:《浅谈物流互联网与智慧物流系统发展趋势》,《商讯》2019 年第 19 期。

李佳、靳向宇:《智慧物流在我国对外贸易中的应用模式构建与展望》,《中国流通经济》2019 年第 8 期。

李佳明:《绿色物流发展中存在的问题分析及对策探讨》,《中外企业家》2018 年第 28 期。

李克卫:《电商平台选择合作第三方物流公司的影响因素及决策分析》,《物流技术》2021 年第 5 期。

李利晓:《RFID 技术在我国生鲜食品冷链物流管理中的应用分析》,《智库时代》2019 年第 13 期。

李秋正等:《我国跨境电商通关监管生态系统演化创新的动力机制》,《中国流通经济》2020 年第 5 期。

李骁腾、赵媛媛:《公司销售物流的内涵及运作模式探索》,《中国商贸》2015 年第 8 期。

李延晖:《物流网络规划与设计》,华中科技大学出版社 2013 年版。

梁晨:《京津冀物流通道演化动力机制与趋势》,《中国流通经济》2021 年第 5 期。

林俊:《“一带一路”战略下国际物流与国际贸易的协同发展研究》,《改革与战略》2017 年第 7 期。

林麟:《新零售环境下城市物流配送发展策略探讨——以海南商

贸企业为例》,《物流科技》2020 年第 5 期。

刘丽军:《电子商务商流和物流技术超网络有效结合方法初探》,《物流工程与管理》2018 年第 6 期。

刘新楼:《基于“一带一路”背景下国际贸易与国际物流的协同发展》,《中国商论》2019 年第 18 期。

刘弈含:《供应链一体化视角下物流链选择模式应用研究》,《商业经济研究》2016 年第 20 期。

刘竹轩:《现代绿色物流管理及其优化途径》,《中外企业家》2019 年第 29 期。

卢海清:《第三方物流企业物流运作的问题与对策》,《商场现代化》2019 年第 23 期。

吕成城:《绿色物流发展的障碍与对策研究》,《商场现代化》2019 年第 10 期。

马瑞光:《基于枢纽点流量控制的轴辐式物流网络优化》,《商业经济研究》2020 年第 12 期。

毛黎霞:《条码技术在物流管理中的应用分析》,《现代经济信息》2018 年第 9 期。

孟一君:《创新理念下物流企业服务管理一体化探析》,《物流工程与管理》2020 年第 1 期。

苗文娟、靳卫民:《农村废旧物资逆向物流网络优化研究》,《中国物流与采购》2020 年第 17 期。

苗延旭:《探究智慧城市中物联网及云计算技术的应用》,《科技创新与应用》2020 年第 18 期。

缪立新、李强:《物流管理系统实训》,清华大学出版社 2013 年版。

聂艳玲、冯永芳:《基于互联网技术的物流信息系统的构建对策》,《河南科技学院学报》2016 年第 9 期。

潘福全等:《轨道交通施工点对周边道路交通影响分析及交通组织优化研究》,《青岛理工大学学报》2018 年第 4 期。

彭甜:《探讨零售企业的供应链管理》,《商业经济》2021 年第

5 期。

齐俊鹏等：《面向物联网的无线射频识别技术的应用及发展》，《科学技术与工程》2019 年第 29 期。

钱东人：《物流学》，中国人民大学出版社 2015 年版。

曲爱玲等：《RFID 技术在食品追溯中的应用》，《农产品加工》2020 年第 8 期。

施路等：《基于熵权—Topsis 法的高铁物流节点选址研究——以成都枢纽为例》，《综合运输》2021 年第 5 期。

孙春晓等：《中国城市物流创新的空间网络特征及驱动机制》，《地理研究》2021 年第 5 期。

谭俊兰：《我国跨境电子商务物流发展存在的问题及对策分析》，《对外经贸》2017 年第 8 期。

唐纳德 · J. 鲍尔索克斯：《供应链物流管理》，机械工业出版社 2014 年版。

唐彦：《跨境电子商务环境下的物流模式问题及发展对策》，《企业改革与管理》2019 年第 10 期。

汪鸣：《物流产业发展规划理论与实践》，人民交通出版社 2014 年版。

王武刚、孙振兴：《我国农村电子商务物流现状分析与对策研究》，《企业科技与发展》2020 年第 2 期。

王哲：《大连市现代城市物流管理存在的问题及对策》，《劳动保障世界》2016 年第 27 期。

王之泰：《新编现代物流学》（第四版），首都经济贸易大学出版社 2018 年版。

魏静、华俊杰：《大数据时代跨境电商企业物流风险及管理研究》，《物流工程与管理》2021 年第 6 期。

吴可：《国际物流与国际贸易的相互促进关系研究》，《中国商论》2020 年第 1 期。

武兴伟：《“传统物流”与“智慧物流”流通效率的对比分析》，《商业经济研究》2020 年第 14 期。

喜崇彬：《疫情下国际物流面临的挑战与对策》，《物流技术与应用》2020 年第 5 期。

小保罗·墨菲、迈克尔·克内梅耶：《物流学》，中国人民大学出版社 2017 年版。

肖艳：《零担物流市场变革下智能物流与供应链一体化平台创新研究》，《商业经济研究》2019 年第 8 期。

徐广业、喻喜：《考虑企业社会责任缺失风险的供应链优化决策》，《物流工程与管理》2021 年第 6 期。

徐琴峰：《某家电制造企业物流采购成本分析》，《中国物流与采购》2020 年第 13 期。

许智科：《智慧物流视角下医药仓储管理优化研究》，《中国物流与采购》2020 年第 10 期。

杨慧瀛等：《沿边地区自由贸易试验区跨境物流网络构建》，《商业经济研究》2021 年第 12 期。

杨清：《国际物流业发展面临的问题及对策研究》，《现代营销》（下旬刊）2019 年第 4 期。

姚迪等：《公交服务水平、交通需求管理与公交吸引力——基于客观选择与主观意愿的双重检验》，《系统管理学报》2020 年第 1 期。

叶怀珍、李国旗：《现代物流学》（第四版），高等教育出版社 2019 年版。

亿绍华：《构建流通骨干网络与流通节点城市发展报告（2016—2017）》，经济管理出版社 2017 年版。

喻雪春等：《基于 RFID 技术的货物追溯系统构建》，《科技创新与应用》2019 年第 18 期。

原朝阳、杨维霞：《供应链环境下农产品物流运输优化策略探析》，《商业经济研究》2016 年第 7 期。

苑丰彪等：《基于物联网技术的货运动车组货物运输管理应用研究》，《铁道机车与动车》2018 年第 5 期。

翟茹雪：《国家物流枢纽建设规划背景下新型物流枢纽的发展研究——以广州国际物流产业枢纽为例》，《物流科技》2020 年第 6 期。

张聪果：《供给侧改革背景下制造业物流成本管理研究》，《物流工程与管理》2019 年第 11 期。

张海瑞、姜云莉：《基于物联网的物流仓储管理研究》，《中国管理信息化》2019 年第 13 期。

张锦：《物流规划原理与方法》，清华大学出版社 2018 年版。

张亮、李彩凤：《物流学》（第二版），电子工业出版社 2018 年版。

张玲飞：《物联网技术在道路运输领域中的应用研究》，《电子测试》2017 年第 4 期。

张云霞：《国际贸易环境下物流管理存在的问题与对策》，《现代商业》2020 年第 15 期。

赵长东：《中国企业物流运作现状及发展战略探讨》，《农家参谋》2019 年第 5 期。

赵金中：《中原经济区区域物流发展现状与对策研究》，《物流科技》2013 年第 5 期。

赵训铭、刘建华：《射频识别（RFID）技术在食品溯源中的应用研究进展》，《食品与机械》2019 年第 2 期。

赵胤斐等：《物流业与制造业的物流供需协同机制及模型构建》，《商业经济研究》2018 年第 19 期。

中国物流学会：《中国物流发展报告》，中国财富出版社 2013 年版。

中国物流学会：《中国物流发展报告》，中国财富出版社 2019 年版。

中国物流学会：《中国物流年鉴》，中国财富出版社 2019 年版。

周广亮、吴明：《中原城市群物流业发展水平时空分异及影响因素分析》，《河南理工大学学报》（自然科学版）2021 年第 3 期。

周建勤等：《考虑横向转运的线状需求物流节点选址研究》，《工业工程》2020 年第 5 期。

周万才：《食品业从存储论角度应用 EDI 技术降低物流成本分析》，《现代食品》2020 年第 10 期。

周跃进、陈国华：《物流网络规划》（第二版），清华大学出版社

2015 年版。

朱力:《我国农业剩余物回收利用的物流网络研究》,《农业经济》2016 年第 11 期。

朱琴:《基于低碳经济背景分析农产品冷链物流发展策略》,《农村经济与科技》2020 年第 10 期。

邹红剑:《供应链视角下的建筑工程材料采购管理分析》,《绿色环保建材》2021 年第 6 期。

Alumur, S. A., et al., "Hierarchical Multimodal Hub Location Problem with Time – definite Deliveries", *Transportation Research Part E: Logistics and Transportation Review*, Vol. 48, No. 6, 2012.

Anderson, S., et al., "Urban Logistics—How Can It Meet Policy Makers' Sustainability Objectives?", *Journal of Transport Geography*, Vol. 13, No. 1, 2005.

Brădescu Georgiana, "Green Logistics – A Different and Sustainable Business Growth Model", *Studies in Business &Economics*, Vol. 9, No. 1, 2014.

Disney, S. M., Towill, D. R., "The Effect of Vendor Managed Inventory (VMI) Dynamics on the Bullwhip Effect in Supply Chains", *International Journal of Production Economics*, Vol. 85, No. 2, 2003.

Dustin Schoder, et al., "The Impact of E – Commerce Development on Urban Logistics Sustainability", *Open Journal of Social Sciences*, Vol. 4, No. 3, 2016.

Ewa, P., "New Challenges for Logistics Providers in the E – Business Era", *Log Forum*, No. 6, 2010.

Gelareh, S., Nickel, S., "Hub Location Problems in Transportation Networks", *Transportation Research Part E: Logistics and Transportation Review*, Vol. 47, No. 6, 2011.

Irizarry, J., et al., "Integrating BIM and GIS to Improve the Visual Monitoring of Construction Supply Chain Management", *Automation in Construction*, Vol. 31, 2013.

Jansen, D. R., et al., "Simulation Model of Multi – compartment Distribution in the Catering Supply Chain", *European Journal of Operational Research*, Vol. 133, No. 1, 2001.

Jiang, Q. Y., et al., "The Application of Materials in Green Packaging", *Applied Mechanics and Materials*, Vol. 722, 2014.

Jiao Ya Bing, "Based on the Electronic Commerce Environment of Intelligent Logistics System Construction", *Advanced Materials Research*, 2013.

Ketikidis, P. H., et al., "The Use of Information Systems for Logistics and Supply Chain Management in South East Europe: Currentstatus and Future Direction", *Management Science*, No. 36, 2008.

Lee, H. L., et al., "Information Distortion in a Supply Chain: The Bullwhip Effect", *Management Science*, Vol. 43, No. 4, 1997.

Lee, H. L., Billington, C., "Material Management in Decentralized Supply Chains", *Operations Research*, Vol. 41, No. 5, 1993.

Li, F., et al., "A Method for Selecting Enterprise's Logistics Operation Mode Based on Ballou Model", *Mathematical Problems in Engineering*, No. 6, 2019.

Liedtke, G., Friedrich, H., "Generation of Logistics Networks in Freight Transportation Models", *Transportation*, Vol. 39, No. 6, 2012.

Liu, C. – L., Lee, M. – Y., "Integration, Supply Chain Resilience, and Service Performance in Third – party Logistics Providers", *The International Journal of Logistics Management*, Vol. 29, No. 1, 2018.

McCullen, P., Towill, D., "Diagnosis and Reduction of Bullwhip in Supply Chains", *Supply Chain Management: An International Journal*, Vol. 7, No. 3, 2002.

Micheli, G. J. L., et al., "Supply Risk Management vs Supplier Selection to Manage the Supply Risk in the EPC Supply Chain", *Management Research News*, Vol. 31, No. 11, 2008.

Muniafu Sam, Kar Els Van De, "Requirements for a Suite to Design

E – logistics Brokering Services in Rural Areas", *Journal of Design Research*, Vol. 7, No. 4, 2008.

Puertas, R., et al., "Logistics Performance and Export Competitiveness: European Experience", *Empirica*, Vol. 41, No. 3, 2014.

Raut Rakesh D., et al., "Evaluation and Selection of Third – party Logistics Providers Using an Integrated Multi – criteria Decision Making Approach", *International Journal of Services and Operations Management*, Vol. 29, No. 3, 2018.

Schliwa, G., et al., "Sustainable City Logistics — Making Cargo Cycles Viable for Urban Freight Transport", *Research in Transportation Business & Management*, Vol. 15, 2015.

Sun, M. J., "Natural Packaging Materials and Green Package Design", *Advanced Materials Research*, Vol. 580, 2012.

Van den Heuvel, F. P., et al., "Regional Logistics Land Allocation Policies: Stimulating Spatial Concentration of Logistics Firms", *Transport Policy*, Vol. 30, 2013.

Verter, V., Abdullash, D., "The Plant Location and Flexible Technology Acquisition Problem", *European Journal of Operational Research*, Vol. 136, No. 2, 2002.

Zhu Jie, et al., "Research in Complex Event of Intelligent Logistics System's Warehousing and Storage Activities", *Internet of Things and Cloud Computing*, Vol. 4, No. 2, 2016.